hynny yn weddol hael; ond y mae dirnadaeth y beirniaid o bethau yn blentynnaidd ac arwynebol. Y mae deall neges bardd yn bwysicach na'i ganmol.

Llythyr at Awena Rhun (29 Mawrth 1941)

Pan ddaw'r dydd i mi fynd, fe'm llosgir. Rhywdro, dichon y llunir gan ddwylo rhyw chwarelwr, garreg las, â'm henw arni, i'w dodi yn rhywle i weithwyr ei gweld weithiau. Heb ddim arni ond fy enw, a gair i ddweud i mi freuddwydio a gweithio am fyd gwell i'r werin.

Llythyr at Awena Rhun (26 Medi 1941)

Ni chwenychaf i werin Cymru fy nghofio ond oherwydd yr ychydig a wnes dros ei hachos. Nid yw cofio i mi gael fy ngeni ar ddydd neillduol mewn man arbennig, a byw yn y tŷ hwn a'r tŷ arall, a chyhoeddi llyfrau yn y flwyddyn a'r flwyddyn, a marw a chael fy nghladdu neu fy llosgi, o un gwerth. Y gân a'r ysgrif a'r ddarlith sy'n bwysig; pa beth y bum yn ymladd yn ei erbyn ac o'i blaid, dyna'r peth mawr. Sylwais lawer tro ar gofiannau Lenin nad oeddynt yn dweud dim fawr o'i hanes personol, hanes ei waith. Ar y cyntaf synnwn at hyn a theimlo braidd yn siomedig; ond wedi meddwl, ei waith oedd yn bwysig, a beth a ysgrifcnnodd mewn argyfyngau mawr a ddigwyddodd yn ei fywyd.

Llythyr at Awena Rhun (23 Ionawr 1942)

Ni ellir concro syniadau ag arfau. Pe bae hynny'n bosibl byddai Hitler a Nero a Mari Waedlyd wedi llwyddo. Y mae egwyddorion yn bethau dygn iawn i farw. Er i America, Awstralia a De Affrica basio deddfau i wneud Comiwnyddiaeth yn drosedd, a yw'r ynfydion yn credu y gellir lladd mudiadau felly? Ni ellir lladd syniadau ond drwy roddi i'r byd syniadau gwell na hwynt. Dywedir am rai ohonom ni mai syniadau o wlad arall sydd gennym. Nid yw hynny yn wir; syniadau Cymreig sydd gennyf fi; cefais hwynt yn Sir Drefaldwyn gan Robert Owen, a chafodd Rwsia lawer o'i syniadau oddi wrth y Cymro mawr hwn. Yr oedd Robert Owen yn hen ŵr pan gyhoeddwyd y Communist Manifesto yn 1848, a gwaith mawr ei fywyd oedd ei gyflawni. Treuliodd oes faith i bregethu Sosialaeth a Chydweithrediad. Dysgwyd yr un syniadau i mi yn yr Ysgol Sul, felly nid oedd galw i mi fynd i Rwsia am fy syniadau.

Llythyr at Goronwy Roberts A.S. Arfon (6 Gorffennaf 1950)

Bûm yn gwrando ar ddrama Saunders Lewis neithiwr, "Brad"; adweithiol iawn; y pwnc oedd rhai o gadfridogion Germany eisiau lladd Hitler er mwyn iddynt wneud heddwch â Phrydain ac America, cyn i Rwsia gyrraedd Berlin. Dyna'r gofid, llwyddiant Rwsia. Dyna ofid y llywodraeth hefyd. Gellid meddwl oddi wrth y ddrama, fod Romel, a laddodd nifer mor fawr o fechgyn y wlad hon, yn ddyn gwerth ei gefnogi. Synnaf yn fawr at Gymro yn medru ysgrifennu peth mor adweithiol, o gofio'r distryw a wnaethpwyd ar Abertawe a Chaerdydd a Lerpwl. Dyna'r math o beth y maent yn hoffi gweld wrth gwrs, a dyna'r math o beth mae arweinwyr adweithiol yr eisteddfod a Chymru eisiau gael.

Llythyr at Evan Roberts (14 Tachwedd 1958)

Nid oes arnaf fi fawr awydd mynd yn ôl. Meddyliaf yn aml pe gellid rhewi dyn am gan mlynedd, ac yna'i ddadmer, mor ddiddorol fyddai gweld y newid ar bethe. Cofiaf hen gân yn gofyn 'Ple byddaf ymhen can mlynedd?'. Buaswn inne'n hoffi gwybod nid ble fyddaf ymhen can mlynedd ond beth fydd mewn can mlynedd. Ymlaen y ffordd yna rhywle mae'r byd y carwn i ei weld, a'r byd y bum i yn breuddwydio amdano ag yn gweithio er ei sicrhau. Ni ewyllysiais erioed adfer bywyd y Canol Oesoedd i Gymru nac adfer y bywyd oeddwn i yn ei nabod pan yn llanc, gyda'i dlodi a'i galedwaith a'i ragolygon digalon a'i gyflog o swllt a deunaw'r dydd. Weithie rhaid gadael cerbyd dychymyg a mynd am dro yng ngherbyd y cof, ac atgofio'r hyn a fu yn y blynyddoedd cynnar.

Sain Ffagan

Aethom yn genedl ddiddiwylliant hollol yn wleidyddol, ac nid oes ond angau yn aros cenedl felly. Pe bai'r saint yn gweddïo mewn cytgord a'u pleidleisiau, tebyg i hyn fyddai'r weddi: "Diolch i ti o dduw am roddi i ni ddynion sy'n cadw blwydd-dal yr hen i lawr ac yn tynnu'r dreth oddi wrth ddynion sy'n ennill bedair a phum mil. Diolch i ti ein bod yn gallu fforddio deng mil y flwyddyn i blentyn y frenhines, ac wyth swllt i blentyn y gweithiwr. Diolch i ti am yr atom bom, ac am America sydd yn peryglu ein bodolaeth a bodolaeth yr hil ddynol. Maddau gamweddau dynion sy'n dweud fod heddwch yn beth da, ac yn gorymdeithio i brotestio yn erbyn ei craig a'n tarian, yr atom bom. Y mae rhai yn dadlau am well tai, a diolch i ti y medrwn wario trigain a deg o filoedd i wneud tŷ cysurus i'r dywysoges, maddau fod rhai yn meddwl y dylai gweithwyr gael tai yr un fath, a thithau wedi gosod y pendefigyn ei lys a'r gwerinwr yn ei fwthyn. Gwneler ewyllys y stock exchange ar y ddaear, a chaffed Mamon ei le cyfreithlon yn ein byd." Rhywbeth felly ddylai'n gweddïau fod.

Llythyr at Evan Roberts (20 Ebrill 1961)

Y mae'r beirdd modern allan o'm deall i, ond teimlaf bob tro wrth eu darllen mai'r dyn ddylanwadodd fwyaf ar ein llenyddiaeth oedd y Bardd Cocos. Y mae ei ddelw ar y rhan fwyaf o bethau ein heisteddfodau ers rhai blynyddoedd. Gobeithio y daw tro ar fyd neu bydd yr hen iaith wedi ei lladd. Diolch am Eifion Wyn a Cheiriog a Phantycelyn, onide?

Llythyr at Evan Roberts (23 Gorffennaf 1961)

Nid oes yr un o aelodau Cymru yn codi fawr llais yn erbyn Viet Nam. Protestio yn erbyn cronni dŵr yng Nghwm Tawe am fod adar yn colli lle i nythu. Teflir gwenwyn ar y coed i ladd y dail a'r borfa a dinistrio bwyd dyn ac anifail, a neb yn gwneud dim o bwys mewn protest. Y mae'r frenhines wedi rhoddi Victoria Cross i un o'i milwyr am fomio plant yn Viet Nam, a dynion yn gweddïo drosti wrth ei henw drwy bob plwy yng Nghymru. Ofn dweud dim yn erbyn y pendefigaeth, ond byddaf yn taranu bob Sul yn erbyn y peth. Cefais gyfle yn ein capel ni yn Aberystwyth, pwyswyd arnaf i bregethu un nos Lun, a chafodd y frenhines ei galw i gyfrif wrth fynd heibio. "Chlywes i neb yn beirniadu'r teulu brenhinol mewn pregeth o'r blaen," oedd sylw un ar y diwedd, rhaid i chwi ddod o gwmpas i wrando arnaf yn pregethu meddwn, a chewch glywed y peth bob Sul. Nid myfi sydd yn poeni Israel, ond tydi a thŷ dy dad a thylwyth dy ŵr sydd yn poeni Israel.

Llythyr at Hywel D. Williams (12 Mehefin 1963)

NITHIO NEGES NICLAS

CASGLIAD O YSGRIFENIADAU
NICLAS Y GLAIS

GOLYGW   GAN HEFIN WYN A GLEN GEORGE

y Lolfa

**CRONFA
DREFTADAETH
HERITAGE
FUND**

Argraffiad cyntaf: 2019

Dymuna'r cyhoeddwyr gydnabod cymorth ariannol
Cyngor Llyfrau Cymru

Llun y clawr: Hefin Parri-Roberts
Cynllun y clawr: Y Lolfa

Rhif Llyfr Rhyngwladol: 978 1 78461 800 1

Cyhoeddwyd, rhwymwyd ac argraffwyd yng Nghymru gan
Y Lolfa Cyf., Talybont, Ceredigion SY24 5HE
gwefan www.ylolfa.com
e-bost ylolfa@ylolfa.com
ffôn 01970 832 304
ffacs 832 782

Cynnwys

Cyfarchion

BRAINT A PHLESER yw cael eich cyfarch yn enw Pwyllgor Codi Cofeb i Niclas y Glais sydd wedi cydweithio'n frwd a diwyd i sicrhau bod yna gofeb deilwng a pharhaol i'r gwron sydd â'i wreiddiau dwfn a chadarn yn nhir y Preselau.

Bu'r fagwraeth a gafodd yn y fro yn gyfrwng i fowldio trywydd ei feddwl a'i syniadau a dylanwad y capel ac Anghydffurfiaeth yn drwm iawn arno.

Er iddo grwydro yn helaeth a threulio y rhan fwyaf o'i fywyd y tu hwnt i'w gynefin, mawrygodd y fraint mai gwerinwr o'r gymdeithas wledig glòs ar odre'r Preselau ydoedd.

Deillia ei ddyheadau a'i weledigaeth o'r pridd, a gwerthoedd y gymdeithas wâr ddiwylliedig oedd yn ei gorddi a'i ysgogi i ysgrifennu ac i draethu mewn modd mor unigryw ac arbennig.

Roedd, heb amheuaeth, yn un o gymeriadau mwyaf lliwgar Cymru yn ystod hanner cyntaf yr ugeinfed ganrif a hynny am amryw o resymau gwahanol. Ei ysbryd chwyldroadol a'i hysgogodd i fentro bwrw ei lach ar gyfalafiaeth, hiliaeth a'r frenhiniaeth a'i obaith bywiol am ddyddiau gwell yn freuddwyd oesol iddo.

A da o beth yw bod rhyferthwy o gymeriad fel Niclas y Glais, a oedd yn Gomiwnydd rhonc ac yn Gristion gloyw yn cael sylw dyledus, a'i nithio – ei bwyso a'i fesur mewn cyfrol sylweddol arall.

Eirian Wyn Lewis
Cadeirydd Pwyllgor Codi Cofeb Niclas y Glais

Niclas y Glais

Mynnwn godi i'r comiwnydd – garreg
  Ar dir garw'r mynydd.
A down i gofio'n ein dydd
Y werin a'i lladmerydd.

Arwr o ddyn, plentyn ein plwy, – yma
  Fe gamodd i'r adwy.
Does gwadu gwerth rhyferthwy
Cawr go daer bro Crugiau Dwy.

Bu delfryd ei fyd a'i foes – yn ein bro,
  Deryn brith drwy'i einioes.
Codwn dros hwn, ddyn ei oes,
Gofeb i'r Gymru gyfoes.

Safodd dros Rwsia hefyd, – ni wyddai
  Am ddioddef ei gefndryd.
Rhannodd bwn gwerinoedd byd
I'w hadfer rhag caledfyd.

Ei orchest yn y carchar – fu esgyn
  Uwch terfysgoedd daear
A llunio o'r gell anwar
Sonedau â'u geiriau gwâr.

Heriodd ar lwybrau serth werthoedd – ei oes,
  A moeseg brenhinoedd.
Drwy'r cyni a'r drycinoedd
Llais Niclas y Glais, rhugl oedd.

Wyn Owens

T. E. Nicholas

Yr alltud comiwnyddol ar dir ein byw
sydd heddiw'n galw o gyfandir yr angau,
y dyfnlais cystwyol o anfarwoldeb y glyn.

Drwy ffenest y Llety
bu'n gwylio'r wawr yn torri'n goch
ar grib y Frenni;
a gweld yn y cwm islaw
yr erydr untroed yn gloywi drwy'r gaeafau
i grafu byw o'r pridd;
y dwylo cydweithredol
yn ysgwyd ystodau o wair ar feysydd Glandŵr
yng ngwres yr haf;
a'r hydref brawdgarol â chryman yn ei law
yn rhannu'r oriau di-dâl
ar y bencydd aur.

Gwas bach o negesydd yn nhafarn y Swan
a'r awen yn corddi'n ei waed,
bardd gwlad sgandalau a chlecs:
            y ffeirad un noson yn teddw gaib
            a'i gludo adre mewn whilber!

Ei ddirmyg yn siglo'r gymdogaeth.

Rebel wrth reddf
yn codi ei bac yn ieuenctid ei ddydd;
fe'i ganed yn fab y storm.

Bwrw ei rwyfau ym mhulpudau'r Gred —
heddychwr â llafn yn ei lais.

Crëwr y chwyldro yng nghymdogaeth y tipiau,
y Gair a sosialaeth yn un.

Cymheiriaid y bêl hirgron, y milgwn a'r colomennod
yn ei ddilyn i gapel y Glais.

A'i gwmni fel fflach o dywyniad haul
yn toddi calonnau.

Proffwyd hyd flaenau ei fysedd
yn gwylio'r sêr a'u hymylon o aur
yn nyfnder wybrennau'r nos,
a'r wawr goch
yn dringo o gonglau'r gwyll
i ddeffro gwerin gwlad o'i thrwmwsg hir.

Cenhadwr hyd fêr ei esgyrn
yn tywys y Saer o Nasareth drwy'r caeau a'r gweithfeydd
i siglo llaw â Karl Marx.
Annerch y dorf mewn neuaddau llawn
â morthwyl credoau Lenin
yn drwm yn ei law.

Â'r gwledydd, unwaith eto yng ngwddf ei gilydd,
bomiau'n sgrechian a chelaneddau'n frith
yn Ewrop a Japan;

cododd ei lais yng ngholofnau'r wasg
llywaeth ac unllygeidiog.

Sgrwbio'r llaid o lygaid ei werin hoff.

Gohebwyr â'u pen yn eu plu,
a drysau'n cau'n glep
yn wyneb tywysog hedd.

Y pererin cymdeithasgar
yn oerni'r gell yn Brixton ac Abertawe,
ei ryddid
     yn pendilio
          o ddydd i ddydd
a chlo di-ddedfryd ar ei dafod chwilboeth.

Ond . . .
dychwelodd yn fydryddol-gignoeth
ar bapur cymwynasgar y tai bach
i sgwrsio â'r gweithwyr rhwng y cloddiau di-ddosbarth
yn Hebron a Llwyn-yr-hwrdd,
crychiog fel clogwyni eu magwraeth,
yng nghwmni diniweidrwydd y gwlith a'r ŵyn.

Cnoi cil ar atgofion :
llefaru ar ei focs di-sebon yn Aberdâr
yng nghyffro'r etholiad
ac wyau clwc ei genhedlaeth
yn taro a chleisio'i wyneb.

Sonedau'n fflachio rhwng y barrau heyrn,
yr awen yn codi stêm :
    dihatru'r frenhiniaeth rwysgfawr,
    llabyddio'r cyfalafwyr glwth,
    dymchwel yr offeiriadaeth,
    a chablu, heb oedi, â dicter ei waed,
    gynllwynwyr rhyfeloedd erch.

Deintydd wrth reddf
yn tynnu'r crawn a'r pydredd o'u bywydau.

Y gwladwr di-ymddeol yn aber ei yrfa
weithiau'n cwmnïa â'r môr a'r torfeydd ar y prom
— cap-stabal, tei-bo, a ffon —
ar hwyr o Sul
yn dringo'r grisiau i oriel ei ymlyniad
yn Seion ei ffydd
(i blith glaslanciau'r Coleg!).

Ei fysedd
creithiog fel dwylo ei Arwr ar fryn y croeshoeliad
yn cymryd y bara a'r gwin.
A'r machlud yn goch ar grychlawr y don.

Mor las ei fyfyrdodau yng ngardd Glasynys,
pedwar ugain a deg o flynyddoedd cythryblus
(ar hast yn ei weithdy, ei fresys ar led)
yn rhybuddio . . .
yn cystwyo'r genhedlaeth ifanc.

Darn diysgog o wenithfaen y Preseli
yn golofn i'r werin ddi-lais,
a'r dyn a'r gaib yn tynnu tua'r bedd.

Gwasgarwyd y llwch goraeddfed ar Grugiau Dwy
wrth draed y trosglwyddydd talsyth sy'n cyfarch y byd,
dan drem hynafol y cerrig ar Garn Meini,
a'r bore yn rhynnu ym meinwynt Tachwedd
wrth daflu'r gweddillion i ddwylo'r grug.

Yr alltud comiwnyddol ar dir ein byw
sydd heddiw'n galw o gyfandir yr angau,
y dyfnlais cystwyol o anfarwoldeb y glyn.

Eirwyn George
(Cerdd y Gadair, Gŵyl Fawr Aberteifi 1972)

Nodyn
Fe'i ganed yn fab y storm. Mynnai T.E.N. bwysleisio o hyd iddo gael ei eni ar noson anarferol o stormus, ac i'r storm, mewn ystyr drosiadol ei ddilyn ar hyd ei oes. Symbol o egwyddorion comiwnyddiaeth yw'r cyfeiriadau at yr haul yn goch hwnt ac yma; a glyn cysgod angau yw'r glyn ar ddechrau a diwedd y gerdd.

Tros Ryddid Daear

Doedd dim ar feingefn plaen y llyfr i ddweud
y byddai'r allwedd hon yn agor pyrth
y celloedd yn y meddwl, yn dad-wneud
fy nghlymau gyda cherddi. Dyna wyrth
oedd dewis hon o blith pamffledi llwyd
a llychlyd Cymru fu, cyfrolau maith
ar ddamcaniaethau ddoe; ro'n i yn rhwyd
ei fesur, eto'n rhydd i hedfan gyda'i iaith
i Rwsia, Sbaen a Moscow Fach a'r Glais.

Ac yno, yn nhywyllwch stydi flêr,
yn hwyr, un nos, goleuodd hwn â'i lais
y llwybr oedd o 'mlaen, fel cynnau'r sêr –
trwy gyfrol fach, ddi-nod, ces ddrws i fyd
sy'n fwy na Chymru, ac yn Gymru i gyd.

Hywel Meilyr Griffiths

Rhagair

YN Y PUMDEGAU yr oedd galw i weld Anti Anna ym Mrynceiros yn siwrne anturus i blentyn. Chwaer Niclas y Glais oedd Anna, a Brynceiros oedd y tŷ a godwyd gan y teulu wedi gadael y tyddyn ar ben y bryn. Y mae gen i gof byw o gerdded yn llaw fy mam o stesion Crymych i Bentregalar, rywbryd yng nghanol y 1950au, a theimlo oerni'r awel wrth groesi'r rhos. Wedi cyrraedd Brynceiros yr oedd yna groeso mawr ond yr oedd cyfleusterau'r tŷ yn perthyn i oes arall.

Digon gwir fod yna gyflenwad o ddŵr oer ond yr oedd y tap yn y gegin fach yn arllwys i fwced ar y llawr. Yn y brif ystafell yr oedd yna duniau i gadw nwyddau ar silff uwchben y tân ond rhaid oedd cael gwared ag unrhyw dun oedd yn dangos llun o'r brenin! Ymhen draw'r silff yr oedd yna set radio hen ffasiwn i wrando ar y 'Welsh Home Service'. Y 'Celwyddgi Bach' oedd enw Wncwl Tomi ar y set ac yr oedd wedi rhybuddio Anna na ddylid talu fawr o sylw i'r newyddion a ddarlledwyd!

Cenhadaeth Niclas y Glais trwy gydol ei oes oedd cynnig esboniad amgen o ddigwyddiadau'r dydd ac i herio'r hanesion a ledwyd am fawredd yr Ymerodraeth Brydeinig. Dyna oedd neges y mwyafrif o'i gerddi ond cadwodd ei sylwadau mwyaf heriol i'r llythyron a ddanfonodd at gyfeillion. Pan aeth Hefin Wyn ati i lunio'r gyfrol *Ar Drywydd Niclas y Glais* dyfynnwyd rhai o'r llythyrau ond buan y gwelwyd fod yna lawer mwy ar gael.

Yn y gyfrol hon cyflwynir detholiad o'r casgliad cyflawn ynghyd ag enghreifftiau o'r erthyglau a'r pamffledi a gyhoeddwyd gan Niclas o gyfnod i gyfnod. Fel prif ladmerydd y Blaid Gomiwnyddol yn y Gymraeg nid syndod gweld nad yw ei sylwadau yn gwbl ddiduedd! Serch hynny, medrai gynnig dadansoddiadau craff sy'n taflu golau newydd ar sawl cyfnod yn hanes Prydain. Yn y cyflwyniad esbonia Hefin lle y daethpwyd o hyd i'r deunydd newydd a sut yr aed ati i greu'r detholiad. Diolchaf iddo am gael cyfle i bori'r trwy'r archif ac i draethu barn ar gynnwys ac arwyddocâd y deunydd.

Heddiw y mae yna gryn dipyn o son am 'Fake News' ond gwelwn o'r detholiad fod yr un peth yn wir yn nyddiau Niclas. Dro ar ôl tro gwelwn ef yn taranu yn erbyn y cyfryngau torfol a'r wasg a oedd, i raddau helaeth, yng ngofal nifer fach o berchnogion ariannog. Mewn un llythyr esboniodd sut y llwyddai i ddilyn llwybr annibynnol tu hwnt i'r gogwydd camarweiniol. Ei gyfrinach oedd talu sylw manwl i safiad Prydain ag America cyn mabwysiadu byd olwg gwrthgyferbyniol. Perthnasol felly nodi fy mod i wedi defnyddio dull digon tebyg i dafoli'r newyddion ac wedi gweld fod y cynllun yn dal i weithio yn ein dyddiau ni!

Wrth bori trwy'r archif, diddorol sylwi bod y mwyafrif o'i ddadansoddiadau wedi sefyll prawf amser. Yn ystod y Rhyfel Mawr yr oedd Niclas yn iawn i ddisgrifio'r gyflafan fel rhyfel a ymladdwyd yn Ewrop i ymestyn gafael y Pwerau Mawr ar adnoddau'r Trydydd Byd. Yn y tridegau yr oedd yn iawn i gefnogi llywodraeth Weriniaethol Sbaen ac i gondemnio Prydain am dalu cyn lleied o sylw i dwf Ffasgiaeth. Yn ystod yr Ail Ryfel Byd yr oedd ganddo well gafael ar gefndir gwleidyddol a strategol y brwydro na'r mwyafrif o'i gyfoeswyr.

Erbyn y pumdegau yr oedd ei weledigaeth wedi pylu, gan ei fod yn edrych ar y camweddau a ddadlennwyd yn yr Undeb Sofietaidd ynghylch gweithredoedd Joseff Stalin trwy sbectol dywyll. Yn y chwedegau trodd ei sylw at y gwledydd yn Affrica oedd yn brwydro am hunanlywodraeth gan ymfalchïo fod 'y Llew Prydeinig yn tynnu ei gynffon rhwng ei goesau'. Yn ei ddyddiau olaf yr oedd yn falch i weld fod mudiadau heddwch y byd yn cryfhau ac i weld fod ei freuddwyd oesol yn dal yn fyw yng Nghiwba a Tsieina.

Sylwadau ar ddigwyddiadau'r dydd yw'r trwch y rhai a geir

yn ei lythyrau ond, bob hyn a hyn, ceir sylwadau sy'n taro tant oesol. Dyma gasgliad bach sydd mor berthnasol heddiw â'r diwrnod y tarodd Niclas ei fysedd ar allweddi'r hen deipiadur:

'Anodd gwybod beth ddaw o Persia, efallai y cymer America y petrol, a thalu pris isel amdano, a gyrru Prydain allan yn llwyr.' (Mawrth 1951).

'Nid y Bolshefic ond y Bol Gwag sydd tu ôl i'r holl wrthryfel.' (Gorffennaf 1954)

'Pan ddaw'r Torïaid i rym, bydd gwasgu gwirioneddol ar y gweithiwr.' (Mawrth 1955).

'Plaid sydd â'i harweinwyr yn rhuthro i Dŷ'r Arglwyddi y cyfle cyntaf.' (Sylwad ar y Blaid Lafur, Ebrill 1956)

'Crëwyd rhywbeth na ellir ei gadw'n ddiogel.' (Sylwad ar bwerdy Niwclear Trawsfynydd, Tachwedd 1957)

'America sydd yn achosi'r drwg am fod Prydain yn rhy wan i wneud llawer o ddrwg ond yng nghwmni'r wlad fawr.' (Chwefror 1958)

'Tra byddo'r wasg yn nwylo rhyw hanner dwsin o ddynion, ni enillir etholiad gan Lafur...' (Ebrill 1961)

Mater o falchder i mi yw gweld fod y bardd a'r gweledydd o Bentregalar wedi derbyn teyrnged deilwng o'r diwedd. Coron y cyfan oedd gweld mai disgynyddion y gymdeithas wâr oedd yn bod wrth odre'r Preseli yn ei oes ef oedd yn gyfrifol am hybu'r gwaith o godi cofeb. Hyderaf y bydd y rhai fydd yn ymweld â'r garreg yn dwyn i gof yr hyn a wnaeth Niclas i dorri'r llyffetheiriau meddyliol sy'n dal i'n caethiwo.

Glen George

Cyflwyniad

A WYDDECH CHI fod yna gynulleidfa deyrngar yn gwrando ar Dei Tomos yn trin a thrafod y pethe ar Radio Cymru bob nos Sul? Pan gyhoeddwyd y gyfrol *Ar drywydd Niclas y Glais – Cominwydd rhonc a Christion gloyw* (Y Lolfa 2017) cefais y fraint o sgwrsio am y cefndir ar ei raglen gymen. Soniais pa mor ffodus y bûm i ddarganfod llythyrau o eiddo Niclas yn y Llyfrgell Genedlaethol, yn bwrw goleuni ar ei syniadau. Roedd sypyn helaeth ohonyn nhw wedi'u hanfon at Evan Roberts, hanesydd lleol a llyfrbryf o Landderfel, Sir Feirionnydd.

O fewn ychydig ddyddiau daeth llais ar y ffôn o gyffiniau Wrecsam. Un o'r gwrandawyr ffyddlon, Nan Jones, a ddigwyddai fod yn wyres i Evan Roberts. Roedd ganddi hi fwndel arall o lythyrau Niclas at ei thaid. Roedd hi'n eu trysori nhw. Roedd ganddi atgofion am Niclas yn galw i weld ei thaid ym Mod Alaw. Oeddwn i am weld y llythyron? Oeddwn i am wybod mwy am ei thaid? Wel, oeddwn siŵr.

Cofiai am Niclas yn tynnu dannedd ei mam, Myfanwy, a'i modryb, Eirianwen, "gyda'r jar wrth law i boeri gwaed iddo". Bryd arall arferai alw i'w gweld yng Nghhynwyd a helpu ei hun i'r ffrwythau yn y berllan. Cefais giplun o ddyn hynod gan ddynes a oedd yn amlwg yn ei hystyried yn fraint iddi gael adnabod un o bobl flaengar y genedl.

Pan ddaeth copïau o'r llythyrau i'm llaw gwelwn fod yna oleuni newydd yn cael ei daflu yn ystod cyfnod nad oedd yn cael ei gynrychioli gan y llythyrau rheiny oedd yn y Llyfrgell Genedlaethol. Rhaid oedd ymgynghori gyda Glen George, gornai T. E. Nicholas. Roedd yntau o'r un farn. Pan soniwyd am fynd ati i godi cofeb i Niclas yn ei gynefin uwchben Pentregalar, ger Crymych, yng nghanol y Preselau, gwelsom gyfle. Beth am fynd ati i baratoi cyfrol o ysgrifeniadau Niclas yn erthyglau a llythyron na fu'n bosib cyfeirio atyn nhw ond wrth fynd heibio yn y cofiant a gyhoeddwyd?

Roedd gennym sypyn o lythyrau Niclas at Awena Rhun ym Mlaenau Ffestiniog lle'r oedd yr un mor agored ei farn am faterion Cymreig a rhyngwladol. Ysgrifennai ati'n gyson, gan gynnwys yn ystod y cyfnod fu yng ngharchar, tan ei marwolaeth yn 1946 yn 71 oed. Tystia yr enw barddol fod Mrs Elinor Hannah Thomas hefyd yn ymhel â'r awen. Roedd ganddyn nhw ddiddordebau yn gyffredin. A ph'un a oedden nhw'n arddel yr un daliadau gwleidyddol neu beidio, roedd Awena, yn union fel Evan, yn cael gwybod am yr hyn a ystyriai Niclas yn felltith 'y drefn ysbail' yn ogystal â hynt y rhyfeloedd p'un a oedd hynny'n ddymuniad ganddyn nhw neu beidio.

Ond does ganddon ni ddim o'u llythyrau nhw at Niclas i gyfoethogi'r darlun. Serch hynny, credwn fod y darnau o'r llythyrau a ddyfynnwyd yn ogystal â'r ysgrifau a gyhoeddwyd, y deunydd a oedd yn Archifdy Bangor a'r sgwrs ar dâp a oedd yn Sain Ffagan, yn rhoi i ni ddarlun o feddwl miniog ac unplyg ac o fywyd prysur o deithio, darlithio a phregethu. Cafwyd hyd i lythyrau a anfonwyd ganddo at ei gyfaill o löwr o'r Rhigos, Hywel Williams, a dreuliodd y rhan olaf o'i oes yn ofalwr yn Sain Ffagan. Cynhwysir hefyd lythyr teyrnged o'i eiddo at gyfaill ym Mlaenau Ffestiniog, Dafydd Price, lle fyddai'n seiadu'n fynych gyda chyfeillion o gyffelyb anian 'yn trafod ein pethau ni'. Bu yna ohebu cyson rhyngddo ef a Goronwy Roberts A.S. hefyd.

Barnwyd nad oedd angen cyhoeddi drachefn ddeunydd oedd eisoes wedi ymddangos yn y gyfrol *Ar Drywydd...* megis ei araith Gŵyl Fai ym Merthyr yn 1911, ei bregeth angladdol a'i deyrnged i Keir Hardie yn 1915 na'i lythyr agored yr un flwyddyn at Syr Henry Jones yn dannod ei agwedd at ryfel. Yr un modd croniclwyd ei ddisgrifiadau o amgylchiadau ei arestio a'i garcharu yn y gyfrol honno.

Hyderwn fod y gyfrol hylaw hon yn atodiad i'r gyfrol hwy

ac yn rhoi cip ar feddwl enigmatig a oedd ar dân am newid y byd ac a oedd yn ddraenen yn ystlys y sefydliad crefyddol a llenyddol Cymreig, heb chwaith ddigio neb, gan fod pawb yn parchu ei ddidwylledd.

Rhaid diolch i Glen George am y cydweithio gwâr a fu rhyngom, i Bwyllgor Codi Cofeb i Niclas y Glais am ein hannog i ddwyn y maen i'r wal, i'r beirdd Wyn Owens, Eirwyn George a Hywel Griffiths am gyfrannu, i wasg y Lolfa am eu hamynedd a'u gwaith trwyadl ac yn bennaf oll i Gronfa Dreftadaeth y Loteri Genedlaethol am y nawdd sylweddol.

Diolch i Shân Simkins, ar ran y teulu, am roi caniatâd i ddyfynnu'r llythyrau sydd ynghadw yn y Llyfrgell Genedlaethol, ac yn arbennig i Nan Jones am rannu'r sypyn ychwanegol hynny o lythyrau.

Ni olygwyd fawr ddim ar y llythyrau gan gadw at ei sillafiadau yntau o enwau gwledydd ac ni newidiwyd fawr ddim ar orgraff y llithiau cynnar hynny a gyhoeddwyd yn y *Geninen*. Dyfynnwyd yn helaeth o recordiad sgwrs gyda Niclas sydd ym meddiant Amgueddfa Sain Ffagan ac o gyfrol Eirwyn George, *Estyn yr Haul* (Cyhoeddiadau Barddas 2000) sy'n cynnwys dyfyniadau o'i hunangofiant sydd ym meddiant Archifdy Bangor. Dyfynnwyd ymhellach yn uniongyrchol o'r hunangofiant hefyd.

Pan fu Evan Roberts farw ym mis Mai 1977 roedd o fewn tair wythnos i'w ben-blwydd yn gant oed ac wedi hel storfa o wybodaeth hynafiaethol ynghyd yn ystod ei oes nes ei fod yn cael ei gydnabod ar yr un gwastad â Bob Owen, Croesor, o ran ei ddiwydrwydd. Cyfansoddodd Niclas soned deyrnged iddo. Roedd y ddau yn arddel yr un Cymreictod cynhenid gydag arlliw cryf o rhyng-genedlaetholdeb yn perthyn i Niclas.

Ei law yn gadarn ar y dorau gwichlyd
 Yn gollwng allan gyfrinachau'n llu;
Ei lygaid treiddgar ar y memrwn llychlyd
 Yn ceisio coelion coll yr oes a fu.
Cael hanes ardal ar y cerrig beddau,

A mabinogi gwlad o'r Llyfrau Plwyf;
Mentro i'r dyfnder pell i geisio perlau,
A grym y môr yn taro ar ei rwyf.
Heb dâl na chlod na chyfoeth am ei lafur,
 Heb hamdden ond munudau'n hwyr y dydd;
Ei galed law yn gyrru'r pin yn brysur
 Heb ddim i'w arwain ond goleuni ffydd.
Daw eto newydd oes i gofio gwaith
Y gŵr a garodd lên ei wlad a'i iaith.

Yr un modd cyfansoddodd soned deyrnged i Awena Rhun
wedi iddi gael ei chladdu yng ngwisg yr orsedd.

Carodd y graig a'r môr a chân aderyn
 A lliw gruglwyni piws y Moelwyn Mawr;
Dotiodd ar nant, a gwyliai bob diferyn
 Yn disgyn dros lechweddau'r graig i lawr.
Profodd gyfrinach a gorfoledd awen,
 A rhoes ei chrefft a'i dyfais yn ei chân;
Ei stori gynnil yn y cwmni llawen
 Yn gwneud y geiriau dof yn wreichion tân;
Carodd ei gwlad a gwerin cyfandiroedd,
 Y du a'r melyn mewn cadwyni heyrn;
A chanfu'n codi ar hyd a lled y siroedd
 Fyd newydd o orthrymder cred a theyrn.
Yn lifrai bardd y gorwedd yn ei bro,
A'i chân yn swp o flodau ar y gro.

Pan lansiwyd y gyfrol hon yng Nghanolfan Hermon – yn adeilad yr ysgol lle bu Niclas yn ddisgybl – ar brynhawn Sadwrn, Hydref 5 2019, cynhaliwyd nifer o weithgareddau eraill i gofio'r gwron. Trefnwyd arddangosfa o'i gadeiriau a'i lyfrau a chasgliad o luniau a dogfennau i amlygu gwahanol gyfnodau o'i fywyd. Dadorchuddiwyd cofeb iddo ar ben Crugiau Dwy ei gynefin lle gwasgarwyd ei lwch. Ei or-wyres, Shân Simkins, ddadorchuddiodd y plac a chafwyd cyfarchion gan John Williams, yn cynrychioli cyn-aelodau capel Seion, y Glais. Gosodwyd bwrdd gwybodaeth yno hefyd yn crynhoi hanes ei yrfa. Gyda'r nos cyflwynodd Cwmni Theatr Bro'r Preseli ddrama o waith Gareth Ioan, *Mae'r Dydd yn Dod*, (wedi'i golygu gan Eifion Daniels), sydd yn deyrnged i Niclas. Ar y nos Sul, yng nghapel Antioch, lle'r oedd y Niclas ifanc yn aelod, cynhaliwyd Seiat Drafod 'Myfi a ddeuthum i fwrw tân ar y ddaear' o dan arweiniad Gareth Ioan. Ffilmiwyd y gweithgareddau ac mae blas o'r cyfan i'w weld ar YouTube.

Hefin Wyn

1

Bore Oes

'Y Llety'

NID OES DIM ond adfeilion bellach i ddynodi llecyn Y Llety ar ben uchaf Feidir Craf wrth anelu o gyfeiriad Pentregalar i Fynachlog-ddu, a chyrraedd Crugiau Dwy, lle daw ysblander copaon y Preselau i'r golwg i lonni'r llygad. Dim ond dychmygu'r aelwyd lle llosgai'r tân mawn y gellir ei wneud mwyach a hwythau'r plant, yng ngolau cannwyll, yn gwrando ar y penteulu yn darllen llithiau radical gwasg Gymraeg y dydd, pregethau J.R., Llanbrynmair, neu ddetholiad o'r mynych gasgliadau o emynau a gyhoeddwyd. Ni wna'r drain na'r mieri llwyr dagu'r cof am y diwyllio a ddigwyddai.

Plentyn ieuengaf Dafi a Bet Y Llety oedd Tomos Evan Nicholas ac yr oedd ganddo ddau frawd a dwy chwaer hŷn yn ogystal â hanner chwaer o briodas flaenorol ei fam. Yn ôl ei chwaer Sarah, cafodd Tomi fwy o hamdden i hogi ei feddwl pan oedd yn ifanc oherwydd ef oedd y 'cyw melyn olaf'. Oddeutu'r clos gwelai Tomi'r Llety yr anghyfiawnder y soniai Thomas Gee amdano ar dudalennau'r *Faner* wrth iddo ddeall eu bod nhw fel teulu yn byw ar drugaredd perchennog tir. Doedden nhw ddim yn berchen modfedd o'r tir llwm roedden nhw'n ei amaethu.

Ac nid cyn y deuai gwŷs i'r tyddyn y byddai Dafi Niclas yn talu'r rhent a oedd yn ddyledus. Gwnâi'r hyn a allai i wrthwynebu heb beryglu diddosrwydd ei deulu. Arferai Niclas sôn am y flwyddyn honno pan na lwyddwyd i werthu buwch, yn unol â'r arfer, er mwyn prynu nwyddau dros y gaeaf ac y bu rhaid ei lladd a'i halltu a hepgor prynu oel lamp a sgidiau dros dro.

Roedd y Tomi ifanc yn effro i ddatblygiadau'r oes ac yn ddigon parod i osod ei linyn mesur ei hun dros y sefydliadau hynny y daeth i gysylltiad â nhw. Ni welodd ddiben mewn ysgolia am nad oedd modd iddo gael ei addysgu pan ddefnyddid y Saesneg fel cyfrwng cyfathrebu yn Ysgol Hermon gerllaw. I Gymro uniaith, cam ag ef a'i gyfoedion oedd eu gorfodi i ymdopi ag iaith nad oedd yn famiaith iddyn nhw. Ni fedrai ddirnad pam oedd y prifathro yn sgwrsio yn Gymraeg gyda'i dad ar y ffordd adref o oedfa ond yn troi i'r Saesneg o fewn muriau'r ysgol.

Yr un modd ni welai ddiben i grefydd sychdduwiol. Gresynai at y 'parch' a fynnai ambell weinidog tra edmygai ddawn dramatig ambell bregethwr yn y pulpud. Un o'r rheiny oedd y Dr Herber Evans, Prifathro Coleg Bala Bangor, a hanai o ardal Castellnewydd Emlyn. Fe'i cyfareddwyd ganddo.

Ond doedd buchedd y Parch Seimon Evans, Hebron, gerllaw, ddim yn apelio. Y farn 'swyddogol' am y gŵr a gafodd ei godi i Gadair Undeb yr Annibynwyr yn 1881 oedd ei fod yn un o'r 'mawrion' ac yn un i'w edmygu am "yr egwyddorion y seiliodd ei fywyd arnynt, a llymder manwl a di-dor ei reolau beunyddiol tuag at feithrin ymarweddiad ac ymadroddion bucheddol, a'i ymdrech ddiflino i oleuo a gwareiddio dyn trwy fawrhau Duw".

O leiaf dyna farn y brodyr Caleb a Stephen Rees, cyd-awduron cyfrol am hanes capel cyfagos *Pen-y-groes Gyrfa Dwy Ganrif.* Yn ôl y brodyr arferai Seimon Evans gyfrannu un geiniog o bob chwech at achosion dyrchafol. Ond cofiai Niclas y tro hwnnw y bu iddo ei gyfarfod.

Cofnododd Niclas ei atgofion o'r dyddiau cynnar mewn llythyron at gydnabod ac mewn cetyn hunangofiant na wnaeth erioed ei gwblhau. Roedd am gyfleu i'w gydnabod yr hyn a oedd wedi'i fowldio ar lethrau'r Preselau. Nid rhyfedd nad oedd sentiment na rhamant yn britho ei atgofion am y dyddiau cynnar. Gwelai'r adeg hynny fod angen gwella'r byd.

Parchai rinweddau ei dad. Etifeddodd ei ddiddordeb mewn syniadau, hyd yn oed os na pherthynai'r un pwyll ac amynedd iddo. Arall oedd cyneddfau ei fam, Elizabeth neu Bet, ac mewn gwrthgyferbyniad i eiddo ei gŵr. Ond ni wadai Niclas iddo etifeddu ei nodweddion hithau hefyd.

Cyfeirio at galedu'r dyddiau cynnar a wnâi Niclas gan amlaf, gan ddefnyddio hynny fel esboniad dros ei genhadaeth i wella byd y werin greithiog. Ond gwelai fod yno gymdeithas a chyd-dynnu, a brawdoliaeth, ac nad oedd hwnnw i'w weld yn amlycach nag adeg y cynhaeaf gwair.

Am nad oedd yna drên na cherbyd a yrrid gan betrol, prin yr elai neb i deithio y tu hwnt i'r bryniau a welid oddi amgylch. Mater o weld y pellteroedd heb fyth eu cyrraedd oedd hi. Roedd gweld y goets fawr yn oedi yn nhafarn Tŷ Mawr ym Mhentregalar yn dipyn o ddigwyddiad am mai mawr oedd y dyfalu pwy oedd y teithwyr a pha newyddion y medren nhw ei rannu. Ond un owtin blynyddol cofiadwy oedd mentro i'r môr yn Nhrefdraeth.

Anturiaeth debyg fyddai cneua yng Nghwm Cedni gerllaw a

chasglu llusi duon bach yn eu tymor a hwythau'n haid o blant y plwyf. Ond atgofion anghynnes sydd ganddo o dymor y gaeaf, o oerni tragywydd yn waeth na dim arall a fedrai beri ofn iddo. Rhoddodd ddisgrifiad manwl o natur y gaeafau mewn llythyr at ei gyfaill, Evan Roberts, Llandderfel yn 1947 gan ddatgelu'r hyn a'i hargyhoeddodd fod Iesu o Nasareth yn dal yn fyw.

Roedd gweithgarwch y capel yn ganolog i fywydau'r rhelyw o bobol. Ni fyddai gofynion gwaith ar y tyddynnod yn eu rhwystro rhag mynychu oedfaon. Gwelir hedyn ei 'gomiwnyddiaeth' yn ei ddisgrifiad o natur y gymdeithas y cafodd ei fagu ynddi. Yr un gymdeithas a fawrygwyd gan Waldo Williams mewn cerddi megis 'Preseli'.

Glynodd wrth ei brofiadau bore oes ac at y rheini y dychwelai dro ar ôl tro gan dderbyn nad oedd wedi cadw cyswllt clos â'r hen ardal ar hyd ei oes. Dychwelai i ddarlithio ac i bregethu o dro i dro, ac i ymweld â'r teulu tra buont fyw, yn ogystal â thynnu dannedd mewn amryfal syrjeris oedd ganddo hyd at yr Ail Ryfel Byd. Ond byw ar yr atgofion a wnâi yntau'n bennaf. Anwylai'r hen bobl a adnabu. Roedd y gwreiddiau'n ddwfn.

* * *

Rhieni

Darllenai fy nhad bregethau J. R. ac adroddai imi ddarnau o farddoniaeth. Cofiaf hyd y dydd heddiw y farddoniaeth gyntaf a glywais – caneuon Mynyddog ac 'Yr Eneth Ddall' gan Ceiriog. Hyd ddiwedd ei oes bu fy nhad yn ddarllenwr mawr. Hyfryd meddwl am hirnosau gaeaf, tân mawn ar y llawr, a golau go wan gan y gannwyll neu'r lamp fach agored, heb wydr arni. Sŵn gwynt a storm y tu allan a ninnau wrth y tân yn gwrando. Deuai'r *Faner* unwaith yr wythnos, a noson fawr oedd honno. Siaradai fy nhad am Thomas Gee fel pe bai yn ei nabod.

Cyfaill yr Aelwyd hefyd, deuai hwnnw ar fenthyg o rywle, a rhyw nofel ynddo o wythnos i wythnos. Cyfieithiad ydoedd o un o nofelau Jules Verne os cofiaf yn iawn. Yr oedd barddoniaeth a thribannau yn y cyhoeddiad hwnnw hefyd. Ond penllanw'r darllen oedd pregethau J. R. Yr oedd gan fy nhad hen gyfrol o bregethau wedi datod oddi wrth ei gilydd. Rhoddai'r dail yn ofalus yn eu lle a'u clymu'n daclus. A gwyliem ni'r ddefod o ddatod y cortyn a gosod y dail rhydd ar y bwrdd yn barod ar gyfer y darllen.

Wedi gorffen, clymid y cwbl yn ofalus a rhoddi'r llyfr o'r neilltu. Weithiau byddem ni blant yn agor y cortyn, a darllen dipyn, heb fod yn rhy ofalus i roddi'r dail yn ôl yn eu lle iawn. Yr oedd cyffwrdd â'r llyfr hwnnw fel cyffwrdd â rhywbeth sanctaidd. Ni welais fy nhad yn colli ei dymer erioed. Ni chodai ei lais, ac ni chynhyrfid ef gan bethau mân y byd.

Estyn yr Haul

Yr oedd fy mam yn ddynes garedig dros ben, yn rhannu'r tamaid diwethaf â phawb pan oedd tameidiau yn brin, ac yn ddynes heb ofn neb. Yr oedd ei thafod fel nodwydd a'i hateb parod yn ddihareb yn y wlad. Yr oedd yn llawn hiwmor a thynnu coes, ac wedi pasio ei phedwar ugain a deg; cefais lawer o ddifyrrwch wrth ei chlywed yn poeni bechgyn a genethod ar bwnc y caru. Yr oedd ei meddwl fel fflam dân. A fy nhad mor dawel a thyner ac amyneddgar. Os cai lyfr newydd yn fenthyg, nid oedd gwaith na phrysurdeb yn cyfrif dim. Ni welais ef erioed yn colli ei dymer am ddim byd nac at neb.

Pam wyf yn dweud hyn wrthych? I ddangos fod gwrthryfelwr yn cael ei eni, fel bardd. Credaf i galedi'r dyddiau hynny effeithio ar fy holl bersonoliaeth. Fe'm crewyd â chasineb tuag at orthrymder ac ysbail yn fy esgyrn a'm mêr.

Etifeddais lawer o bethau oddi wrth fy mam, dibristod llwyr

o bethau'r byd hwn, a rhyw wroldeb sydd yn ddall i ganlyniadau geiriau a gweithredoedd, a thymeredd danllyd a thafod miniog hefyd, ac yn fwy na dim, ffydd diderfyn mewn dynion. Daeth i mi oddi wrth fy nhad gariad at lyfrau, a rhyw fath o amynedd di-ben-draw i gymryd trafferth gyda ffyliaid sy'n araf iawn i weld pethau.

Ni bu dau yn taro ei gilydd yn well erioed na'm tad a'm mam... eu creadigaeth hwy ydwyf fi, a chreadigaeth amodau caled bywyd ar hynny o bryd. A minnau yw'r canlyniad trychinebus! 'Ydwyf yr hyn ydwyf' am eu bod hwy y peth oeddynt, ac am fod amodau eu bywyd yr hyn oeddynt hefyd.

Llythyr at Awena Rhun (28 Ionawr 1942)

Plentyn natur

Dyddiau hapus oedd y dyddiau hela cnau. Arferem fynd am dro unwaith y flwyddyn i Gwm Cedni i gneua. Hyfrydwch pennaf plentyn oedd tynnu cangau tua'r ddaear a chasglu'r cnau aeddfeta, a'u bwyta. Nid oedd cisiau gefail gnau na charreg i gyrraedd y cnewyllyn yn y dyddiau hynny. Dewis y gneuen lawn a'i thorri dan bâr o ddannedd perffaith, a gwledda ar fwyd y duwiau.

Arferwn fyw am ddyddiau ar gnau a llaeth enwyn.

Wedi tyfu'n ddyn, pan oeddwn yn byw yn yn wlad, cnau a llaeth enwyn oedd fy mwyd am ddyddiau pan oedd y cyll yn rhoddi o'u llawnder i ni. Hyd heddiw anodd mynd heibio i goed cyll yn yr hydref, heb ddringo'r clawdd a phlygu'r coed a'u rheibio o'u ffrwyth. Rhan o'r pleser oedd loetran rhwng y coed. A phleser oedd gweld cafod o law er cael sefyll yn gysurus dan goeden, a chilio i'r cilfachau coediog i gysgodi rhag yr haul.

Un o'r Indiaid Cochion oeddwn y pryd hwnnw, heb chwennych cysgod tŷ na chynhesrwydd tân na bwyd wedi ei

goginio. Rhyw daflu'n ôl at y cynddyn a theimlo mor garedig
oedd natur tuag at ei phlant.

Llwybrau hud oedd y llwybrau hynny, a natur yn trefnu
manna yn rhad.

Estyn yr Haul

Yn y gwanwyn edrychem ymlaen am i'r llusi duon bach
aeddfedu. Yr oedd pob modfedd o bob clawdd ar ein tir ni
wedi ei guddio â choed llysu duon bach, a threuliem lawer
o'n hamser yn casglu. Deuai plant i fyny o Hermon a'r cylch
ryw unwaith yn y flwyddyn i'w casglu, ac yr oedd digon yno i
bawb a digon ar ôl wedyn. Crwydrem y moelydd i'w casglu, a
chrwydro i diroedd eraill yn aml, er rhoddi dipyn o anturiaeth
i'r casglu. Gwerthid y llusi duon bach ar y farchnad am bris go
fawr, ond ni feddylie neb ohonom ni blant am droi'r ffrwyth
hyfryd yn arian.

Sain Ffagan

Bywyd Y Llety

Wrth edrych yn ôl credaf ma'r adeg mwyaf dedwydd i ni blant
oedd y cynhaeaf gwair. Yr oedd pawb yn helpu ei gilydd. Y
torri gwair â phladuriau wrth gwrs, cyn dyfod peirianne lladd
gwair. Roedd rhagfarn fawr gan rai yn erbyn y peiriant lladd
gwair. Nid oedd yr adladd yn tyfu ar ei ôl, ac roedd blas olew'r
peiriant yn mynd ar y gwair, a galle hynny niweidio'r gwartheg,
a thaflu ei blas ar y menyn. Nid oedd yn torri'r gwair yn ddigon
agos i'r ddaear a thrwy hynny golli cryn dipyn o fwyd ar gyfer
y gaeaf. Roedd dadle mawr, a'r mwyafrif yn erbyn y peiriant
ond y peiriant a orfu.

Roedd dwsin neu ragor o bladurwyr yn dechre lladd
gwair tua thri o'r glocfh yn y bore a dal ati nes gorffen y
lladdiad, yna pawb yn mynd i rywle i gario gwair i fewn.
Felly'r oedd drwy'r tymor, mynd o un lle i'r llall i gario gwair

yr holl ardal i mewn. Yr unig beth yn erbyn y drefn oedd ychydig ddyddiau o law. Wedi i'r tywydd braf ddod gellid gweld lle'r oedd pawb yn hoffi mynd. Nid oedd neb yn aros gartref os oedd gwair yn barod i'w gario, ond pan oedd nifer o dyddynnod wedi cael eu dal gan dywydd garw, a phawb yn barod i gario yr un pryd, yna ceid gweld ambell i le, nad oedd yn nodedig am fwyd da, heb neb i'w cynorthwyo. Ond wedi gorffen mannau eraill eid yno wedyn i orffen cario.

Hyfrydwch oedd gweithio ar y gwair ar dywydd braf, a'r haul a'r awel yn gwneud eu gwaith, a ninnau'n gorwedd yn y gwair a chanu emynau a baledi. Cyfansoddwyd 'Cân y Mochyn Du' yn yr ardal a rhaid oedd canu honno. Cyfansoddwyd hi gan lanc a ddaeth wedi hynny'n bregethwr go bwysig. Roedd llawer o feirdd gwlad yn llunio caneuon am ryw droeon trwstan yn yr ardal. Credaf fod y beirdd gwlad yn bwysig iawn i hanes Cymru. Efalle nad oedd eu barddoniaeth o safon uchel, ond ceid ynddo ddarlun o fywyd yr ardal a'r digwyddiadau oedd yn o bwysig i ni. Cenid y caneuon hynny ar y caeau gwair.

Hen dai oer oedd yn yr ardal, a'r gwynt yn gweithio'i ffordd i bob ystafell ddydd a nos. Ac un o'r atgofion chwerwaf sy gennyf yw'r oerni tragwyddol. Y pryd hwnnw caem aeafau caled iawn. Cofiaf eira ar y ddaear am chwe wythnos, a chael gryn hwyl wrth chwilio am ddefaid dan yr eira a'u tynnu allan o'r lluwch. Yr oedd yr oerni yn fy llethu. Byth oddi ar hynny nid oes i mi ddychrynfeydd fel uffern dân.

Uffern o rew ac eira tragwyddol oedd yn codi ofn arnaf y pryd hwnnw. Darfu'r gred mewn uffern dân am byth yn yr eira a'r oerni y pryd hwnnw. Cofiaf bregethwr go enwog yn cael hwyl fawr wrth bregethu ar 'Mwg eu poenedigaeth yn codi yn oes oesoedd' heb beri dim braw i mi. Pe bai wedi pregethu ar rew ac eira a chorwyntoedd oer, ofnwn y busaem innau hefyd yn cael fy nychryn.

Sain Ffagan

Rwy'n cofio gaeafau caled iawn pan oeddwn yn blentyn. Gan ein bod yn byw yn lled uchel ar y Preselau yr oedd eira yn aros yno yn o hir. Dechrau 1895 ydoedd. Bu'r gaeaf ar ei hyd yn oer a llawer o rew, ond rywbryd ddechrau'r flwyddyn, daeth trwch o eira a bu yno am chwe wythnos. Claddwyd llawer o ddefaid dan y lluwchfeydd, a'n pennaf gwaith ni blant oedd chwilio amdanynt a'u tynnu allan. Cawsom ugeiniau lawer allan yn fyw wedi bod yno am wythnosau. Oni cheir hwynt allan cyn i'r eira doddi, fe'u boddir wrth gwrs.

Bu'n amser hyfryd i lithro ar yr iâ, digon ohono ar y tir, heb eisiau mentro i lynnoedd. Ninnau'n troi dŵr allan o'i gwrs er cael darn hir o iâ ar y caeau, ac yno yr oeddym hyd hanner nos ar noson loergan, heb ofidio fod y glo yn brin na dim arall. Rywsut edrychaf yn ôl ar y gaeaf caled hwnnw gydag hyfrydwch. Daeth rhyw fwynhad o'r oerni hir a'r eira am fod y peth yn newydd i ni, a digon o gyfle i chwarae. Yr oedd mynd i'r ysgol allan o'r cwestiwn, am fod gennym filltiroedd i fynd, a'r lluwchfeydd yn ormod.

Cofiaf i'm ffrind a minnau fynd i'r pentref, rhyw ddwy filltir i ffwrdd, drwy lwybr a oedd wedi ei agor drwy'r eira. Nid oedd sôn am fodurau'r pryd hwnnw na bws. Dim ond llwybr troed neu geffyl oedd eisiau. Prynasom sigarét rhyngom, pethau go newydd yn ein cylch ni ar y pryd. Ac wrth gychwyn adref yr oedd ffermwr â cheffyl ifanc yn efail y go yn ei bedoli'r tro cyntaf. Nid oedd neb wedi bod ar gefn y ceffyl, ac wrth fynd adref gofynnodd i un ohonom ni fynd ar ei gefn. Cerddai'r ffermwr ar y blaen drwy'r llwybr cul, a'r afwynau ar ei fraich, a'r ceffyl yn dilyn a minnau ar ei gefn, a'm ffrind yn dilyn o'r tu ôl.

Er mwyn dangos i hwnnw nad oedd arnaf ofn syrthio, codais fy nwy law i fyny uwch fy mhen yn sydyn. Os do, cafodd y ceffyl yr ofn mwyaf dychrynllyd, a neidiodd heibio'r ffermwr ac hyd ei dor yn y lluwch, a minnau'n gallu llithro'n rhwydd i ben yr eira caled. Wedyn dechreuodd storm fawr, a'm ffrind oedd yn cael y bai iddo daflu pelen eira at y ceffyl. Saif ambell ddigwyddiad fel hwn yn fyw yn y cof, a phob tro y cofiaf amdano, ni fedraf beidio â chwerthin. Yr oedd y peth mor ddisymwyth ac mor ddigrif i mi ar y pryd.

Yr oedd ein tyddyn ni'n ffinio â chomins mawr, filoedd o aceri o dir eithaf gwastad, heb ond grug ac eithin mân yn tyfu arno. Rhyw dri chwarter milltir i mewn ar y cwmins yr oedd bwthyn unnos, a hen wraig yn byw yno. Deunaw yr wythnos o'r plwyf oedd ei holl gynhaliaeth ar wahân i'r llaeth a'r caws a'r bara ceirch a gâi gan y rhai oedd yn byw yn y tyddynnod. Arferwn fynd yn y gaeaf caled uchod, i'w gweld bob dydd.

Awn i gyrchu dŵr iddi o ffynnon gyfagos, a mynd ag enwyn a bara ceirch a phethau eraill iddi. Arferai siarad â hi ei hunan yn uchel. A minnau rhyw noson loergan, yn mynd yn ddistaw at y tŷ i wrando beth oedd ganddi i'w ddweud wrthi hi ei hun. Erbyn i mi wrando, siarad â Iesu Grist oedd hi, a chredu ei fod yno yn y tŷ. Wrth fynd adref teimlwn rhyw gymaint o ffydd yr hen wraig, a phrofi rhyw orfoledd ar y tywydd oer a'r trwch o eira. Gwyrth go fawr oedd atgyfodi'r Iesu yn y bwthyn hwnnw, a theimlo na laddwyd ef gan yr Iddewon na'i gladdu chwaith – am byth. A oes dynion â ffydd felly yn awr?

Llythyr at Evan Roberts (5 Chwefror 1947)

Ysgolia

Nid oes i mi hyfrydwch wrth edrych 'nôl ar y dyddiau hynny. Saesneg oedd iaith y gwersi. Yr oeddwn dros ddeuddeg oed cyn i mi ddysgu dim. Ceisid dysgu pethau i mi mewn iaith nas deallwn. Rhaid cofio nad oeddwn yn deall yr un gair o Saesneg. Aeth fy nhad a'm mam i'w bedd heb wybod gair o'r iaith honno. Ni ddeuai Sais i'n hardal ond ar ddamwain. Yr unig Saesneg a glywem yn blant oedd porthmyn yn bargeinio yn Ffair Crymych, a'r arwerthwr yn darllen amodau'r gwerthu allan cyn dechrau ar ei waith. Erbyn hyn, gwn nad oedd y ddau fachgen a'n dysgai yn gwybod llawer mwy na ninnau o'r iaith fain.

Yr oedd y ddau yn angharedig iawn wrth blant y wlad. Gofynnent gwestiwn syml i ni, beth oedd ein henw neu rywbeth felly, a ninnau heb ddeall, yn methu ateb. Yna deuai riwler hir lawr yn drwm ar ein pennau. Creodd y cyfan gasineb at ysgol ac addysg yn fy nghalon. Nid wyf wedi maddau eto i'r gyfundrefn a oedd yn defnyddio dau hogyn hŷn na ni i'n poenydio yn lle ein dysgu. Pa wallgofddyn a ddyfeisiodd drefn mor afresymol ac annheg? Ble oedd arweinwyr Cymru yn y senedd a'r wasg a'r pulpud? Gadael plant diniwed ar drugaredd trefn a oedd yn ddiraddiol i'w holl bersonoliaeth. Ychydig o ddim a ddysgwyd i mi gan yr athrawon am fod pob athro a gefais yn ceisio fy nysgu mewn iaith nas deallwn.

Llythyr at Awena Rhun (28 Ionawr 1942)

Teimlaf yn chwerw wrth edrych yn ôl ar ddyddiau ysgol, ac erbyn heddiw gwelaf ma'r hen drefn oedd yn gwneud bywyd ysgol yn galed i ni, a diwerth i blant y mynyddoedd. Yn yr hen ardal yr adeg honno nid oedd neb, nemor neb, yn deall nac yn siarad Saesneg. Plant unieithog hollol oedd llawer ohonom. Yn yr ysgol dysgid ni mewn iaith arall a ninnau heb ddeall gair ohoni. Beiwn yr athrawon ifanc ar y pryd, a dysgu eu casáu a chas calon, a chasáu popeth ynglŷn â'r ysgol. Cerddais y milltiroedd maith am o leiaf ddwy flynedd heb ddysgu dim, am eu bod yn ein dysgu mewn iaith nas deallem.

Wedi darllen *Clych Atgof* gan O. M. Edwards gwelais nad ar yr athrawon oedd y bai. Merthyron oeddynt hwy fel ninnau i hen drefn afresymol ac annheg i ni'r plant. Bum yn ffodus i gael mynd i ddosbarth athrawes oedd yn deall ein trwbwl ac eglurai bethau i ni yn ein hiaith. Roedd hynny'n gwbl groes i reolau'r ysgol wrth gwrs ond gosododd ni ar ben y ffordd i gasglu gwybodaeth drosom ein hunain. Hynny o addysg a gyfrannwyd i ni yn yr ysgol bob dydd, nid oedd yn werth sôn amdano, ond dysgais ddarllen, ac agorodd hynny ddrysau ym myd llên a phob byd arall. Ni pheidiodd fy nghasineb at yr hen drefn, a meddyliaf am ysgolion y wlad heddiw fel yr oeddynt cynt, er i bethau newid er gwell ers llawer o flynyddoedd.

Sain Ffagan

Y Gymdeithas

Unwaith yn y flwyddyn aem i lan y môr i Drefdraeth, a dyna ddisgwyl a pharatoi. Mewn cert yr aem, a chymerai oriau i ni fynd, yn enwedig i ddod yn ôl, gan fod rhiwiau serth iawn bob cam o'r daith. Aem ati ddyddie o flaen llaw i olchi'r cert yn lân, a rhoddi tipyn o baent coch ar yr olwynion er mwyn i ni edrych yn grand. Yna codi ar lasiad y wawr a chychwyn, a phob cam o'r daith yn newydd i ni bob blwyddyn. Treulio diwrnod ar y traeth mawr, a thalu dime am fynd drosodd mewn cwch. Rhai o'r rhai mewn oed yn mentro i'r dŵr. Yr unig ofid yn ystod y dydd oedd fod yn rhaid cychwyn adref, a gadael glan y môr am flwyddyn arall. Nid oedd y daith ymhell, rhyw ddeuddeg milltir, ond dyna'r daith hwyaf o gartref, ac yr oedd yn anturiaeth fawr iawn i ni blant yr ardal.

Cymdeithas o ddynion tebyg i'w gilydd oedd ein cymdeithas ni. Yr oedd yr ardal yn rhy fynyddig a'r tir yn rhy wael i'r mawrion adeiladu plasau yn yr ardal. Rhaid oedd mynd i blwyfi eraill am dir digon da i godi plas. Nid oedd galw ar Mam i ddweud wrthyf am dynnu ein capie i'r gŵr bonheddig. Nid oeddem yn gweld neb ar ein taith i'r ysgol ond dynion cyffredin. Doi'r mawrion heibio weithie i gasglu'r rhent, ac i hela adar a llwynogod, a dyna i gyd o'u cwmni a gaem. Yr oedd holl deuluoedd yr ardal yn rhywbeth tebyg o ran eu hamgylchiade, a'r ardal yn byw fel teulu cyfan. Ceisiais dynnu darlun o'r hen gartrefi mewn cân fach unwaith:

Nid oedd yn y bwthyn difoethau
  Ond cariad a chanu a gwaith;
Ni throediai uchelgais y llwybrau
  Lle dysgais barablu fy iaith.
Yr ardal yn deulu – cymydog yn caru
  Cymydog, gan roddi ei galon a'i fraich
I gynnal ei gyfaill, a rhannu ei faich.

Wrth edrych yn ôl anodd gwybod sut oedd teuluoedd yn byw a thalu eu ffordd. Yn yr ardal yr oedd amryw hen wragedd yn byw ar y plwyf. Ni feddyliai neb o'r tyddynnod bach godi tâl am laeth a menyn i'r truenusion hyn. Yr oedd eu haelioni yn ddiharebol ar fod eu byd hwy eu hunain yn ddigon tlawd.

Bratiog anniben yw fy atgofion am yr hen ardal, ond yr oedd y pethau hyn yn cyfrif llawer i mi ar y pryd. Mae'r un pethau yno eto yn fy meddwl i. Dafydd a Bet yn Y Llety, Esther a Tomos yn Tŷ Canol, Jim yn disgwyl amdanaf i ddod heibio ar y ffordd i'r ysgol. Mae Dan yn Tŷ Bach o hyd, yn yfed glased o ddŵr oer a bwyta llwyed o shwgir ar ôl pob pryd o fwyd. Mae Mari yn Number Six a Jemi yn Tŷ Mawr – hen dŷ tafarn oedd Tŷ Mawr lle'r oeddynt yn newid ceffyle'r côtsh mawr.

Yno cynhelid oedfa bregethu ar nos Sul weithie i hen bobol Pentregalar, a chofiaf O. R. Owen yn pregethu i lond ystafell fel pe bai ar faes Cymanfa a'r dagrau'n llifo dros ei ruddie. Y mae John yn Ffynnon Felen a Mari yn Ffynnon Delyn o hyd. Felly yn unig y medraf i gofio am yr hen ardal. Gwn fod y bobol hyn i gyd yn gorwedd yn Hermon a Glandŵr ac Antioch a Phen-y-groes a Bethel, ond galwaf hwynt allan o'u beddau i breswylio'r hen anheddau dedwydd. Y meirw hyn yw'r ardal i mi.

Mae'r tai yn aros a'r ddwy Frenni – y Frenni Fawr a'r Frenni Fach – fel dau gwch yn cysgodi'r ardal. Darfu'r cloddio am fwyn yn Llanfyrnach a darfu hollti llechi yn y Glôg, ond cofio am yr hen bobol yn mynd i'w gwaith yn y bore a dod adref yn yr hwyr sydd yn dod â diddanwch i mi.

Sain Ffagan

Nid naturiol i bob un feddwl yn fawr o'i ardal enedigol? Na feier finnau am feddwl mai rhan uchaf Sir Benfro ydyw'r llecyn goreu yn yr holl fyd. Bum yn credu yn hir taw y Frenni Fawr a'r Crugiau Dwy oedd y ddau bwynt uchaf yn holl fynyddau'r byd. Pen y Frenni Fawr, i mi, ydoedd y lle agosaf i'r sêr: ac nis medrwn ddychmygu am un ardal y tu hwnt i'r Crugiau Dwy. Onid eu cysgodion tawel ddisgynnodd gyntaf ar fy mywyd, ac awelon dros eu llethrau fu'n proffwydo gyntaf i mi am ardaloedd pell?

Anaml y sonnir llawer am fynyddau Sir Benfro; ac nid oes fardd na llenor wedi gwisgo un o'u henwau. Er hynny, arosant drwy'r blynyddau i anadlu cryfder i fywydau dyf ar eu llethrau. Magwyd llawer glew wrth eu godrau o bryd i bryd. O dawelwch y bryniau hyn trodd aml un ei wyneb ar y byd yn gryf.

O gopa Crugiau Dwy canfyddaf gartrefi aml un sydd heddyw mewn cylchoedd pwysig – un yn olygydd o nod yng Ngogledd Cymru, ac wedi llwyddo i ddysgu un o brif feirdd yr oesau i siarad Cymraeg: un arall yn athraw mewn prifysgol: ac un arall yn athraw mewn coleg diwynyddol. Onid dan gysgod y bryniau hyn y magwyd Caleb Morris, gŵr sydd â'i weddïau yn cael eu cofio hyd heddyw yn yr ardal. Dacw ei fedd draw ar y gwastadedd, ym mynwent Pen y Groes, a serch cymdogaeth yn cadw'r blodau'n wyrddlas arno.

Heb fod ymhell, dacw fan genedigol y bardd a'r pregethwr Myfyr Emlyn. Carodd ef ei fro enedigol yn angerddol, a chanodd yn felys i'r nant a'r bryn welodd gyntaf. Aeth drwy'r byd, fel afon bro ei faboed, heibio llu o anhawsterau, ond o hyd yn canu: dros ben aml i rwystr, ond o hyd yn tyfu. Mor awgrymiadol, yng ngoleuni ei hanes, yw dwy linell o'i emyn swynol:

Gan fod ynof duedd crwydro
    Paid a'm gollwng o dy law.

Hyfryd cofio fod cymeriadau fel hyn wedi gosod bri ar lethrau geirwon y Preseli.

O ben Crugiau Dwy ceir golygfa eang ac amrywiol. Wrth eu troed tardd afon Cleddau, a dechreua ar ei thaith i'r môr yng nghanol golygfeydd geirwon: ond gwelir llawer golygfa gain ar ei glannau. Hyd ei glannau hi buwyd yn hela'r Twrch Trwyth, yn ôl yr hen fabinogi. A hyd heddyw erys hudoliaeth a rhamant ar ei glan. Onid yr hela rhyfedd hynny sydd wedi rhoddi i un darn o'r mynydd-dir yr enw Crug yr Hwch?

Ceir o gylch tarddle afon Cleddau gannoedd o erwau o fynydd-dir, yn orchuddiedig gan rug. Ac nis gwn am olygfa lawnach o swyn na'r mynydd-dir grugog yn fflam o dân, ar fachludiad yr haul. Wrth ganfod hyn, nis gallaf beidio meddwl am "berth arall fu'n llosgi, ac heb ei difa." Ac onid yw Duw ar lethrau'r Crugiau Dwy, fel ar lethrau Horeb, yn dihuno gwaredwyr i'w genedl? Gwyn fyd y plant fegir yn yr ardal. Gwyn fyd y meddwl erys yng nghanol y fath olygfa. Nid yw chwareuon yr oes yn difa cyfnosau'r wlad, nac yn byrhau oriau hamdden a myfyr.

Cofiaf yn dda, hen gymeriad alwaf, er mwyn hwylustod, yn Rachel Jones, oedd yn byw yn ymyl fy nghartref. Y mae wedi marw, ac nid oes un perthynas iddi, am wn i, ar wyneb y ddaear lydan. Hi oedd yn cadw ofergoeliaeth yn fyw, ac o ran ei theyrngarwch i hen arferion a thraddodiadau mwyaf paganaidd ein cenedl, gallasai fod yn aelod anrhydeddus o Orsedd Beirdd Ynys Prydain. Seimon Evans, Hebron, oedd ei delfryd, ac nis medrai synied am neb gwell na'r dyn da hwnnw.

Syniadau lled ddaearol, ar y cyfan, oedd ganddi am Dduw. Priodolai i Dduw yr egwyddorion hynny oedd amlycaf yn ei chymeriad hi. Y mae gan nodweddion dynion lawer i wneyd yn ffurfiad eu syniadau am Dduw. Darllenai Rachel Dduw yng ngoleuni ei hunan, a mesurai'r Anfeidrol wrth ei llathen ei hun. Credi Ei fod yn gastiog dros ben, yn lladd ieir, yn lladrata wyau, yn dwyn haint ar y tatws. Duw oedd yn gyfrifol am bob anffawd, a barn uniongyrchol oddiwrtho ef oedd pob aflwydd.

Dau air mawr yn ei geiriaduraeth oedd "hwnco" a "hwnnw". Nid oedd gwrthrych yn y nef nac ar y ddaear, na than y ddaear, nad elai yn "hwnco" neu "hwnnw" dan driniaeth Rachel. Credai fod pob math o wybodaeth yn ddamniol; a chyfrifai'r gŵr drwg yn fwy o fonheddwr na'r Sais goreu erioed. Cyn diwedd ei hoes, dywedid ei bod yn gweled pethau rhyfedd; a bu farw heb neb i alaru ar ei hôl. Gorwedda yng nghanol "erw Duw", ac y mae bob gwanwyn fel am guddio mangre ei bedd. Heddwch i'w llwch dan gysgod bryniau sir Benfro.

Hyfryted treulio mis yn yr hen ardal, a gweled fod swyn o hyd yn aros ar encilfeydd bore oes. O bob man rhed y meddwl yn ôl "tua'r lle bu dechre'r daith", a chwyd hen wynebau sydd yn y bedd i boblogi'r tyddynnod ar gais adgof. "Aros mae'r mynyddau mawr" o oes i oes ac un genhedlaeth yn mynd a'r llall yn dod ar eu llethrau. Arosed yr hen iaith a Rhinwedd am byth ar fynyddoedd sir Benfro.

Cymru (Ionawr 1907)

Llenydda

Enwau o siroedd eraill oedd yn dod â ni i gyswllt â'r byd llenyddol. Meicel Jones, Ieuan Gwynedd, R. J. Derfel, Mynyddog, S. R., ac yn bennaf, efallai, Owen M. Edwards. Daeth *Cymru'r Plant* i'm dwylo pan oeddwn tua phymtheg oed, ac agorwyd drws newydd i mi, i weld ac adnabod Cymru. Cefais fy magu ynghanol helynt Rhyfcloedd y Degwm, ac yn areithiau'r gwleidwyr a ddeuai heibio adeg etholiad ceisir dangos na ddaeth dim bendith i Gymru drwy offeiriaid a thrwy'r eglwys. Dangosodd Owen M. Edwards gyfraniad mawr yr eglwys a'i hoffeiriaid i Gymru, i'r iaith a'r diwylliant Cymreig. Peidiodd y rhagfarn yn erbyn yr eglwys trwy ysgrifau O. M., a gwelais i ac eraill fod Cymru'n fwy na'r syniad a gawsom amdani gan rai dynion...

Daeth *Cyfaill yr Aelwyd* â chyfoeth mawr llenyddiaeth Cymru i'm gafael, a mawr y darllen a fu arno a'i fenthyca i holl gartrefi'r cylch. Dydd o lawenydd oedd dydd dyfodiad *Cyfaill yr Aelwyd* i'r cartre. Deuai'r *Tywysydd* hefyd, a darlun o ryw weinidog ynddo bob mis, a thrwy hynny daethom i wybod bregethwyr, ac am ardaloedd pell. Fe gychwynwyd *Papur Pawb* gan Daniel Rees, un o blwyf Eglwys-wen, a deuai hwnnw â'i hanes a'i nofelau i ni'n gyson. Roedd *Taith y Pererin* ar daith o gylch aelwydydd y fro, er bod ei gloriau wedi mynd a'i ddail yn rhydd. Caem syniad go gywir am y diafol wrth edrych ar lunie Appollyon. Roedd geiriadur Beiblaidd Jones Penybont, a llyfr o waith Guto yn cylchredeg.

Difyrrwch diniwed oedd yn cymryd lle o hyd. Nid oedd sôn am bêl-droed a phethe felly, a thynnai'r bobl ddireidus ddefnyddie chwerthin allan o ddigwyddiadau bob dydd y plwyf. Yr oedd Brynach yn byw yng ngwaelod y plwyf, a gwnaeth wasanaeth mawr fel arweinydd eisteddfodau a chyrdde llenyddol, ac fel pregethwr ar ddiwedd ei oes, a thrist oedd iddo farw mor ifanc. Credaf fod ganddo law go amlwg yn y caneuon digri a genid gan y bobl ar y caeau gwair. Crydd oedd Brynach, a hyfryd i mi oedd cael mynd â phâr o sgidie neu glocs i'w trwsio a threulio awr yn ei gwmni, a chlywed ei dad ac ynte'n sôn am farddoniaeth. Mawr oedd ein llawenydd pan enillodd ei gadair gyntaf, ac un o'r beirdd yn ei gyfarch wrth gadeirio:

Fel crydd bob dydd gyda'i dad,
  Yn eistedd mae'n wastad.

Creodd gariad at farddoniaeth mewn llawer calon, ac efe a ddaeth â chaniadau Elfed i'm sylw gyntaf. Adroddai hwynt gyda blas, a rhaid oedd cael y gyfrol y cyfle cyntaf y gellid ei fforddio. Creodd Brynach awyrgylch lenyddol yn y plwyf, a chododd llawer un a fedrai lunio englyn cywir.

Sain Ffagan

Crefydd

Pan oeddwn i'n grwt, roedd ffrwd fach ar bwys ein cartre ni. Doedd wiw imi whare yn honno neu byddwn yn cael annwyd a byddai Mam yn gwbod fy mod i wedi torri'r rheolau. Rywbryd dyma siarad mawr fod Herber yn dod i bregethu i Lwyn-yr-hwrdd. Dillad parch a sgwrio wynebau oriau cyn dechrau'r oedfa. Mynd yno a'r lle'n orlawn. Toc dyma mwstwr y gynulleidfa'n distewi a'r dyn mawr ei hunan yn cerdded lawr yr ali i'r sêt fawr.

Pregethai Herber ar y proffwyd Eliseus yn adfer mab y Sunamees. Disgrifiai'r proffwyd yn mynd i mewn i'r stafell lle roedd corff y bachgen. Ac yna eisteddodd Herber yn sêt y pwlpud a'i glust yn dynn ar y wal gefn yn dynwared y Sunamees yn gwrando megis trwy'r pared ar beth oedd yn digwydd. 'A'r bachgen a disiodd hyd at seithgwaith,' meddai'r stori.

A dyna lle'r oedd Herber yn sisial gyfrif – 'un dau tri pedwar pump'. Ac wedi cyrraedd 'saith' dyma fe'n gofyn i'r gynulleidfa 'Pam oedd y crwt yn tisian?' A chododd yn urddasol ar ei draed a dweud, 'Wedi cael annwyd oedd e wrth groesi'n ôl dros yr hen afon'. Ac i grwt a gafodd lawer annwyd yn y ffrwd wrth ei gartre, yr oedd y sylw'n gwneud synnwyr perffaith.

Archifdy Prifysgol Bangor

Arwr a dyn sanctaidd yr ardal oedd Seimon Evans, Hebron. Dyn â phawb yn ei ofni hyd yn oed pan na phechent; ac i'r pechadur yr oedd yn ddychryn gwirioneddol. Dewisai adnodau cyfaddas i'w bregethau angladdol a hawdd gwybod beth oedd barn Seimon Evans am yr ymadawedig wrth glywed y testun.

Cofiaf amdano unwaith yn mynd ar hyd y ffordd fawr a redai drwy waelod ein tir ni, a ninnau blant yn casglu llusi duon bach dipyn yn uwch i fyny. Cofiaf i ias o ddychryn fynd drwy fy nghefn pan ddywedodd un o'm chwiorydd hynaf, "Dyma Seimon Evans yn dod, dowch i ni guddio'r ochr arall i'r clawdd". Rhyw bum mlwydd oed oeddwn i y pryd hwnnw, a chredaf mai dydd Sul ydoedd. Os nad dydd Sul ydoedd, pam yr oedd yn rhaid i ni guddio am fod gŵr Duw yn dod, os nad i ddangos y parchedig ofn a oedd ar bawb pan oedd Seimon Evans yn agos. Pregethwr sych ydoedd yn ôl y traddodiad amdano.

Estyn yr Haul

I ni blant, Seimon Evans oedd y gair diwethaf mewn santeiddrwydd a daioni, ac yr oedd ei ddigio'n fwy peryglus na digio Duw. Pan ddarllenais ei gofiant ymhen blynyddoedd, gwelais fod fy syniad cynt amdano, syniad a ddaeth i mi o draddodiad ardal, yn hollol anghywir. Dyn materol hollol ydoedd. Syniad materol oedd ganddo am bechod ac am ddaioni, ac am Dduw a nefoedd ac uffern. Nid oedd dyn ond dafad yn mynd dros y cloddiau, a'r gamp oedd rhoddi llyffethair ar droed y ddafad neu gau ei llwybrau â drain a'i chadw yn ei chynefin. Ofer apelio at synnwyr cyffredin y ddafad.

Syniad materol felly oedd syniad Seimon Evans am ddyn; rhaid ei fygwth ag uffern, rhaid ei ddenu gan nefoedd; rhaid taranu barn uwch ei ben a chyfarth fel y cyfarthai ci ar ddafad ddisberod. Prin y buasai'n eistedd gyda phublicanod a phechaduriaid a bwyta ac yfed yr un pethau â hwynt, er bod ei Feistr yno. Meddwi, rhegi, lladrata, godinebu – dychryn dyn rhag cyflawni'r pethau hyn oedd baich ei weinidogaeth. Yr oedd ofn ar ddyn feddwi a wynebu Seimon Evans wedi gwneud; ond wynebai cribddeilwyr a chybyddion ef yn eofn.

Nid oedd cadw gwg at frawd yn bechod marwol. Rhywbeth oedd corff dyn yn ei wneuthur oedd pechod. Syniad y pab am grefydd oedd ei syniad ef. Awdurdodi ar fuchedd a syniadau dynion, a'u traddodi i gythrel oni chydymffurfient â'i safonau materol ef. Wedi i mi dyfu a dechrau meddwl droswyf fy hun, aeth y darn gardd yn anialwch, a Seimon Evans, sant y fro, yn greadur mwy materol efallai, na'r dynion oedd yn meddwi a rhegi ar brydiau.

Ni chymrodd drafferth i chwilio am achos y meddwi a'r lladrata, a phoeni ei ben ynghylch amodau byw ei aelodau. Pe bai yn ei galon dipyn bach mwy o ddeall dynol, byddai'n barotach i edrych heibio mân wendidau dynion. Ni chofiaf iddo ddweud gair yn erbyn rhyfel, a bu amryw o rai go fawr yn ystod ei fywyd. Gadawodd waith felly i ddynion fel S. R. a chanolbwyntiodd ei holl waith ar bechodau'r cnawd heb gofio fod y cnawd yn gynnyrch trefn gymdeithasol anfoesol a gefnogid ganddo ef a'i fath.

Archifdy Bangor

Gan fod y rhan fwyaf yn byw yn weddol bell o'r capel, nid oedd cyrddau yn ystod yr wythnos ond yn y bore. Cwrdd bore dydd Mercher am ddeg, a gellid gweld y mamau yn mynd yn araf o lawer cyfeiriad. Tair neu bedair yn dod o Bentregalar, Mam ac Esther Tŷ Canol yn ymuno â hwynt. Erbyn cyrraedd y capel yr oedd yna dwr ohonynt. Yr oedd pob un yn gweu hosan wrth fynd, a dal i weu hyd oni chyrchent ddrws y capel. Yna rhoi'r gweill o'r hosan, a'r hosan o'r neilltu hyd ddiwedd y cwrdd. Wedi dod allan, dechrau gweu wedyn a dal ati bob cam o'r daith.

Nid oedd yr amser a dreulient i fynd a dod o'r cwrdd yn ofer am bod yr hosan yn tyfu'n raddol bach. 'Cwrdd dwrnod gwaith' y galwent ef. 'Cwrdd bore dy' Mercher'. A ryw fore felly y cynhelid cwrdd paratoad a chwrdd eglwys hefyd. Mae'n syndod fel oedd y bobl yma'n cael amser i fynd ar ganol eu gwaith, ac ar ganol gwaith y tyddynnod, cynhaeaf a phethe felly. Roedd popeth yn cael ei adael a mynd i'r cwrdd.

Yr un fath gydag angladdau. Angladdau cario y pryd hwnnw. Cario'r marw ar elor, ar ysgwydde cymdogion, yn bell, lawer pryd, tair a phedair a phum milltir o ffordd. Ond rywsut neu gilydd yr oedd y bobl yn cael amser i fynd i'r angladdau hyn ac i'r cyrddau wythnos. Nid oedd ganddynt beiriannau i'w cynorthwyo i gario'r cynaeafau i fewn ond yr oeddynt yn cael amser i fynd i'r cyfarfodydd ac i'r angladdau. Ni chlywais neb yn cwyno fod y gwaith yn dioddef oherwydd colli rhyw deirawr ar fore dydd Mercher i fynd i'r cwrdd.

Traddodiad pregethu oedd yn yr ardal. Cofia'r hen bobol am Caleb Morris, un o brif bregethwyr Llundain yn ei ddydd, ac roedd ei fedd yn Pen-y-groes. Roedd Myfyr Emlyn hefyd yn bregethwr mawr, wedi ei fagu ym mhlwyf Eglwys-wen. O. R. Owen Glandŵr, Lerpwl wedi hynny, yn bregethwr poblogaidd iawn, a'r traddodiad am Seimon Evans a John Dafis Glandŵr yn dal yn yr ardal o hyd. Roedd Pennant Phillips hefyd, Telyn Aur Sir Aberteifi, o'r ardal, a Herber Evans o'r ochor arall i'r Frenni, ac Elfed heb fod nepell. Ac fel pregethwr y cofiaf i am Elfed gyntaf, ac nid fel bardd.

Deuai'r Gymanfa Dair-sirol i'r cylch weithiau, a dyna wledd o bregethu. Dwy bregeth am saith yn y bore, tair pregeth am ddeg, dau a chwech. Deg pregeth yr un diwrnod. Rhywsut nid oeddem yn blino ar yr holl bregethau hyn, ac edrychwn ymlaen am ddyfodiad y Gymanfa i'r ardal.

Dim ond dau enwad oedd yn yr ardal, Annibynwyr a Bedyddwyr, a llawer o'r teuluoedd yn rhanedig. Roedd fy nhad yn mynd i Hermon at y Bedyddwyr, a Mam yn mynd i Antioch at yr Annibynwyr, a'r plant fel rheol yn mynd i'r lle agosa. Ni chlywais i sôn am y pethau sydd yn rhannu'r ddau enwad. Yr unig beth oedd fy nhad yn selog yn ei gylch oedd bedydd babanod. Ni chredai ynddo, ac ni chafodd yr un ohonom ei fedyddio hyd pan dderbyniwyd ni yn aelodau. Nid oedd fy nhad chwaith yn credu mewn caeth-gymundeb, rhan bwysig o gred y Bedyddwyr yr adeg honno, ac hyd heddiw, rwy'n feddwl.

Yr oedd y teuluoedd o'n cylch ni bron bob un yn rhanedig – Castell, Tŷ Canol a thyddynnod eraill. Roedd capel y Methodistied yn o bell, pell i ni'r pryd hwnnw wi'n feddwl. Dim ond un Methodist oeddwn yn nabod, ac yr oedd hwnnw'n dosbarthu'r *Drysorfa Fach*. Arferwn alw amdani, mor awyddus i'w darllen fel y ceisiwn ei darllen yng ngole'r lleuad wrth ddod adref â'r trysor gwerthfawr hwnnw. Cafodd llawer o blant yr ardal a phlant Cymru flas mawr ar y *Drysorfa Fach*.

Sain Ffagan

2

Gweledigaeth Newydd

R. J. Derfel   R. J. Campbell

DOES DIM DWYWAITH bod y Niclas ifanc wedi'i drochi mewn Anghydffurfiaeth. Doedd dim modd iddo ei osgoi. Y capel oedd canolbwynt gweithgarwch y mwyafrif o'r aelwydydd ym Mhentregalar a'r cyffiniau. Roedd pregethwyr a phregethau'n destun sgwrs. Deuai'r cyhoeddiadau enwadol i'r aelwyd a darllenid nhw'n awchus gan Niclas.

Ac yntau ar ei brifiant gwrandawai ar bregethwyr lu gan sylwi ar eu harddull, eu rhethreg ac adeiladwaith eu pregethau. Diau iddo fynychu nifer o gapeli yn ystod y cyfnod byr fu yng Nghwm

Rhondda cyn iddo fynychu Academi'r Gwynfryn yn Rhydaman yn 1898 i gymhwyso ei hun ar gyfer y weinidogaeth.

Yr un pryd daeth o dan ddylanwad y Sosialydd cynnar, R. J. Derfel, gan ddarllen ei ysgrifau'n awchus. Ganwyd Robert Jones ar fferm fynydd ger Llandderfel, Meirionnydd, yn 1824, ac ni fabwysiadodd yr enw 'Derfel' nes dechrau llenydda. Wedi croesi Clawdd Offa treuliodd gyfnod yn ddi-waith yn Llundain cyn symud i Fanceinion lle bu'n aelod brwd o'r Gymdeithas Lenyddol.

Cyhoeddodd Derfel nifer o lythyrau yn *Y Cymro* a *Llais Llafur* gan fynd mor bell ag awgrymu y dylid mabwysiadu'r sosialydd cynnar, Robert Owen, fel nawddsant Cymru. Er ei fod wedi ei ordeinio yn weinidog gyda'r Bedyddwyr yr oedd wedi pellhau oddi wrth grefydd erbyn diwedd ei oes yn 1905. Cyhoeddodd Gwenallt ddetholiad o ryddiaith Derfel yn 1945 lle trafodir pynciau fel 'Paham y mae'r ychydig yn gyfoethog a'r lliaws yn dlawd?' a 'Rhyfel ynteu heddwch?' Nid rhyfedd felly iddo gael dylanwad mawr ar Niclas. Cydiodd y syniadaeth yn ei ddychymyg a gwelodd ffordd o newid y byd.

Yn Academi'r Gwynfryn o dan adain Watcyn Wyn a Gwili cafodd Niclas gyfle i drafod pob math o syniadau newydd ac fe ddisgwylid i'r myfyrwyr ddadansoddi a beirniadu pregethau ei gilydd. Roedd dau hen ewythr iddo ar ochr ei dad wedi mentro i'r weinidogaeth gyda'r Bedyddwyr ym Mhont-y-pŵl a Hendygwyn ar Daf. Ond bu farw'r ddau cyn geni Niclas.

Nid rhyfedd ei fod yn awchu i gymryd gofal o eglwys. Bu'n weinidog yn Llandeilo am gyfnod byr yn 1902 ac yna yn Wisconsin yn yr Unol Daleithiau cyn dychwelyd i'r Glais yng Nghwm Tawe yn 1904 gan fwrw ati gyda brwdfrydedd afieithus i bregethu ac i wleidydda. Yn wir gwnai'r ddau yn un, a hynny o dan ddylanwad y Parch R. J. Campbell, (1867–1956), gweinidog a bregethai Sosialaeth yn ddiedifar. Rhyw flwyddyn wedi iddo raddio mewn Hanes a Gwleidyddiaeth o goleg Christchurch, Rhydychen, gyda'r bwriad o ymuno ag Eglwys Loegr, cafodd R. J. Campbell ei ordeinio'n weinidog ar eglwys yr Annibynwyr City Temple, Llundain – prif eglwys gadeiriol yr Anghydffurfwyr yn Lloegr – yn 1903.

Ar ei Sul cyntaf yno dywedir fod cynulleidfa o 7,000 wedi mynychu'r ddwy oedfa. Arferai gyhoeddi ei bregethau yn wythnosol yn ogystal â chyhoeddi erthyglau ym mhapur ei enwad *The Examiner* ac o'r herwydd tyfodd ei ddylanwad. Mynnai mai Sosialydd oedd Iesu Grist a dyna oedd byrdwn ei gyfrol *The New Theology* a gyhoeddwyd yn 1907. Ym mis Mai 1908 traddododd bregeth yng Nghapel Pant-teg, Ystalyfera, ac roedd Niclas yno.

O ystyried pa mor annibynnol ei farn oedd Niclas, hwyrach y byddai'n rheitiach dweud ei fod eisoes yn cydsynio â safbwynt Campbell yn hytrach na dweud bod ei lygaid wedi'u hagor o'r newydd. Cadarnhau'r hyn a gredai eisoes a wnaed. Roedd syniadau Campbell yn cynnig rhwydd hynt i lawer o weinidogion, heblaw am Niclas, i bledio achos Sosialaeth a Christnogaeth law yn llaw.

Cefndir Cristnogol tebyg oedd eiddo'r Sgotyn Keir Hardie a etholwyd yn AS y Blaid Lafur Annibynnol (ILP) dros Ferthyr yn 1900. Bu Niclas yn was ffyddlon iddo fel ymgyrchydd a golygydd Cymraeg yr wythnosolyn *Merthyr Pioneer* a ffurfiwyd ganddo. Er na chyfeiria Niclas yn uniongyrchol at Iesu Grist yn ei anerchiad gerbron Cymanfa Fawr Llafur ym Merthyr ar Galan Mai 1911, pan rannai llwyfan â Keir Hardie, roedd yn amlwg ei fod yn ystyried chwarae teg i'r gweithiwr yn rhan o drefn Duw, a theg felly oedd beirniadu'r teuluoedd brenhinol a ddisgrifiai fel 'segurwyr', a chynheiliaid 'y drefn ysbail', fel y galwai gyfalafwyr, am fyw ar gefn y werin.

Roedd eisoes wedi gosod ei stondin mewn llithiau lled hirfaith yn *Y Geninen* yn ystod y blynyddoedd blaenorol. 'Gornest Cyfalaf a Llafur' 1912, 'Cyflog Byw' 1913, a 'Paham y mae'r werin yn dlawd?' 1915. Rhoddwyd rhwydd hynt iddo gyhoeddi ei genhadaeth ar dudalennau *y Geninen* a olygwyd gan Eifionydd (John Thomas) a oedd hefyd yn gofiadur yr Orsedd. Nodweddiadol o'i ysgrifennu oedd y modd y cyferbynnai cyflwr byw y bobl gyffredin â'r bonedd.

Serch hynny, rhaid cofio erbyn 1916 roedd R. J. Campbell wedi cefnu ar ei ddaliadau ei hun, wedi difaru iddo gyflwyno'r *Ddiwinyddiaeth Newydd* ac wedi ymuno ag Eglwys Loegr, gan orffen ei yrfa fel Canghellor Eglwys Gadeiriol Chichester. Ond doedd hynny yn mennu dim ar danbeidrwydd Sosialaeth Niclas. Ni wyrodd Niclas oddi wrth ei gred mewn Sosialaeth a lles y gweithiwr er mwyn lleddfu ar wrthwynebiad y 'saint' a swyddogion 'y sêt fawr' a dyrchafu ei hun fel pregethwr a gweinidog o fewn ei enwad a fedrai hawlio galwad i fugeilio rhai o'r eglwysi 'gorau'.

Yn wir gwyro ymhellach i'r chwith a wnaeth, gan ymuno â'r Blaid Gomiwnyddol pan gafodd ei ffurfio yn 1920. Bu'n driw iddi ar hyd ei oes er heb chwarae rhan amlwg yn ei threfniadaeth. Fe'i ystyriwyd yn lefarydd Cymraeg y mudiad ac aeth ati i lambastio arweinwyr a phrif weinidogion Llafur am golli golwg ar egwyddorion cynnar yr ILP yn nyddiau Keir Hardie a Tom Mann, ac am gynghreirio gyda'r cyfalafwyr yn rhy aml.

Dyma un o'r llithiau cynnar hynny yn ei gyflawnder. Y cyd-destun oedd streic y glowyr a ddechreuodd yn Swydd Derby ym mis Mawrth 1912 ac a welodd miliwn o weithwyr yn streicio ar draws y wlad i sicrhau lleifaswm cyflog teg. Bwriodd Niclas ei goelbren yn llwyr o blaid y colier, heb hidio fod yna berchnogion pyllau glo yn llenwi sêt fawr llawer o gapeli'r enwadau Anghydffurfiol.

* * *

Yn nhafarnau'r wlad yr oedd cenedlaetholwyr yn cynnal Gŵyl
Dewi mewn iaith estronol; o lofeydd y wlad yr oedd dros filiwn
o lowyr yn troi eu cefnau, – am ba hyd nis gwyddent. Priodol
iawn oedd gosod cychwyniad y Streic ar Ŵyl Dewi; cydnaws
ag ysbryd Dewi y gweithwyr. Wedi cario cyflogau bychain
gartref i'r gwragedd am hir gyfnod, wele ergyd dros well cyflog
yn cael ei tharo ar Ddydd Gŵyl Dewi 1912. Sant yw'r gri am
well cyflog. Y caethion fu cyd yn penlinio o flaen y meistri i
ofyn am gyfran helaethach o'u cynnyrch, wele hwynt allan o'r
diwedd yn y frwydr. Nid heb ymgais anrhydeddus am heddwch
y daethant allan: nid heb achos chwaith y cyhoeddasant ryfel
yn erbyn y cyflogau bychain. Torrodd y gwasgu hir allan mewn
chwyldroad tawel. Amynedd y gweithwyr sydd yn cadw'r
mawrion mewn swyddi ac awdurdod; ond y mae terfyn hyd yn
oed i amynedd

Daeth y mwyafrif allan i ymladd brwydrau'r lleiafrif.
Glowyr yn ennill cyflogau da a chyson, wele hwythau yn
gadael y glofeydd er mwyn cael gwell cyflog i'w cyfeillion
anffodus. Pwy, yng ngwyneb hyn, feiddia ddweyd fod Hunan-
aberth wedi darfod o'r tir? Anghofir y glöwr yn y dyfnder oer
a thywyll gennym ni sydd yn gysurus ein byd wrth y tân dan
aden y danchwa gweithia'n galed; yn y gaeaf ni wêl oleuni haul
am fisoedd; yn aml gweithia mewn lle mor ddrwg fel nas gall
ddim ennill ond ychydig sylltau'r wythnos wedi gweithio'n
galed; gartref gwêl dloted yw gwisg ei briod; gwêl welwed yw
gruddiau ei blant: yng ngwyneb hyn oll, a ydyw'n syn iddo
daflu'r offer o'r neilltu, a dod allan i ymladd brwydr fawr am
gyflog gwell?

Gwelodd y wlad bwysiced ydyw'r glöwr i gymdeithas.
Hebddo ef nis gall canghennau eraill masnach wneyd dim.
Nid llawer o feio fu ar y glowyr am ddod allan; nid llawer fu'n
ameu iawnder eu cais. Anghysurus a pheryglus yw gweithio
dan y ddaear; eto nid yw cyfartaledd enillion y glowyr yn bunt
yr wythnos! O hyn allan bydd pethau yn well, a thelir i bob
glöwr gyflog sylweddol am ei lafur. Yr ydym am sylwi ar rai
o'r gwersi ddysgwyd i ni drwy'r Streic, gwersi ddylasent aros

ar ein cof yn hir, gwersi ddylasent roddi cyfeiriad newydd i ddeddfwriaeth y wlad.

1. Gellir brwydro dros gyflog gwell heb ddinystrio eiddo'r meistri. Anhawdd dioddef pan fyddo'r newyn yn gwallgofi'r teimlad. Y mae gallu'r glöwr i ddioddef yn ddiarhebol; ond pan wêl ei blant a'i briod mewn eisiau, y mae'n bryd i'r rhai sy'n gyfrifol am hynny edrych allan. Medr ddioddef peryglon y dyfnder yn dawel; ond pan wêl ei rai annwyl mewn eisiau, daw ei amynedd i'r terfyn. Hyn sydd wedi gyrru glowyr i ymosod ar feddiannau'r meistri cyn hyn. Dysgwyd i ni gan Lywodraeth y wlad, o bryd i bryd, fod dinystrio eiddo'r gelyn pan mewn rhyfel yn gyfiawn. Dan y ddaear y mae milwyr fuont yn Ne Affrica yn dinystrio eiddo'r Boeriaid, er na wnaeth trigolion De Affrica ddim niwed iddynt: er hynny llosgwyd eu cartrefi, carcharwyd eu gwragedd a'u plant, cymerwyd meddiant o'u gwlad drwy rym magnel a chledd.

Daeth y milwyr hyn yn ôl, – llawer ohonynt i weithio yn y glofeydd; a naturiol ddigon iddynt gredu fod dinystrio eiddo'r 'gelyn' yn gyfiawn. Pwy ond Llywodraeth y wlad ddysgodd y wers fod popeth yn gyfiawn mewn rhyfel? Ond y tro hwn ni fu neb yn dinystrio eiddo'r meistri. Parhaodd teimladau da a heddwch i ffynnu drwy'r argyfwng. Buddugoliaeth heddwch yw'r oreu. Yn y drafodaeth i gyd y mae egwyddorion cyfiawn, a cheisiadau teg y glowyr, wedi cario'r dydd. Er i amryw bapurau wneyd eu goreu i chwythu cynhenau, daliodd amynedd y glowyr hyd y diwedd. Dengys hyn fod y glowyr yn haeddu'r cyfan roddir yn ychwanegol iddynt drwy'r Streic.

2. Yr ydym wedi gweld drwy'r Streic fod nifer fawr o lowyr yn gweithio am gyflogau gwaradwyddus o isel. Nid eu bai hwy yw hynny. Y mae amodau'r gwaith yn ei gwneyd yn amhosibl i nifer fawr ennill yr hyn ddylasent. Cydnabyddwyd hyn gan y meistri: cydnabyddwyd hyn gan y Llywodraeth. Ymddengys fod tuag ugain mil yng Nghymru yn gweithio am ryw ddau swllt a deg ceiniog y dydd! Pan oedd gweithwyr y Rêlwe ar y Streic

am godiad yn eu cyflogau, atebwyd eu cri gan y Llywodraeth
â bwledi. Dysgodd y bwledi hynny wers i'r gweithwyr. Cadwyd
y milwyr ym mhell: buasai golwg ar filwyr yn y gweithfeydd
adeg y Streic wedi creu chwyldroad yn ddiddadl. Pan ddeallodd
y Prifweinidog leied oedd cyflogau'r gweithwyr, aeth ati ar
unwaith i wneyd rhywbeth. Doethach fuasai mynd ati i wneyd
rhywbeth cyn dod allan ar y Streic. Gwnawd apêl gan aelodau
Llafur, ar ddechreu'r Senedd-dymor presennol, am i fwy o sylw
gael ei dalu i amodau gwaith ac i gyflogau gweithwyr.

Taflwyd yr apêl o'r neilltu gyda graddau o ddirmyg. Ond cyn
pen nemawr o ddyddiau cafodd y Llywodraeth ei hun wyneb yn
wyneb â'r pynciau ddirmygwyd ar agoriad y Senedd. Y mae'r
cyflogau wedi bod yn isel drwy'r blynyddau; y mae hynny wedi
cael ei bregethu yn y wasg ac ar lwyfannau llafur drwy'r wlad;
ond bu raid i filiwn o lowyr ddod allan ar y Streic cyn symud
y Llywodraeth yn y mater. Cyn dod allan oedd yr adeg oreu i
wynebu'r ffeithiau. Faint o ddioddef achoswyd drwy oedi? Nid
oes neb ddichon draethu'n llawn. Y mae'r adrannau eraill o
weithwyr delir yn annigonol am eu llafur yn sicr o wneyd apêl
ddi-droi-yn-ôl yn y dyfodol agos. Wrth y pyrth y mae pob adran
o'r dosbarth gweithiol yn dod â'u ceisiadau teg. Hawl llafurwyr
y wlad yw'r hawl gyntaf. Rhaid i'r meistri fod heb elw mawr
cyn i'r gweithiwr fod heb ei gyflawn dâl am ei lafur.

3. Dangoswyd drwy'r Streic fod y glofeydd yn talu'u ffordd
yn ardderchog i'w perchenogion. Gwir fod ambell gwmni yn
mynd yn fethiant; llawn cyn wired yw fod y mwyafrif yn dod
yn gyfoethog iawn. Y mae y *Bwllfa and Merthyr Collieries* wedi
talu, yn ystod y saith mlynedd diweddaf, gyfartaledd o dri ugain
ac wyth y cant! Talwyd yn y flwyddyn 1910 y swm o 300,000p.
mewn treth ar Deyrn-dollau (*Royalties*); dengys hyn fod y
teyrn-dollau dalwyd yn 6,000,000p. Talwyd y teyrn-dollau hyn
i bobl am ddim: nid oeddynt hwy yn gosod arian allan, nac yn
gweithio, nac yn anturio dim; eto talwyd iddynt chwe miliwn o
bunnau. Gwyn eu byd y rhai a etifeddant y teyrn-dollau! Elw'r
glofeydd yn ystod 1910 oedd 16;614,322p.

Talwyd Treth yr Incwm ar y swm hwn; a gellir bod yn sicr fod rhai sydd yn talu'r dreth yna yn darn-guddio peth o'r gwerth pan ddaw swyddog y Dreth Incwm heibio. Nis gellir dweyd nad yw'r glofeydd yn talu yn ardderchog i'r perchenogion. Onid yw'r amser wedi dod i gymeryd y teyrn-dollau o ddwylaw unigolion? Yn sicr, y mae'n gywilydd inni fel gwlad fod ein glowyr yn gweithio am gyflogau isel, tra y telir y swm aruthrol hwn i ddynion na wnant ddim byd tuag at ddwyn y glo i'r farchnad. Nid tylodi'r perchenogion sydd ar y ffordd i dalu gwell cyflogau.

4. Y mae'r Streic wedi dangos fod y dydd wedi dod i'r Llywodraeth ymyryd rhwng y meistr a'r gweithiwr. Yr unig gamgymeriad wnaed gan y Llywodraeth oedd gwrthod mynd yn ddigon pell. Dylasai'r ffaith fod y Torïaid a'r Rhyddfrydwyr wedi ymuno â'i gilydd er mwyn gorchfygu derbyniad "ffigyrau" i'r Mesur, agor llygaid y glowyr at y ffaith fawr nad oes dim gwahaniaeth rhwng y pleidiau cyn belled ag y mae'r dosbarth gweithiol yn y cwestiwn. Ymuna'r ddwy blaid o hyd er mwyn gorchfygu pob mesur manteisiol i'r gweithiwr. Os nad yw coron y dydd i rai mewn oed, a dau swllt y dydd i fechgyn, yn ormod am weithio dan y ddaear ar ba dir y gwrthodwyd caniatau iddynt gael eu gosod yn y Mesur? Rhoddir i weithwyr Cymru amser i ateb hyn o hyn i'r etholiad cyffredinol nesaf. Rhaid cydnabod, wedi'r cwbl, na roddodd y Llywodraeth i'r glowyr ond cyn lleied ag oedd yn bosibl iddi roi, heb fynd i ddirmyg yng ngolwg y wlad.

Dangoswyd yn amlwg mai dim ond dwy blaid sydd yn y Senedd – plaid y gweithwyr a phlaid y cyfalafwyr. Gellir rhoddi enwau gwahanol i wahanol adrannau o'r pleidiau; ond y mae'n amlwg bellach fod un blaid yn edrych ar ôl buddiannau'r meistri, a'r blaid arall yn edrych ar ôl buddiannau'r gweithwyr. Ar hyn o bryd y mae buddiannau'r meistri a'r gweithwyr yn hollol groes i'w gilydd. Mewn argyfwng mawr fel y Streic, gwelir Torïaid a Rhyddfrydwyr yn claddu pob gwahaniaeth, ac yn dal i fyny hawliau'r meistri. Teg yw dweyd fod rhai o'r *ddwy* blaid wedi pleidleisio dros gael y "ffigyrau" i'r mesur: gwnaeth rhai ohonynt hynny, fe allai, am eu bod yn cynrychioli etholaethau glofaol. Wrth wneyd, a oedd eu llygaid ar etholiad cyffredinol?

5. Y mae'r Streic wedi dangos fod y deffroad cyffredinol sydd drwy'r byd ar hyn o bryd wedi cyffwrdd â Phrydain Fawr. Yn Germany danfonwyd cant a deg o Sosialwyr proffesedig i'r Cyngor Cenedlaethol. Y tu ôl iddynt y mae pleidleisiau dros bedair miliwn a chwarter o ddinasyddion y wlad honno. Saif y rhai hyn fel un gŵr dros Heddwch. Y mae'r llanw Sosialaidd yn codi gyda chyflymder dros y byd; ac nis gellir troi'n ôl y llanw ychwaith drwy garcharu a bygwth. Y mae rhai o feddyliau disgleiriaf y Cyfandir yn coleddu Sosialaeth, yn ôl tystiolaeth Mr Lloyd George yn y Senedd. Dywedir mai'r Sosialwyr yn yr undebau sydd wedi gwthio'r Streic ar y wlad, am eu bod hwy drwy rym eu hathrylith wedi eu penodi yn arweinwyr ym mhob cyfrinfa. Yn un o bapyrau dyddiol Deheudir Cymru gwelais ryw hen fenyw ofnus yn awgrymu i gwmnïau y rheilffyrdd fod hwn yn amser cyfaddas i beidio derbyn yn ôl Sosialwyr i'w gwasanaeth! Gan fod nifer fawr o weithwyr y Rêlwe wedi cael rhybuddion oherwydd y Streic, wele gyfle braf i'w cadw allan o wasanaeth y cwmnïau am byth. Yr oedd hyn yn tybio y gellid atal cais gweithwyr am well cyflogau. Ond ni fu mwy o gamgymeriad erioed. Y mae'r ddysgeidiaeth newydd yn mynd yn ei blaen gyda chyflymder.

Yn China y mae Gwerin Lywodraeth wedi ei sefydlu, a'r Ymerawdwr wedi ei ddanfon i'w ffordd ei hun. Rhybudd yw hyn i frenhinoedd ac ymerawdwyr y byd. Y mae dydd eu cwymp yn agoshau, ac amynedd y werin bron â dod i'r terfyn. Dylanwad Sosialwyr fu'n achos o'r chwyldroad yn China. Pa synnwyr fod holl enillion un fil ar hugain o weithwyr yn mynd i gynnal un brenin mewn segurdod, tra'r gweithwyr eu hunain mewn tylodi gwastadol? Y mae gormod o fyw ar y gweithwyr wedi bod ac yn bod. Telir i'r tir-feddiannwr ei rent; telir i'r glo-feddiannwr ei deyrndoll; telir i'r cwmnïau log mawr am yr arian roddir allan ganddynt; telir i feistri a swyddogion a goruchwylwyr gyflogau mawrion am edrych ar ôl buddiannau'r cwmni; ond i'r gweithiwr ni thelir ond cyflog isel ac ansicr: eto o lafur y gweithiwr y mae'r holl rai eraill yn cael eu cyfoeth. Erbyn hyn mae'r gweithiwr wedi sylweddoli ei fod yn angenrhaid; ac nis gellir ei feio am ofyn y pris uchaf am ei lafur.

6. Y mae'r Streic wedi dangos fod yr Eglwys heb ateb i gwestiynau mawrion y wlad. Beth ddaeth o'r Gynhadledd yng Nghaerdydd, nis gwyddom. Yn yr ysgrif arweiniol yn *Y Tyst* am Chwefror 28ain 1912, gwnaed datganiad clir o safle a dylanwad yr Eglwys: "Pa le y saif Eglwys Crist yng ngwyneb helyntion o'r fath? Beth all wneyd? Nid ydym yn credu am foment y gall wneyd dim yn uniongyrchol, ac yn arbennig mewn ffurf o gynhygiad neu gynllun o heddwch. Ni fedd gymhwyster at beth o'r fath." Dyna farn awdwr ysgrif arweiniol *Y Tyst.* Hyd yn hyn ni fedd yr Eglwys gymhwyster na dylanwad i gwrdd â phroblemau mawrion y genedl. Nid yw Sosialiaid wedi dwyn ond cyhuddiadau cyffelyb i'r uchod yn erbyn yr Eglwys o dro i dro. Credaf yn bersonol, pe buasai'r Eglwys wedi taflu ei dylanwad o du y blaid gydnabyddid yn iawn, y buasai'r cweryl wedi ei ddwyn i derfyniad yng nghynt.

Cydnabyddid gan y Wasg, a chan fwyafrif y meistri, a chan wleidyddwyr, fod cais y gweithwyr yn deg ac yn rhesymol. Onid teg disgwyl iddi felly daflu ei dylanwad o'u plaid? Pob penderfyniad basiwyd mewn cynadleddau, yr oedd yn ddiwerth, am nad oedd yn datgan unrhyw farn ar iawnder achosion y ddwy blaid. A yw cydwybod yr Eglwys mor bŵl fel nas gall benderfynu pa ochr oedd yn iawn? Os felly, y mae'n bryd i oleuni cyfiawnder a rheswm dreiddio i'w chydwybod. Os, o'r ochr arall, y gwyddai pa ochr oedd yn iawn, eto yn gwrthod datgan yn bendant o du'r blaid honno, rhaid ei dal yn gyfrifol am fod yn dawel. Ai ofn digio dosbarth neilltuol yn yr eglwysi barodd i'r Eglwys fod yn ddistaw? Un o'r pethau mwyaf gresynus oedd gweld gweinidogion ac offeiriaid yn mynd o gwmpas y wlad i siarad dros, neu yn erbyn,

Dadgysylltiad, yng nghanol y berw a'r cyffro. Hidlo gwybed a llyncu camelod yn wir!

7. Y mae'r Streic wedi dangos yn eglur bellach fod hawl cenedl o flaen hawl unigolion. Y mae'r perchenogion yn meddu ar hawl i weithio'r glo neu beidio; y mae hawl y genedl yn ddyfnach. Yn *Y Tyst* am y dyddiad uchod yr oedd y frawddeg ganlynol:- "Oblegid, wedi'r cyfan, y wlad bia'r glo, ac nid y perchenogion na'r glowyr." Hyn bregethir gan Sosialwyr drwy'r blynyddau. Da gennym fod yr argyfwng presennol wedi gwasgu'r gwirionedd hwn adref; ac wedi dangos yr angenrheidrwydd o genedlaetholi'r glofeydd. Y mae gan y genedl hawl ar y glo. Ni fuasai yn drosedd yn y byd i gymeryd y glo oddi ar y perchenogion heb dalu unrhyw iawn amdano.

Y mae y Rhyddfrydwyr yn bwriadu cymeryd y gwaddoliadau oddi ar yr Eglwys Sefydledig heb unrhyw gydnabyddiaeth yn iawn amdanynt: y mae yr un mor gyfiawn i gymeryd y glo a'r tir oddi ar y rhai hynny sydd wedi eu trawsfeddiannu oddi ar y genedl. Profwyd yn adeg y Streic ein bod yn ddibynnol iawn ar ein gilydd. Nid y glowyr yn unig oedd yn dioddef, ond holl weithwyr y wlad. Taflwyd miliynau allan o waith mewn gwahanol adrannau drwy i'r glo fethu. Dengys hyn ei bod yn beryglus inni adael y glo yn nwylaw unigolion yn hwy. Eiddo'r genedl ydyw; ac y mae hawl a chysur cenedl o flaen eiddo unigolion.

8. Y mae'r Streic wedi dangos yn eglur iawn mai Sosialaeth yw'r unig lwybr diogel allan o'r anhawsterau yr ydym ynddynt fel gwlad. Eisiau newid y gyfundrefn sydd: mae'r meistr a'r gweithiwr yn gaethion iddi. Er y dichon i'r glowyr sicrhau y *minimum wage* drwy'r Streic, ni fydd hynny yn ddim ennill iddynt dan y drefn bresennol; oblegid y mae yng ngallu'r cyfalafwyr i yrru costau byw i fyny yn fwy na'r codiad roddir am weithio'r glo. Sicrhawyd i weithwyr y Rêlwe mewn rhai mannau godiad o dri neu bedwar swllt yn yr wythnos drwy'r Streic ym mis Awst 1911. Ond o ba le y ceir yr arian i dalu'r

codiad? Oddiwrth y rhai sydd yn teithio gyda'r trên; oddiwrth y rhai sydd yn gyrru nwyddau gyda'r trên: y mae costau teithio a chario nwyddau wedi codi mwy na'r ychwanegiad roddir i'r gweithwyr. Felly; y mae'r cwmnïau ar eu hennill o'r codiad.

Cymerir oddi ar un dosbarth o weithwyr er mwyn rhoddi i ddosbarth arall. Fel yna y bydd hi eto gyda'r *minimum wage*; telir mwy am weithio'r glo, ond fe ofynnir rhagor am y glo hefyd oddi ar y rhai sydd yn ei brynu: gofynnir rhagor o rent am y tai; rhagor o bris am fwyd a dillad, ac am dir i adeiladu. Y mae costau byw wedi mynd i fyny ddeuddeg y cant er 1900: gan mai cyfalafwyr sydd yn penderfynu prisiau popeth, mynnant yn ôl bob codiad roddir i'r glowyr. Rhaid mynd â'r hawl i benderfynu prisiau bwyd, dillad, tai, tân, ac yn y blaen, o'u gafael cyn byth y bydd gwell cyflog yn gallu prynu mwy o gysuron ac o angenrheidiau bywyd i weithwyr. Y mae brwydr fawr y dyfodol yn gorwedd rhwng cyfalaf a llafur. Rhaid cael cyfalaf: ond gellir cael y cyfalaf dan reolaeth ac ym meddiant y genedl. Y mae'r gystadleuaeth boeth sydd yn sylfaen i fywyd cymdeithasol y wlad heddyw, yn felltith i'r genedl. Pan ſyddo cystadleuaeth rhwng y prynwyr y mae prisiau popeth yn mynd i fyny.

Pan fyddo cystadleuaeth rhwng y gwerthwyr, y mae prisiau popeth yn dod i lawr. Pan fyddo cystadleuaeth rhwng cyflogwyr y mae cyflogau yn mynd yn uwch; ond pan fyddo cystadleuaeth rhwng gweithwyr y mae cyflogau yn dod i lawr. Rhaid sicrhau i weithwyr gyflogau na fydd cystadleuaeth yn effeithio dim arnynt; rhaid sicrhau i'r genedl nwyddau angenrheidiol am brisiau na fydd cystadleuaeth ddim yn eu gosod allan o gyrraedd y tlotaf. Pa ddyn tlawd fedrai dalu'r crog-bris ofynnid am y glo adeg y Streic? Y mae'r brwydrau mwyaf chwerw ym mlaen. Dychryn ac ofn sydd ar y mawrion; ni wyddant beth i'w wneyd er mwyn tawelu cri cyfiawn y gweithwyr. Y mae rhywrai yn y carchar am bregethu "Na ladd!" Wrth garcharu dynion am ymuno i ymladd â gorthrymwyr, tybia rhai y gellir rhoddi terfyn ar y gwrthryfel.

Ni fu dim mwy o gamgymeriad erioed. Y mae Syndicaliaeth yn lefeinio'r miliynau.

Y mae'r carchar roddwyd i rai ynglŷn â'r mudiad wedi dod â'i egwyddorion i afael y genedl. "Buddiol yw i un farw dros y genedl", ac y mae'r carchar yn mynd i godi Syndicaliaeth i olwg gwlad. Am bob un wyddai amdano cyn y carcharu, y mae o leiaf fil yn gwybod amdano heddyw. Drwy Syndicaliaeth yn y wlad a thrwy gynrychiolaeth gref o aelodau llafur yn y Senedd, y mae'r genedl i gael ei rhyddhau. Rhaid cael cynrychiolwyr yn y Senedd: pe bai gennym gant a hanner yno pan ddygwyd i mewn fesur y *minimum wage* buasai golwg arall arno. Gwnaeth y rhai sydd yn y Senedd waith da; ond beth yn fwy ddisgwylir iddynt wneyd pan fo'r ddwy blaid arall yn ymuno i'w gorchfygu? Y mae iachawdwriaeth gweithwyr Cymru yn eu dwylaw eu hunain. Rhaid iddynt ddysgu defnyddio'r bleidlais cyn byth y ceir gwelliantau manteisiol iddynt hwy. Camgymeriad o'r mwyaf oedd i'r Llywodraeth garcharu dynion am wasgaru dalennau i'r milwyr, yn galw arnynt i beidio saethu ar weithwyr y wlad pe digwyddai iddynt gael eu galw allan. Ond rhaid cadw gwasg rydd a llwyfan rydd, beth bynnag gyst hynny mewn dioddef. Y mae Milwriaeth yn felltith i'r wlad. Lladrata a gorthrymu'r gwan yw gwaith ac amcan Milwriaeth.

Diogelu meddianau'r cyfoethogion, ac nid diogelu hawliau'r genedl, yw nod pleidwyr Milwriaeth. Ni fwriadwyd erioed i filwyr anffodus y wlad saethu eu cyd-genedl, ar archiad cwmnïau mawrion, fel y gwnaed yn ddiweddar. Llofrudd yw'r milwr – er ei fod yn cario allan orchymyn rhywun arall pan yn lladd. Gosodwyd y Llywodraeth Ryddfrydol mewn awdurdod gan yr Eglwysi Rhyddion a'r "gydwybod Ymneullduol"; proffesa'r Eglwysi Rhyddion fod yn ganlynwyr i Dywysog Tangnefedd; dysgwyd gan Dywysog Tangnefedd fod lladd un arall yn ddrwg; ar ba dir y mae cynrychiolwyr yr Eglwysi Rhyddion yn carcharu dynion am ofyn i'w cyd-ddynion ufuddhau i ddysgeidiaeth Crist? Yr ydym yn byw mewn amseroedd enbyd.

Ond nis gellir troi yn ôl y galluoedd grymus sydd ar waith heddyw ym mywyd y werin. Y mae Sosialaeth a Syndicaliaeth yn deffro'r gweithwyr i'w hawliau; ac er i wasg gyfalafol a charchar atal mudiadau mawrion am ennyd fer, i ryddid y mae camrau gwerin. Y mae'r glowyr wedi ennill cydnabyddiaeth o egwyddor y *minimum wage*; ac y mae'r Mesur, er ei holl ffaeleddau, yn gaffaeliad mawr i'r glowyr.

Disgwyl am ddydd gwell yr ydym, a gweithio amdano: dydd heddwch rhwng cenhedloedd y ddaear; dydd trosglwyddo'r ddaear yn ôl i'r bobl; dydd y gweithwyr i dderbyn holl gynnyrch ei lafur; dydd gyrru'r milwyr at waith mwy defnyddiol; dydd diorseddu brenhinoedd a segurwyr y byd. Clywaf rywun yn sibrwd mai breuddwydion yw pethau fel hyn. Gwell gennyf fi freuddwydio am Heddwch, na bod yn ddistaw yng nghanol magnelau. Gwell gennyf freuddwydio am gyfiawnder cymdeithasol na bod yn dawel yn nghanol yr holl anghyfiawnder sydd yn y tir heddyw. Nid Sosialaeth sydd yn creu cynnwrf, nid Syndicaliaeth chwaith sydd yn cynhyrfu'r genedl, ond cydwybod oreu'r byd yn protestio yn erbyn tylodi'r lliaws. Nid ydym ond ar y trothwy eto; y mae brwydrau mwy yn ein haros: ond ni laeswn ddwylaw yn y rhyfel ddi-waed hyd oni welir Y Faner Goch ar fynyddau'r wlad, a gweithwyr dan ei chysgod yn byw heb ormes y goludog. Yn y Streic nesaf bydd y dosbarth gweithiol i gyd allan, yna ceir gweld fod Llafur yn bwysicach na Chyfalaf. Erbyn hynny hefyd bydd Sosialaeth wedi treiddio drwy'r Fyddin, a bydd y fagnel a'r cledd yn taro gelynion y bobl. Y mae y gweithwyr yn rhy oleuedig i gyfrannu *can miliwn o bunnau'r flwyddyn* at y Llynges a'r Fyddin, i fod at wasanaeth y mawrion, i gadw'r gweithwyr dan draed. Duw gadwo'r werin!

Y Geninen 'Gornest Cyfalaf a Llafur' (1912)

Yr unig feddyginiaeth sicr fydd cymeryd tir a chyfalaf o AFAEL UNIGOLION TRAHAUS, a'u gwneyd yn eiddo'r genedl. O'r ddaear y mae popeth yn dod – y tân, a'r dillad, a'r bwyd, a'r tai; ac y mae'r sawl â'i medd yn dal allweddau cynhaliaeth y bobl. Rhaid cael y ddaear i'r bobl, i'w defnyddio er lles a chysur yr holl bobl. Nid ffynhonnell elw i dirfeddianwyr yw'r ddaear, ond ffynhonnell bwyd i ddynolryw. Rhoddwyd y ddaear yn etifeddiaeth i feibion dynion; ac y mae'r hwn sydd yn cymeryd y ddaear yn cymeryd bywyd y genedl. Sut i gael y ddaear yn ôl? Gwaith hawdd fyddai darganfod ffordd mor anrhydeddus i'w hadfer yn ôl a'r ffordd yr aed â hi oddi ar y werin.

Un o'r penodau duaf yn hanes y wlad ydyw honno sy'n sôn am drawsfeddianu y ddaear. Y mae lladrad yn enw rhy dyner arno. Mae Sosialaeth yn sefyll dros genedlaetholi'r tir yng nghyntaf oll; wedi hynny y mwynfeydd a'r chwarelau a'r ffyrdd haearn a'r camlesi. Pan ddaw hynny i ben telir cyflogau teg a chedwir oriau rhesymol i weithio. Melltith i'r wlad yw fod y tir a'r gweithfeydd ym meddiant personau unigol. Wrth roddi rhyw ychydig o godiad i weision y ffyrdd haearn, y mae'r cwmnïau wedi codi pris teithio, fel mai'r cyhoedd sydd yn talu'r ychwanegiad wedi'r cyfan. Wrth weld y posibilrwydd o streic codwyd pris y glo goron y dunnell -- a rhagor mewn rhai mannau. Y mae'r gyfundrefn sydd yn caniatau y pethau hyn, ac yn cymeradwyo'r pethau hyn, yn rhwym o gael ei newid. Nid Ceidwadwyr yn unig sydd yn gwneyd hyn, ond Rhyddfrydwyr selog hefyd. Onid yw hynny yn profi fod rhaglen y ddwy blaid yr un cyn belled ag y mae'r werin yn y cwestiwn?

Sut i gael y ddaear yn ôl i'r bobl?

Yn gyntaf oll, rhaid danfon y dyrnaid hunanetholedig o gyfoethogion sydd yn ein llywodraethu i'w ffordd eu hun. Ni cheir trefn byth tra y byddont mewn awdurdod; hyd yn oed pe bai tir a chyfalaf yn cael eu cenedlaetholi, tra y bydd y dosbarth hwn yn eu trafad, tlawd fydd y werin bobl. Y mae'r werin yn gwbl alluog i edrych ar ôl eu buddianau eu hunain: plant y werin yw Mr John Burns a Mr Lloyd George, ac y maent wedi profi y llwyddiant mwyaf yn y Weinyddiaeth Ryddfrydol. Nid ydym am gymeryd arian y cyfoethogion oddi arnynt. Yr unig beth a geisiwn, yr unig beth a hawliwn, yw fod gweithwyr y wlad yn cael y bwyd, a'r dillad, a'r esgidiau, a'r glo, a'r offer gynyrchir ganddynt; gall y cyfoethogion fyw ar eu harian o'm rhan ni, a bwyta eu harian, a gwisgo eu harian, ac yfed eu harian. Nid yw yn iawn i *un* fyw ar lafur cant, a byw yn fras ar draul cadw'r cant yn dlawd. Rhaid rhoddi terfyn buan ar beth fel hyn.

I aros hyd nes daw Sosialaeth rhaid gwneyd y goreu o'r gyfundrefn hon. Rhaid gwneyd dau beth o leiaf er mwyn lleihau tylodi'r werin. Yn un peth, rhaid rhoddi hawl i bob dyn weithio. Gwrthodwyd y Mesur Hawl i weithio (*Right to Work Bill*) gan y blaid Ryddfrydol.

> Rhoddwch i'r gweithiwr ei le, –
> Ni cheisia ond lle i weithio;
> Mae hynny ar lyfrau'r ne'
> Yn hawl ddigyfnewid iddo.

Ond gwrthodwyd gosod yr hawl ddigyfnewid hon ar lyfrau'r ddaear gan y blaid sydd yn honni cyfeillgarwch tuag at y tlawd. Hawl i weithio – dyna'r peth cyntaf raid ei gael er mwyn symud tlodi. Yn ail, rhaid talu cyflog safonol i bob gweithiwr, a hwnnw yn gyflog y gellir byw arno. Faint ddylai'r cyflog hwnnw fod, anhawdd gwybod yn gywir. Y mae llawer o'r arweinwyr Gwerinol yn ei osod yn 30s. yr wythnos: ond y mae Mr Chiozza Money yn ei osod yn llawer iawn uwch. Aelod Seneddol Rhyddfrydol yw efe, ond y mae wedi astudio problem fawr Tlodi yn llwyr; ac mewn ysgrif yn y *London Daily News* am Ionawr 10fed, 1912, dywed fod yn rhaid i ŵr a gwraig, a thri o blant, gael o leiaf 37s. 9g. yr wythnos tuag at fyw.

Pan gymer y Llywodraeth at dir a chyfalaf y wlad, bydd iddi ei weithio a'i wario er mwyn cynhaliaeth y trigolion, ac nid er mwyn elw. Nid gwneyd pethau i dalu fydd yr ymgais fawr, and gwneyd pethau yn ddefnyddiol. Y ddaear i'r bobl, a chynnyrch eu llafur i'r bobl hefyd. Terfyn ar wario ofer, terfyn ar ryfeloedd costus; terfyn ar wastraff di alw amdano, hyn yw ein cais pendant. Dyna'r unig lwybr allan o'r tlodi mawr yr ydym ynddo fel gwlad. Mamon sydd yn ben heddyw; allorau Mamon yw'r "*slums*", hawliau Mamon yw y rhai mwyaf cysegredig yn y wlad. Mamon yw duw'r byd, Mamon yw duw'r Eglwys:

Suliau'r Maer, Boy Scouts, Gorymdaith Filwrol, Cronfa; onid Mamon yn sathru cynteddau Duw, ac yn gyrru'r Crist allan o'r Eglwys, yw hyn oll? Y mae'r *"slums"* yn ddrwg, eto goddefir i'w perchennog fod yr un mwyaf anrhydeddus yn yr eglwys; y mae rhyfeloedd yn ddrwg digymysg, eto gogoneddir milwyr gan offeiriad a phregethwyr. Pam? Am mai Mamon yw duw'r oes.

Pwy sydd wedi cerdded drwy ystrydoedd ein trefydd ganol nos, ac wedi gweld a chlywed merched anffodus-merthyron gwareiddiad heb deimlo atgasrwydd at y gyfundrefn sydd yn gwneyd bywydau fel hyn yn angenrheidiol? Pwy sydd wedi cerdded drwy'r *"slums"* a gweld blodau'r oes yn tyfu yng nghanol y dylanwadau mwyaf niweidiol, heb deimlo y buasai chwyldroad yn well na pharhad o fywyd fel hyn? Rhaid diorseddu Mamon, a gorseddu hawliau dynion; rhaid ei gwneyd yn amhosibl i un dyn fyw ar lafur pobl eraill; rhaid tynnu'r gweithiwr yn rhydd o hualau cyfalafiaeth cyn byth y rhoddir terfyn ar Dlodi mawr y werin. Mae China yn dod yn rhydd; mae Germany yn deffro; mae gwerin Cymru a gwerin Prydain yn anghofio breuddwydion unos, ac yn codi i'r wawr sydd yn galw gwerin pob gwlad i Ryddid a Thangnefedd. Werin Cymru! I gysgod y Faner Goch!

Y Geninen 'Paham y mae'r werin yn dlawd' (1915)

3

Y Rhyfel Mawr

Cartŵn i ddarlunio'r gerdd 'Angylion Mons'
(*Dros eich Gwlad*, 1920)

LLOFRUDDIO ARCH-DDUG FRANZ Ferdinand, etifedd Ymerodraeth Awstro-Hwngaraidd, yn Sarajevo, ar Fehefin 28 1914 gan genedlaetholwr o Bosnia, Gavrilo Princip, arweiniodd at y Rhyfel Byd Cyntaf. Cynhyrfwyd yr ymerodraethau Ewropeaidd ac erbyn diwedd yr haf roedd Ffrainc, Rwsia a Phrydain benben ag Awstro-Hwngari, Yr Almaen a'r Eidal. Daeth yr Ymerodraeth Ottoman – Twrci – i mewn iddi hefyd ac yn wir y rhan fwyaf o genhedloedd y byd gan fod trefedigaethau yr ymerodraethau hyn wedi'u gwasgaru yma a thraw. Bu ymladd ar gyfandir Affrica hyd yn oed. Gwelwyd gwledydd llai yn cynghreirio gyda'r naill ochr neu'r llall. Roedd brenhinoedd yr Almaen, Rwsia a Phrydain yn gefnderwyr – Kaiser Wilhelm, Tsar Niclas a Sior V.

Roedd Niclas erbyn hyn yn weinidog yn Llangybi a Llanddewibrefi ond fel ag erioed yn aflonydd ynglŷn â'r rhyfel. Fel heddychwr ac fel aelod o'r Blaid Lafur Annibynnol roedd yn gwrthwynebu'r rhyfel. Sefydlwyd yr ILP yn 1893 am nad oedd y Rhyddfrydwyr yn caniatáu i aelodau o'r dosbarth gweithiol fod yn ymgeiswyr seneddol. Roedd Keir Hardie yn un o'r arweinwyr amlycaf ac yn AS Merthyr Tudful. Doedden nhw ddim yn credu y dylai aelodau o'r dosbarth gweithiol gael eu haberthu mewn rhyfel rhwng ymerodraethau a theuluoedd brenhinol. Roedden nhw'n credu y gellid perswadio gweithwyr y gwledydd i godi fel un gŵr a gwrthod ymrestru. Treuliodd Hardie gryn amser ar y cyfandir yn ymgyrchu i'r perwyl hwnnw gan bwysleisio mai cynnal y drefn ysbail – cyfalafiaeth – oedd byrdwn y rhyfela ac na cheid cyfiawnder i'r werin o'r herwydd. Ni chredent mai bwriad y rhyfel oedd ymryddhau y gwledydd llai ond yn hytrach cryfhau gafael imperialaeth.

Bu Niclas yn ymgyrchu ar ran y 'No Conscription Fellowship' yn Sir Aberteifi a Sir Benfro. Doed ei ysgrifbin ddim yn segur chwaith. Anfonai gerddi gwrth-ryfel at golofn farddol Brynach yn y *Tivyside* gan dynnu beirdd eraill i'w ben ac yn benodol Cynfelyn (Parch T. C. Benjamin) o Ffostrasol. Aeth yn ymrysona rhyngddyn nhw. Wele un pennill o blith dwsin o eiddo Niclas a gyhoeddwyd o dan y teitl 'Cynfelyn – Bardd Uffern':

Hawddamor, Cynfelyn, am dymor,
  Fardd yr Uffernau a'r Cledd;
Mi fedraf fi fyw heb dy fendith di
  I ganu caneuon hedd;

Mentraf fy mywyd ar heddwch,
  Agoraf fy mynwes i'th dân;
Gwn fod dy galon, Cynfelyn fardd,
  Yn dweud mai celwydd yw'th gân.

A bu raid i Gynfelyn daro'n ôl gyda dwsin o'i eiddo ei hun:

Os wyt yn weinidog efengyl
 Rho heibio enllibio'th wlad
Mae llawer gonestach a'th gallach, frawd,
 Yn trengu i ti gael rhyddhad;
A chofia mai Duw 'bia rhyfel',
 A thra byddo drwg mewn dyn
Bydd danod pechodau a thywallt gwaed
 A'i fywyd datblygol yng nglyn.

Bu raid i Brynach roi taw ar yr herian. Yn wir, gwaharddwyd Niclas rhag cyfrannu naill ai bennill, na llythyr neu lith i'r papur er bod llythyrwyr megis Griffith Owen o Landudoch a D. J. Davies, Llundain yn mynd i'w blu yn gyson. Roedd gorchymyn sensoriaeth y Llywodraeth yn bygwth dirwyn y cyhoeddiad i ben pe parheid i gyhoeddi deunydd yn erbyn y Rhyfel. Cofiai Niclas iddo gyfrannu deg swllt at godi carreg fedd i Cynfelyn yn dilyn ei farwolaeth yn 1925.

Nid ofnai Niclas fynd i blu un o athronwyr amlyca ei ddydd, Syr Henry Jones, y Cymro o Langernyw a oedd yn Athro Athroniaeth Foesol ym Mhrifysgol Glasgow. Roedd yn barod i'w herian oherwydd ei safbwynt imperialaidd a'i ran yn annerch cyfarfodydd cyhoeddus yn galw ar fechgyn ifanc i ymrestru. Doedd y ffaith nad oedd ganddo lythrennau y tu ôl i'w enw yn mennu dim ar Niclas. Mynnai fod y gwirionedd o'i blaid.

Ar ddiwedd y rhyfel ymladdodd Niclas etholiad yn Aberdâr ar ran yr ILP gan ei gwneud yn amlwg ei fod yn arddel gwerthoedd y diweddar Keir Hardie. Bu'n etholiad helbulus ac oherwydd ei safbwynt gwrthryfel collodd Niclas yn drwm yn erbyn aderyn brith o'r enw Charlie Stanton a oedd yn canu clodydd dewrder y bechgyn yn y ffosydd ac yn sefyll fel Prydeiniwr. Roedd wedi ennill y sedd mewn isetholiad a gynhaliwyd yn 1915 yn dilyn marwolaeth Keir Hardie a hynny trwy faeddu James Winstone, Llywydd Undeb y Glowyr. Ni wnaeth fawr o argraff fel AS a cholli ei sedd fu ei hanes yn yr etholiad dilynol.

Cyhoeddodd Niclas ddadansoddiad o helynt yr etholiad yn y *Merthyr Pioneer.*

Cyfeiriodd at y ffaith fod yr ymgeisydd Llafur, James Winstone, wedi colli yn ardal Merthyr yr etholaeth ddwy sedd hefyd am nad oedd yn ddigon cadarn ei heddychiaeth. Roedd yr etholiad yn gofiadwy am rai o sylwadau ffraeth a gwirebol Niclas.

"A fyddech chi'n barod i ysgwyd llaw ag Almaenwr?" gofynnwyd iddo.

"Buaswn siŵr," oedd ei ateb.

"A fyddech chi'n barod i saethu'r Kaiser?" oedd cwestiwn arall a daflwyd ato.

"Byddwn, pe cawn saethu ei gefnder yn Palas Buckingham hefyd," oedd ei ateb.

Mae'n siŵr bod tynged yr etholiad wedi'i seilio yn yr atebion hynny, o ystyried yr hinsawdd fradwrus. Barn ei asiant, Edward Stonelake, yn ei hunangofiant oedd:

Our candidate was both poet and preacher. He was eloquent, courageous, fearless and enthusiastic; but absolutely tactless. At his first election meeting he was asked this leading question: "Would you be prepared to shake hands with a German?". This, in the hand of a tactician, was a beautiful opening in which he might have turned the tables on his questioner. He, however, blurted out in good, virtuous Christian spirit; "Yes! Why not?" He took no pains to explain why and in what circumstances he would shake hands with a German, or what kind of German he was prepared to associate with. The meeting was soon in an uproar and throughout the election campaign he was pursued with the cry: "You said you would shake hands with a German, you ----- swine". This noun with alternatives, such as traitor, prefaced with a sanguinary adjective, ended up by telling him in what part of the anatomy he ought to have a bullet and on some occasions he had to beat a hasty retreat through the back entrance whilst his local comrades were engaged in a futile effort to subdue the angry feelings of the audience.

The election day came and brought the customary crowd into the streets, and as the day wore on and feeling was rising, I could foresee a dangerous possibility arising. The candidate himself was beautifully oblivious to public indignation and possible danger; that is the way of all fanatics. At about 3 pm when I was convinced of the probablility of trouble, I coaxed the candidate – I could not force him – off to his lodgings, picked up his bag and thence to the train, and good fellow though he is, I have not seen him since.

He is quite an honest fellow who knew his Socialism well; full of energy, but his lack of tact would be his undoing at any election, so he lost this one handsomely. I did not spend much money for two reasons. We only had borrowed money and I knew that our candidate had no earthly chance; he was not even making good propaganda. When presenting the Election Accounts to the Returning Officer, he turned to me and said, "Where in this account is your fee as Agent?" I said, "There is no fee." He replied, "Do you think I am a damned fool?" I said, "No, I am."

Dangosodd Niclas fod sefyll dros y gwir yn bwysicach iddo nag ennill pleidleisiau. Ni fedrai gyfaddawdu ynghylch ei ddaliadau. Rhoddodd y dewis i'r etholwyr i naill ai eu derbyn neu eu gwrthod. Nid y wên fêl oedd ei ddull o ganfasio.

Tan iddo gael ei wahardd o ddudalennau'r *Tivyside* manteisiai Niclas ar bob cyfle i ateb ei elynion ac i esbonio ei safbwynt. Gwadodd ei fod yn ochri gyda'r Almaenwyr am ei fod mewn gwirionedd yn gwrthwynebu'r cysyniad o ryfela *per se*, cyn bwrw ati i gondemnio creulonderau Gwlad Belg a Phrydain Fawr wrth iddyn nhw ddifetha annibyniaeth cenhedloedd bychain.

* * *

Yr wyf fi wedi byw i bregethu fod melltithion cymdeithasol y wlad yn tarddu o'r gyfundrefn sy'n gadael i hanner dwsin neu ragor feddu hawl ar gyfrif ac eneidiau dynion. Pe cawsem ni fel gwerin ym Mhrydain Fawr a Germany lais, ni fuaswn yn ymladd heddiw. Y rhai sydd wedi rhwystro gwerin heddychol y gwledydd i gyrraedd eu hawliau sydd yn credu yn y rhyfel hwn. Tra fyddo ynof anadl brwydraf yn erbyn rhyfel; ac yn hyn o beth yr wyf yn berffaith sicr fy mod ar yr un ochr â Duw. Fe wêl Mr Owen eto, ond iddo graffu, fod Mab y Dyn yn Ei waed, a chleddyf Ewrop yn ei galon. Mae gofyn help Duw i ladd dynion yn ddiraddiad ar feddylgarwch.

Gorffwysaf, yr eiddoch dros heddwch.

Tivyside (16 Hydref 1914)

Pe baech wedi adrodd y celwydd ar ôl y wasg swyddogol, ni fuasai llawer o le i feio arnoch; ond gan i chwi lunio'r celwydd, a dweyd eich bod wedi gweld plant bach felly, mae eich camwedd yn fwy. A fuasai yn ormod i mi ddweyd i chwi lunio'r celwydd er mwyn camarwain darllenwyr y *Tivy-Side*?

Pe bai fy eglwysi yn gofyn i mi gefnogi y rhyfel hwn, neu fod yn ddistaw tra y parhao, buaswn yn rhoddi yr eglwysi i fyny, ac yn mynd yn ôl at y gaib a rhaw, neu i werthu calico fel cynt. Y mae gweithwyr Ewrop yn ymladd dros eu gorthrymwyr. Bydd y beichiau yn drwm ar ôl hyn, a'r gweithwyr fydd yn gorfod talu'r cyfan. Cefais i fy magu ar aelwyd gymharol dlawd; penderfynais yn ifanc os cawswn gyfle y buaswn yn gwneud rhywbeth dros y dosbarth y perthynai fy nhad iddo. Yr wyf wedi gwneud llawer o gamgymeriadau mewn bywyd, tebyg y gwnaf lawer eto, ond nid wyf wedi anghofio y dosbarth y perthynaf iddo. Nid yw digio'n brenhinoedd yn ddim yn fy ngolwg ond buasai troi'n fradwr i werin fy ngwlad yn ofid i mi.

Merthyr Pioneer (9 Ionawr 1915)

STANTON A WINSTONE

Bellach y mae'r frwydr drosodd, a Stanton wedi ennill. Enillodd ar gwestiwn na pherthyn i blaid Llafur. A chyn wired ag fod Stanton wedi ennill y tro hwn drwy bleidlais apostolion rhyfel, fe'i teflir allan y tro nesaf, drwy bleidlais yr un dynion. Yn bersonol, nis gallaswn gynorthwyo un o'r ddau i fynd i'r Senedd, oblegid yr oedd daliadau'r ddau yn hollol wrth-Gristionogol ar bwnc y rhyfel. Eisiau heddwch sydd, a buasai Winstone wedi cael bron yr un nifer o bleidleisiau pe bai wedi mynd yn hollol ar heddwch. Y mae llawer o'r dynion ieuainc sydd yn erbyn y rhyfel heb bleidlais; y mae'r dynion mewn oed sydd a phleidlais ganddynt yn credu y dylasai pawb roddi eu bechgyn, fel y mae llawer ohonynt hwy wedi gwneud. Felly, cafodd Stanton fwyafrif mawr. Camgymeriad ydyw i blaid heddwch addaw cydweithio â phlaid rhyfel, a gobeithio fod yr etholiad diweddaf wedi rhoddi terfyn ar hynny. Yr unig ffordd i derfynu y rhyfel yn foddhaol ydyw drwy gael heddwch.

Ofer dweyd fod yn rhaid cymeradwyo'r Llywodraeth yn ei pholisi, oblegid nid oes dewin ŵyr beth ydyw y polisi hynny. Os gŵyr y Llywodraeth ei hunan, dyna'r eithaf. Credaf y dylid gwasgu ar y Llywodraeth i roddi mynegiant clir o'r hyn geisia gan Germany. Ond, ar wahân i bob peth, byd rhyfedd ydyw hwn. Rai blynyddau 'nôl bûm i ar lwyfan Stanton yn ei gynorthwyo i fynd i'r Senedd. Y pryd hwnnw yr oedd yn dadleu yn gryf am gyflog uwch i weithwyr, ac am well amodau bywyd i bawb. Yr oedd yn ceisio cynorthwyo dynion i fyw. Beth oedd y canlyniad? Yr oedd holl bwlpudau'r wlad a'r wasg yn ei erbyn. Ond daeth tro ar fyd yn hanes Stanton. Aeth i ddadleu y dylasai dynion farw dros ei gwlad. Ac er syndod, wele'r dynion oedd yn ei erbyn pan ddadleuai am hawl i fyw yn troi o'i blaid pan yn sôn am gyfle i ddynion farw.

Gwerthodd Stanton ei enaid i'r bobl fu'n brwydro yn ei erbyn yn yr etholiad diweddaf. Rhoddodd hawliau Llywodraeth waedlyd o flaen hawliau y dosbarth gweithiol. Wrth gwrs, gall pethau fynd yn o lew nawr tra dal y rhyfel, ond beth fydd safle Stanton wedyn? I ba blaid y bydd yn perthyn? Y mae dod 'nôl i blaid Llafur yn amhosibl, ac y mae aros yn Rhyddfrydwr neu'n Geidwadwr allan o'r cwestiwn yn hanes Stanton. Gwrthryfelwr ydyw. A thrueni na fuasai yn gallu gweithio gyda gwrthryfelwyr yn Senedd Prydain. Tynnais arnaf fy hun ddigofaint eglwysi a phersonau pan fûm yn helpu Stanton flynyddau 'nôl, ond wele Stanton bellach wedi uno â'r bobl oedd yn ei erlid ef a'i bleidwyr. Nis gallaf feddwl am sefyllfa waeth a mwy digysur i neb.

Dymunaf i Stanton bob dedwyddwch am y tymor byr bydd yn y Senedd. Pan ddaw terfyn ar y rhyfel, dyna derfyn arno yntau fel aelod seneddol. Buasai yn well iddo fod wedi aros ychydig yn hwy, ac ennill sedd gadarn yn y Senedd; ond dyna y mae uchelgais bersonol y rhan fwyaf ohonom yn gryfach na'n sêl dros fudiadau. Beth am Winstone? Y mae wedi colli y sedd, ac wedi colli rhywbeth mwy na'r sedd. Yr oedd ei areithiau yn rhy ffafriol i bolisi y Llywodraeth heb wybod beth ydoedd hynny yn olygu. Nis gŵyr neb, a thrueni na fuasai wedi ymladd y frwydr ar egwyddorion heddwch. Buasai yn yr un man heddyw, a buasai yn gallu edrych yn ôl ar y frwydr gyda llawenydd ym mhen blynyddau. Y mae y Blaid Lafur Annibynnol wedi colli sedd, ond wedi cadw ei henaid. Dyna'r peth mawr, a'r peth pwysicaf yn y dyddiau a ddaw.

Enillir y sedd yn ôl eto gan fod egwyddorion mawrion wedi eu cadw yn y presennol. Ymddengys fod Stanton wedi dod yn boblogaidd iawn gan y pwlpud a'r wasg Dorïaidd a Rhyddfrydol; arwydd drwg i weithwyr ydoedd hynny. Defnyddiodd Stanton y dull gymeryd gan ei elynion ei hun yn yr etholiad diweddaf, ac enillodd. Credaf, cyn belled ac y gellir barnu oddi wrth y papurau, fod Winstone wedi ymladd yn weddol deg. Rhaid cyfaddef fod y sefyllfa yn un anhawdd iawn, hyd yn oed i weithwyr. Ar lwyfan Winstone yr oedd rhai sydd yn credu yn y rhyfel hwn fel un sanctaidd, a rhai sydd wedi bod o gwmpas y wlad yn ymrestru milwyr, er eu bod yn weision i'r glowyr. Gellir dweyd ar y cyfan fod daliadau'r ddwy ochr rywbeth yn debyg ar bwnc y rhyfel, a dyna'r pwnc yn awr. Pe bai Winstone wedi rhedeg yr etholiad ac wedi mentro'r cwbl ar heddwch, buasai yn gallu teimlo heddyw fod buddugoliaeth i ddod eto. Ond gan fod polisi Stanton ac yntau bron yr un fath yn eu cefnogaeth i'r Llywodraeth, nis gellir dweyd fod dim mawr wedi ei golli wrth i Stanton gario'r dydd.

Seiniodd Ramsay Macdonald nodyn cryf a chroew, y mae gobaith y Mudiad Llafurol ynddo ef. Mwy na thebyg i'w bresenoldeb ef fod yn fwy o rwystr nac o gymorth i Winstone yn yr argyfwng hwn. Ond yr oedd yn werth iddo ddod lawr i ddraddodi y fath areithiau. Nis gall had mor dda beidio cael daear yn rhywle. Daw ffrwyth mawr ar ôl hyn. Pan welais anerchiad Winstone, a phan ofynnwyd i mi gymeryd rhan yn yr ymgyrch i'w gael i'r Senedd, teimlais nas gallwn yn gydwybodol wneud, a gwrthodais fynd i Ferthyr i siarad. Buasai fy mhresenoldeb yn sicr o golli rhai pleidleisiau i Winstone a buasai yn rhaid i minnau fod yn ddistaw ar rai pethau nas gallaf fod yn ddistaw yn eu cylch.

Credaf yn gryf mewn Plaid Annibynnol i'r ddwy blaid arall. Dichon ei bod yn ryfyg ynwyf hefyd i siarad am ddwy blaid arall, oblegid nid oes dwy, ond un. Un blaid ar bob pwnc pan fyddo eisiau concro gweithwyr. Dwy blaid pan fyddo cwestiwnau bychain, di-fudd yn y glorian. Dwy blaid ar Ddadgysylltiad; dwy blaid ar ymreolaeth; ond un blaid pan fyddo eisiau coroni brenin, neu arwisgo tywysog, neu saethu streicwyr, neu ymladd gwlad arall. Pa bryd y gwêl y gweithwyr drwy y dichell a'r rhagrith? 'Does neb mor ddall a'r rhai na fynnant weled. Y mae brwydr fwyaf y gweithwyr heddyw yn cael ei hymladd gan bobl y tu allan i'r dosbarth gweithiol. Ymladdwyd y frwydr am bleidlais i weithwyr gan bobl o'r tu allan i'r gweithwyr, a'r peth cyntaf wnaeth y gweithwyr a'u pleidlais oedd ei rhoddi i'r bobl oedd wedi ei gwrthod iddynt am hir amser. Nid fel hyn y dylasai pethau fod. Dylasai'r gweithwyr eu hunain helpu y rhai sydd yn ymladd drostynt.

Eglwysi Cymru, y rhai wneir i fyny o weithwyr gan mwyaf, gaeodd eu drysau yn fy erbyn i am i mi helpu Stanton pan oedd yn sefyll dros Sosialiaeth; yr un eglwysi sydd heddyw yn clodfori Stanton am ei fod yn sefyll dros filwriaeth yn ei ffurfiau hagraf. Gweithwyr Sir Aberteifi oedd yn dweyd flwyddyn yn ôl y dylaswn gael fy saethu am feiddio awgrymu fod gwell ffordd i setlo cwerylon gwledydd na thrwy ladd gweithwyr wrth y miliwnau. Gweithwyr yn ennill hanner coron a thri swllt y dydd ydyw y rhai mwyaf meddw ar waed wyf fi wedi weld. A rhaid i weithwyr ddihuno os ydynt am osgoi beichiau anhawdd eu dwyn. Y mae dweyd nas gellid osgoi y rhyfel yn gabledd ar y ddynoliaeth. Beth bynnag allai ddigwydd pe baem wedi sefyll allan o'r rhyfel, nis gallasai fod yn waeth na'r hyn ddygwyd arnom gan y rhyfel? A fuasai heddwch yn fwy melltithiol na rhyfel? Buasai yn werth i ni fod wedi anturio'r cwbl ar heddwch, hyd yn oed pe bai peth o'r hyn ddywedir gan apostolion rhyfel wedi dod arnom. Buasai hynny yn well na'r rhyfel a'i ganlyniadau erchyll.

Nis gallaf ddychmygu Keir Hardie yn addaw cymeradwyo polisi'r Llywodraeth o dan unrhyw amgylchiad. Buasai ei sedd yn Merthyr wedi cael mynd cyn hynny. Dynion o'i fath ef sydd eisiau arnom yn y wlad heddyw. Dynion yn fodlon colli einioes er mwyn mudiad, ac y mae dynion felly yn cael eu heinioes yn yr ystyr oreu bob amser. Hyderaf weld yr adeg yn dod heb fod yn hir pryd y gallwn fentro i'r llwyfan, eto i ddadleu dros heddwch; hyd nes daw yr adeg honno gwell gennyf fi, beth bynnag, fod yn ddistaw. Ni charwn ddweyd dim, nac ysgrifennu dim fyddai cywilydd gennyf ohono ym mhen deg mlynedd. Yr wyf wedi ysgrifennu rhai pethau celyd am fudiadau ac am bersonau yn eu cymeriadau cyhoeddus, ond nid wyf wedi colli golwg ar egwyddorion gweriniaeth, nac wedi anghofio fy mod yn ymladd dan y "Faner Goch". Bydd eisiau'r faner honno arnom eto, yn gynt nag a feddyliwn fe ddichon. A bydd gweithwyr sydd wedi eu gwadu heddyw yn falch o'u chysgod yn y brwydrau am fara sydd i ddod.

Yr wyf yn ysgrifennu heddyw â chalon drom, ac yn teimlo weithiau ei bod yn anobeithiol i wneud dim; ond pan gofiaf ein bod yn gweithio dros y dyfodol, yr wyf yn mynd ati wedyn.

Y mae gennyf ffydd yn synnwyr cyffredin dynion, y bydd i hwnnw ddod yn ole eto pan gliria'r niwl. Pan ddiorseddir y Llywodraethwyr ynfyd, a'r duwiau gau, a'r enwadau paganaidd, daw dynion yn ôl at y Gwir ac at y Goleuni. Y mae gan heddwch arwyr yn ogystal â rhyfel. Yn nygiad i mewn deyrnas Dyn a Chyfiawnder y mae Ramsay Macdonald a Snowden yn fwy o arwyr na Kitchener a'r Kaiser. Perthynant hwy i wareiddiad salaf ac isaf y byd; y gwareiddiad sydd yn sylfaenedig ar rym a choncwest faterol. Y mae y rhyfel hwn wedi didoli dynion; y mae'r us a'r gwenith wedi eu gwahanu nawr. Bydd Plaid Llafur yn gryfach wedi colli rhyw ddosbarth o ddynion.

Cofiaf yn dda am frawd o weinidog yn dweyd wrthyf pan fûm yn helpu Stanton, y buasai yntau hefyd yn gweithio dros Blaid Llafur oni bai fod dynion fel Stanton ynddi; dydd Gwener diwethaf yr oedd yr un brawd yn llawenhau am fod Stanton wedi cario'r dydd. Dengys hyn mai nid Stanton oedd yn ei gadw allan o Blaid Llafur, ond yr egwyddorion y safai Stanton drostynt. Waeth gan y dynion yma pwy na pheth fydd y personau, os byddant yn sefyll dros gynlluniau y Rhyddfrydwyr. Yn wir, "Hon yw cich llawr chwi a gallu'r tywyllwch."

Beth a fydd yn niwedd y pethau hyn? Pan ddaw etholiad ym Merthyr eto bydd Stanton allan, yr un dynion fydd yn ei droi allan ac a fu yn ei osod i mewn. Defnyddiant Stanton cyhyd ac y bydd hynny yn talu'r ffordd iddynt hwy, a dim yn ychwaneg. Mawr yw'r direbu sydd ar Blaid Annibynnol Llafur ar hyn o bryd gan y papurau; gellid meddwl na fu'r fath blaid erioed am wneud drygioni, ond y mae ein dydd i ddod. Rhaid i heddwch enill rywbryd. Pe bai'n bosibl, buaswn yn gyrru pawb yn credu mewn rhyfel, ac yn credu yn y rhyfel hwn, allan i'r ffosydd i'w weld fel y mae. Buan y cawsent ddigon. Dynion rhy hen i ymladd roddodd Stanton yn y Senedd; credant mewn rhyfel, ond i rywun arall fynd iddi a thalu amdani.

Dywedaf eto, pob llwyddiant a dedwyddwch i Stanton yn

y Senedd am y tymor byr y bydd yno. A chofied caredigion heddwch fod yn ffyddlon i'w hegwyddorion yn yr argyfwng mawr hwn. Duw gadwo'r werin.

Merthyr Pioneer (4 Rhagfyr 1918)

4

Y Chwyldro yn Rwsia

O'r gyfrol *Lenin in Smolny*, cyhoeddwyd yn Rwsia yn 1977

DIGWYDDIAD A YSGYDWODD y byd yn 1917 yng nghanol y Rhyfel Mawr oedd dymchwel y frenhiniaeth yn Rwsia a chreu'r Undeb Sofietaidd. Cafwyd gwared ar bedair canrif o reolaeth awtocrataidd gan y Tsariaid. Roedd yr Ymerodraeth yn deilchion. Dyrchafwyd y gweithiwr a'r werin bobl a datblygwyd Comiwnyddiaeth fel ffurf o lywodraethu gyda'r bwriad o wella safon byw pawb yn ddiwahân. Ni pherthynai breintiau i'r cyfoethog yn unig mwyach.

I lawer ar yr asgell chwith yr oedd y Chwyldro yn Rwsia yn ddigwyddiad i'w groesawu. Yn siop teiliwr ei frawd, Dafydd Niclas, ym Moncath, yr oedd yna lawenydd mawr fel y tystia'r llythyron a gedwid o'r cyfnod. Yr oedd hyd yn oed Cymdeithas Bedyddwyr Penfro yn gefnogol ar y cychwyn lle cyfeiriwyd at y digwyddiad fel 'Ateb Duw i weddïau eu blant.' Ceir blas o ddylanwad y cynnwrf ar Dde Cymru yn atgofion Aneurin Bevan o'r cyfnod, atgofion a oedd yn dal i'w ysbrydoli yn y pumdegau: "I remember so well what happened when the Russian revolution ocurred. I remember the miners, when they heard that the Czarist tyranny had been overthrown, rushing to meet each other in the streets with tears running down their cheeks, shaking hands and saying 'At last it has happened'."

Dim syndod felly fod Niclas uwchben ei ddigon. Roedd y wawr goch wedi torri ac yr oedd byd newydd wrth y drws. Prif lywydd y Chwyldro oedd Vladimir Ilyich Ulyanov, ond fel Lenin y cofir ef gan y byd. Yr oedd Niclas wedi bod yn edmygydd mawr o Lenin ers iddo arwain y ddadl yn erbyn y Rhyfel Mawr yng Nghynhadledd Zimmerwald yn 1915. Dengys y soned a gyfansoddodd Niclas i'w arwr ei fod hefyd yn deall cyfraniad unigryw Lenin i lwyddiant y Chwyldro. Trobwynt y Chwyldro yn Rwsia oedd dychweliad Lenin yn Ebrill 1917 ar y trên enwog i'r 'Finland Station'. Yn ei deyrnged i Lenin ceir disgrifiad trawiadol ohono yn cerdded 'i ganol annibendod chwyldro' cyn tynnu 'dial Mamon' ar ei ben.

I arweinwyr cyfalaf, yr oedd y Chwyldro yn hunllef ac ni fu Prydain yn hir cyn cynnal braich elfennau yn Rwsia a oedd yn brwydro i danseilio'r drefn newydd. Danfonwyd llynges i'r Baltic ym 1918 ac fe addawodd y Llyngesydd Sir Edwyn Sinclair Alexander-Sinclair GCB MVO ei fod yn barod i ymosod ar y Bolshefics "As far as my guns can reach". Ymhellach tua'r dwyrain glaniwyd llu arfog yn Archangel ond ofer fu pob ymdrech i wrthdroi'r Chwyldro ac erbyn 1922 yr oedd yr ymrafael rhyngwladol ar ben. Ym 1924 sefydlwyd llysgenhadaeth gyntaf yr Undeb Sofietaidd ym Mhrydain er mai ansicr iawn oedd y berthynas rhwng y ddwy wlad.

Ym 1920 ymunodd Niclas â Phlaid Gomiwnyddol Prydain ac ef oedd ei lladmerydd enwocaf yn y Gymraeg. Yn y dyddiau cynnar, cadwodd ei aelodaeth o'r Blaid Lafur nes i honno ei ddiarddel yn 1926 am feirniadu arweinyddiaeth Ramsay McDonald. Yn 1935, bu Niclas, ar y cyd â'i gyfaill, Dan Jones, Goginan, ar ymweliad â Rwsia. Mawr oedd ei glod ar ôl dychwelyd wrth iddo deithio'r wlad yn sôn am ei brofiadau. Yn ôl ei arfer, traethu o'r frest a wnâi, gan ddefnyddio pwyntil i gyfeirio at lefydd ar fap. Does yna ddim copi ysgrifenedig o'r ddarlith.

Roedd Niclas wedi gweld gwynfyd man draw, a thrwy gydol ei oes, fe fanteisiodd ar bob cyfle i sôn am ragoriaethau'r drefn Sofietaidd. Ceir blas o'r cenhadu hyn yn y llythyron a ddanfonodd i'w ffrindiau ac yn y truth yn Archif Bangor a oedd, yn ôl pob tebyg, wedi ei fwriadu i'w gyhoeddi fel pamffled neu lyfryn.

* * *

Telir arian mawr i ddynion a ystyrir yn arbenigwyr am dynnu allan gynlluniau ar gyfer Cymru wedi'r elo'r rhyfel heibio. Cydnebydd pawb y bydd y gwaith yn enfawr; ac ar hyn o bryd ymddengys bron yn amhosibl. Wrth gwrs, yr un fydd anawsterau Cymru a Lloeger; ond hawddach i ni ddeall yr anghenion wrth feddwl am Gymru. Gwlad fach yw Cymru, a llywodraeth ei bywyd a pherchenogaeth o'i hadnoddau yn nwylo ychydig ddynion. Y mae rhai o'r dynion hynny'n Saeson, ac eraill yn Gymry. Y mae un peth yn wir am y Saeson a'r Cymry, defnyddiant Gymru, ei gweithwyr a'i hadnoddau, i bwrpas elw personol iddynt hwy. Ni faliant am y miloedd di-waith na'r miloedd tlawd. Bodlon ydynt i aelwydydd Rhondda fod heb dân, a chadw'r glowyr yn segur a'r glo dan ddaear, canys pwrpas y glo yw, nid cynhesu aelwydydd na gyrru peiriannau, eithr dwyn elw i'r dynion a'i meddiannodd.

Er rhoddi i genedl hawl i siarad ei hiaith a chefnogi mudiadau cenedlaethol, nid oes gwir ryddid gan genedl oni byddo'n berchen ar dir ei gwlad, a'r nwyddau crai a'r ffactrïoedd. Nid yw rhyddid politicaidd ond hanner y stori; ni ellir cael rhyddid politicaidd llawn heb ryddid economaidd. Y mae'r dyn sydd ag hawl ganddo i ysbeilio dyn arall o'i waith yn llywodraethu ar feddwl a chydwybod y dyn hwnnw. Y mae gan gwmnïoedd mawr ffordd go hawdd o fygu gweledigaeth ambell weithiwr meddylgar; gellir ei ysbeilio o'i hawl i weithio. Am flynyddoedd, bu bechgyn mwyaf deallus De Cymru ar "Restr Ddu" y perchenogion, ac nid oedd gwaith iddynt yn unman. Y mae rhoddi awdurdod felly i gwmni neu i berson unigol, yn gwneud dyn yn gaethwas meddyliol. Y mae perchenogaeth ac awdurdod ar dir a nwyddau crai yn gwneud y miliynau yn ddibynnol ar yr ychydig. Mygir personoliaeth a dinistrir gweledigaeth y dynion gorau. Ni fentrant fynegi eu gweledigaeth heb ddigio'r dynion sydd ag hawl ar ei bara beunyddiol. Ar wahân i'r ffaith fod y drefn ysbail yn lladd personoliaeth cenedl, y mae hefyd yn lladd personoliaeth unigolion, a'u gwneuthur yn gaeth i'r dynion a'r cwmnïoedd sydd yn perchenogi ffynonellau bwyd.

Yng nghanol y rhyfel, ac ar waethaf y rhyfel, myn dynion edrych ymlaen at gyflwr cenedl wedi i'r heddwch ddyfod. Nid yw rhyfel yn amcan ynddo ei hun. Ymladd er mwyn cael neu er mwyn cadw rhywbeth, a wneir. Gweithwyr sydd yn ymladd rhyfeloedd a thalu amdanynt; felly, rhaid i'r llywodraethwyr addo rhywbeth i'r gweithwyr wedi'r rhyfel. Gwyddom am yr addewidion a roddir ar adeg rhyfel i werinoedd pob gwlad. "Rhyfel dros weriniaeth!", "Rhyfel i roddi terfyn ar Ryfel!", "Rhyfel i sicrhau gwlad deilwng o'r dynion a fu'n ymladd!"

Y mae gweithwyr pob gwlad eisiau'r pethau hyn. Gellid eu cael bob un heb ymladd. Nid y pethau hyn yw achosion rhyfel; nid y pethau hyn yw amcanion rhyfel chwaith. Twyllir un genhedlaeth ar ôl y llall gan yr un gri. Dygir i fewn resymau moesol dros ryfel bob amser. Pe dywedid y gwir, ni cheid cefnogaeth y gwerinoedd. Yr un teuluoedd sydd wedi gwneud rhyfeloedd yn y wlad hon ers cenedlaethau.

Yr un teuluoedd a fu'n cynllunio'r rhyfeloedd, yr un dynion fu'n rhoddi addewidion i weithwyr am fyd gwell wedi'r Rhyfel. Pa fodd y credir y dynion hyn gan y werin dro ar ôl tro? Yn bennaf peth, y maent yn perchenogi a llywodraethu'r cyfryngau sy'n gwneud barn gyhoeddus. Y mae'r Wasg a'r Diwifr, Addysg a Chrefydd, y Darluniau Byw a'r Senedd, y pethau hyn at wasanaeth dyrnaid o ddynion; a thrwy'r pethau hyn llunnir barn gyhoeddus. Y maent hwy sydd wrth y llyw yn cymryd yn ganiataol nad ydyw'r mwyafrif yn meddwl dim drostynt eu hunain; cymrant eu syniadau am bethau drwy'r cyfryngau hyn; a chred y dyn cyffredin fod syniadau'r Diwifr am Rwsia mor gywir â'i syniadau am y Bêl Droed.

Nid damwain yw fod cyfalafwyr mawr wedi perchenogi papurau ac yn prynu Tai Darluniau Byw drwy'r wlad; drwy'r pethau hyn y rhoddir i'r werin syniadau eu hysbeilwyr. Hawdd sôn am weriniaeth a rhyddid. Nid yw'n bod. Ni chawsom ni oedd yn credu mewn gweriniaeth a heddwch yr un cyfle i ddefnyddio'r Diwifr a'r Darluniau Byw ac a gawsant hwy a'n harweiniodd i'r rhyfel. Pan fyddo gweithwyr Prydain yn pleidleisio dros y Torïaid am ugain mlynedd, does neb yn awgrymu fod twyll yn y peth. Pan bleidleisiodd gweithwyr y gwledydd Baltic dros Sofietau a gweriniaeth, pawb yn awgrymu mai twyll oedd y bleidlais. Beth sydd yn gwneuthur pleidleisio dros yr ysbeilwyr yn deg a phleidleisio dros wneud i ffwrdd â hwynt yn annheg?

Yr un modd y gwrthododd y Llywodraeth gydweithio â Rwsia i godi Ffrynt Unol yn erbyn y gwledydd Ffasgaidd. Dywedai yr arglwydd Hugh Cecil, pe bai Prydain wedi cydweithio â Rwsia mor ddiweddar ag 1939, gellid arbed y rhyfel. Ond gwrthod pendant fu hanes y Blaid Lafur a'r Llywodraeth. Pan dorrodd y rhyfel allan, y peth mwyaf naturiol i arweinwyr y Blaid Lafur oedd uno â'r Torïaid gan mai polisi'r Torïaid a gefnogwyd ganddynt ar hyd yr amser. Pan ddaw'n amser cyfaddas, a'r hen bwerau wedi eu cadarnhau, teflir allan yr arweinwyr hyn gan y Torïaid, a gobeithio'n fawr y bydd gwerin gwlad wedi gweld erbyn hynny nad ydynt o un gwerth fel arweinwyr i weriniaeth.

Dysgodd y bobl hyn eu crefft lywodraethu yn ysgol y Torïaid. Gwnaethant lawer o fudrwaith y Torïaid drwy garcharu dynion a oedd yn elynion i Hitler, a gollwng yn rhydd ddynion a fu ar hyd y blynyddoedd yn ffrindiau i Hitler. Ataliwyd papurau a fu'n arwain y frwydr yn erbyn Hitler, a chafodd papurau a fu'n arwain yr ymgyrch yn erbyn Rwsia lonydd i ymddangos.

Ffordd arall yw ffordd Gweriniaeth. Beth yw Gweriniaeth? Perffaith gytgord rhwng gwerin gwlad a llywodraeth gwlad. Llywodraeth gwlad yn cario allan ewyllys gwerin. Nid yw sicrhau pleidlais yn sicrhau gweriniaeth. Tra byddo'r cyfryngau sy'n creu barn gyhoeddus yn nwylo'r ysbeilwyr, gellir twyllo gwerin. Yr un dosbarth o ddynion sydd yn llywodraethu'r wlad hon heddiw ag oedd yn ei llywodraethu cyn i'r gweithwyr gael pleidlais. Bu rhywrai'n ymladd a dioddef er sicrhau pleidlais i weithwyr; ni feddyliodd y dynion hyn y byddai'r un dosbarth yn cael y bleidlais. Nid yn unig y mae'r un dosbarth yn llywodraethu, ond y mae'r un teuluoedd yn llywodraethu hefyd. Y mae enwau hen deuluoedd ers canrifoedd yn llywodraeth y wlad. Nid yw o bwys pa blaid fydd i mewn, y mae'r hen deuluoedd hyn i mewn o hyd yn Nhŷ'r Arglwyddi ac yn y Senedd. Felly, camgymeriad yw meddwl fod pleidlais yn golygu gweriniaeth .

Y gwir yw fod buddiannau gwerin yn groes i fuddiannau'r dyrnaid llywodraethwyr; felly amhosibl cael cytgord rhwng Llywodraeth a Gwerin. Heb gytgord nid oes weriniaeth. Pan fyddwyf yn sôn am weriniaeth bu meddwl am lywodraeth gwlad yn cario allan ewyllys gwerin gwlad fydd y syniad. Nid oes rhyddid i ddynion cyffredin heb weriniaeth.

Rhyddid barn, rhyddid gwasg, rhyddid llafar, rhyddid crefyddol, amhosibl cael hyn heb weriniaeth. Dywedir fod cyfraith Prydain Fawr yn amhleidiol; cyfraith i'r tlawd a'r cyfoethog fel ei gilydd. Y mae hynny'n wir mewn egwyddor, ond nid mewn gweithred. Y mae sicrhau cyfiawnder yn golygu fod pob dyn yn gallu apelio at Lys Barn fel ei gilydd. Ond gan fod costau'r gyfraith mor fawr, ni all neb ond a fedro fforddio talu mewn arian sicrhau cyfiawnder. Y mae cyfraith yn beth costus, ac fe'i gwnaethpwyd yn gostus i bwrpas; er i'r dyn cyfoethog fedru gwneuthur cam â'r dyn tax sy'n rhy dlawd i ddefnyddio'r gyfraith i bwrpas cyfiawnder. Y mae'r peth yn wir am ryddid.

Y mae rhyddid llafar gan ddynion. Gallant ddweud y peth a fynnont wrth ei gilydd, a chodi ar gornel y stryd i lefaru; ond faint yw nifer y dynion a glyw neges dyn felly? Nid oes yr un rhyddid llafar gan y Comiwnyddion ag sydd gan y Torïaid. Ni chafodd y Comiwnyddion ddefnyddio'r Diwifr erioed i fynegi eu polisi. Ac yn ystod y rhyfel pan fyddo'r mawrion yn atal papur dyddiol yr adain aswy'n llwyr, gallant, drwy gadw papur yn ôl, gadw'i gylchrediad yn isel iawn. Hynny a wneir heddiw. Nifer gymharol fach o ddynion sy'n darllen syniadau'r chwith. Dan weriniaeth bydd cyfryngau fel papurau dyddiol, y Diwifr a'r Synema ac addysg dan lywodraeth y gweithwyr, y mwyafrif. Defnyddir y cyfryngau hyn i bwrpas gweriniaeth wedyn.

Ar hyn o bryd defnyddir y pethau hyn i gamliwio gweriniaeth a pherswadio'r gweithwyr i roddi cefnogaeth i'r hen ffordd, a'r hen drefn a'r hen deuluoedd a'n harweiniodd i'r fath drychineb yn y gorffennol. Y casgliad naturiol yw hyn, os mai'r llywodraethwyr presennol fydd yn ben wedi'r rhyfel, eu hen drefn hwynt fydd gan y wlad, a chryn dipyn o'r rhyddid a oedd gennym cyn y rhyfel wedi ei gymryd oddi arnom. Y mae'r dynion hyn yn mynd at ddynion a'u twyllo ar linellau pethau sydd yn annwyl gan werin pob gwlad. Dywedir er enghraifft, fod Comiwnyddiaeth yn groes i Gristionogaeth.

"Ni ellir bod yn Gristion a bod yn Gomiwnydd" yw cri'r dynion hyn. Y gwir plaen wrth gwrs yw na all dyn fod yn Gristion oni byddo hefyd yn Gomiwnydd. Sefydlwyd y Gymdeithas Gristionogol gyntaf yn Jerusalem, gan ddynion a glywodd yr Iesu'n pregethu; yr oeddynt yn ei nabod ac yn gwybod beth oedd ei syniad am Gymdeithas felly. Pan aethpwyd ati i sefydlu'r Gymdeithas, un Gomiwnyddol ydoedd. Methiant fu'r arbrawf am nad oedd aelodau'r Gymdeithas yn Gristionogion. Aethant i mewn i'r Gymdeithas er clod ac elw iddynt eu hunain. Ond ni ellir gwadu i'r dynion a oedd yn nabod Iesu sefydlu Cymdeithas Gomiwnyddol. A ellir bod yn Gristion a chario ymlaen y rhaid i'r mwyafrif wneuthur?

A yw'n Gristionogol i filiynau gweithwyr y byd farw er cadw meddiannau'r gwŷr mawr, a hwythau gartref yn gwneud elw mawr o fwyd a dillad a thai a thir teuluoedd y dynion sy'n ymladd? A yw'n Gristionogol i losgi gwenith a chotwm a llaeth a gadael i blant bach fyw heb ddillad na bwyd? A yw'n Gristionogol i gadw'r glowyr yn segur, a gadael aelwydydd heb dân, a'r glo dan y ddaear, ym meddiant dyrnaid o gyfoethogion? Y gwir yw, nad oes lliw crefydd Iesu ar ein trefn gymdeithasol, ac y mae'n anghyfreithiol i ddynion fel y dysgwyd hwynt gan Fab y Dyn. Y mae crefydd pob gwlad yn adlewyrchiad o'i chyfundrefn wladol ac economaidd. Ni ellir cynnyrch Cristionogion gan drefn sy'n gwadu popeth a ddysgodd Iesu. Credaf fi, ac y mae'n amheus gennyf a fedr yr un diwinydd brofi'n wahanol, fod Comiwnyddiaeth yn wisg economaidd am ddysgeidiaeth Iesu.

Ffordd arall yw ffordd Gweriniaeth. Beth yw Gweriniaeth? Perffaith gytgord rhwng gwerin gwlad a llywodraeth gwlad. Llywodraeth gwlad yn cario allan ewyllys gwerin. Nid yw sicrhau pleidlais yn sicrhau gweriniaeth. Tra byddo'r cyfryngau sy'n creu barn gyhoeddus yn nwylo'r ysbeilwyr, gellir twyllo gwerin. Yr un dosbarth o ddynion sydd yn llywodraethu'r wlad hon heddiw ag oedd yn ei llywodraethu cyn i'r gweithwyr gael pleidlais. Bu rhywrai'n ymladd a dioddef er sicrhau pleidlais i weithwyr; ni feddyliodd y dynion hyn y byddai'r un dosbarth yn cael y bleidlais. Nid yn unig y mae'r un dosbarth yn llywodraethu, ond y mae'r un teuluoedd yn llywodraethu hefyd. Y mae enwau hen deuluoedd ers canrifoedd yn llywodraeth y wlad. Nid yw o bwys pa blaid fydd i mewn, y mae'r hen deuluoedd hyn i mewn o hyd yn Nhŷ'r Arglwyddi ac yn y Senedd. Felly, camgymeriad yw meddwl fod pleidlais yn golygu gweriniaeth.

Archifdy Bangor

Nid yw Comiwnyddiaeth yn proffesu dim ond trefnu pethau materol y byd. Hawlio safon uchel o foesoldeb cymdeithasol wrth drafod pethau materol y byd yw ei hamcan. Y mae crefydd yn dod i fywyd i hawlio safon uchel o foesoldeb i unigolion mewn pethau nad oes a fynnont â threfnu pethau materol y byd. Y mae Comiwnyddiaeth yn gweld nad oes neb yn cymryd y tir a'r glo a phethau felly oddi ar y werin. Y mae crefydd yn gweld fod unigolion y tu mewn i'r gymdeithas fawr yn delio â'i gilydd fel brodyr. Cymdeithas yn gweld nad yw unigolion yn ysbeilio'i gilydd o'r hawl i fyw yw trefniant Rwsia. Daw crefydd i mewn a gwneud unigolion yn frawdol a chyfiawn mewn pethau personol.

Yn Rwsia ni ellir cymryd yr hawl i fyw oddi ar ddyn drwg neu anffyddiwr. Yn y wlad hon y mae amryw gylchoedd pwysig yng nghau yn erbyn anffyddwyr. Ni all anffyddiwr fod yn frenin, er enghraifft. Gall dyn drwg fod yn frenin, ond ni all anffyddiwr.

Rhaid i ddyn yn y wlad hon wisgo amdano gochl crefydd. Mewn gwlad rydd fel Rwsia nid oes alw ar ddyn i ragrithio crefydd er cael swydd a gwaith. Y canlyniad yw fod crefydd yno yn golygu fod dyn yn ewyllysio, yn ei fywyd personol, fabwysiadu'r safonau Cristionogol wrth ddelio â'i gyd-ddyn mewn pethau nad oes a fynno'r gymdeithas fawr ddim â hwynt.

Y mae sôn am fateroliaeth ynglŷn â dyn sy'n ymwrthod â chrefydd, mor wrthun â sôn am fateroliaeth ynglŷn â'r dyn sy'n ymwrthod â cherddoriaeth. Nid yw ysgrifennu llyfr ar grefydd a gosod allan athroniaeth y grefydd Gristionogol neu ryw grefydd arall, yn taro yn erbyn Marcsiaeth, yn fwy na phe bai dyn yn ysgrifennu llyfr ar arluniaeth neu ryw adran arall o gelfyddyd. Y mae Stalin, a Lenin cyn hynny, wedi deall hynny'n llwyr. Methodd dynion fel Trotsky ac eraill weld dim ond gwrthrych erledigaeth mewn credinwyr.

Onid ydyw'r Comiwnydd yn byw fwy trwy ffydd na neb? Faint o ffydd oedd eisiau arnaf fi a'm bath ar hyd y blynyddoedd i gredu yng nghyfundrefn Rwsia fel un effeithiol a llwyddiannus? Mwy o ffydd nag oedd eisiau i gredu yn y ddiwinyddiaeth uniongred o lawer. Yr unig beth y mynnodd Lenin a Stalin ei gael oedd gweld nad oedd delfrydau unigolion yn ymyrryd dim â threfniant cymdeithasol y wlad. Mynnodd weld nad oedd crefyddwyr mwy na ffermwyr yn gallu defnyddio'r wladwriaeth i hyrwyddo eu buddiannau a'u syniadau hwy.

Bu cymaint o frwydr yn erbyn y *kulaks*, y ffermwyr mawr, ac a fu yn erbyn yr offeiriaid. Eiddo'r wlad oedd y tir a threfnu'r tir. Eiddo personol dynion oedd crefydd. Nid oedd hawl gan neb i ddeddfu mewn materion crefyddol ar arall, na hawl gan neb i gau dynion allan o freintiau cymdeithas oherwydd eu daliadau crefyddol. Dyna fi wedi crwydro, ac awgrymu'n fyr safle Rwsia ar bethau, ond fe gymrai gryn dipyn o amser i egluro'n llawn.

Llythyr at Awena Rhun (3 Tachwedd 1941)

Gelwais i weld Prosser heddiw, a dywedais fy mreuddwyd wrtho. Wedi'r rhyfel, os bydd y di-waith yn uchel, a chredaf y bydd gymaint ddeng waith a chyn y rhyfel, bwriadaf ofyn am ddarn o dir yn Rwsia i ffurfio gweriniaeth Gymraeg. Aeth y gweithwyr i'r Wladfa gan ddianc oddi ar un gyfundrefn ysbail i un arall gwaeth. Bu brwydro caled o'r dechrau yn erbyn noddi'r hen iaith. Yn Rwsia rhoddir pob cefnogaeth i'r iaith a'r gwrtaith Cymraeg, a rhoddir i ni ysgolion a cholegau yn ein hiaith, a bydd hynny'n gyfrwng i ddwyn i afael Rwsia ein gwareiddiad a'n gwrtaith meddyliol. Estynnir i ni bob help i ddatblygu ar ein llinellau cenedlaethol.

Y mae wedi addo rhoddi ysgrif ar y peth yn *Y Faner*. Byddaf fi yn rhy hen, ond carwn i rywun gymryd at y peth. Y rhai fydd yn credu yn Rwsia fydd y cyntaf i golli eu gwaith, a chredaf y gellir cael nifer mawr o deuluoedd yn awyddus i fynd. Bu'r peth yn troi yn fy meddwl ers blynyddoedd, ond yr oedd y rhagfarn a'r anwybodaeth am Rwsia yn debyg o wneud y peth yn fethiant. Erbyn hyn gŵyr dynion ddigon i anturio yno.

Bydd yn anodd bwrw'r werin yn ôl i'w hen syniadau am Rwsia. Gobeithio, os dywed y *Faner* air, y rhoddir allan yn glir fy syniad pam y gallai'r Cymry lwyddo yn Rwsia, er wedi methu yn Patagonia. Bydd yn rhaid dilyn y peth i fyny â llythyr oni bydd yn ddigon eglur. Beth yw eich barn chi?

Y mae lliw gwahanol i'r teip heddiw, am fod Neli wedi mynd â'r un arferol. Cefais hwnnw wrth ddod o'r Glais yn 1914 gan y Blaid Lafur, ac y mae cystal ag erioed. Gyda llaw, cefais wahoddiad i'r Glais i gyrddau pregethu yn Hydref 1944, ar fy mhen blwydd ac ar ben fy neugenfed flwydd o'm gweinidogaeth yn y Glais. Go dda, ac yr wyf yn falch iawn o'r gwahoddiad. Treuliasom ein blynyddoedd fel chwedl. Y mae'r stori ar ei hanner o hyd. A bydd ar ei hanner byth. Gobeithio y bydd y chwedl yn ddigon trefnus i rywun arall ei gorffen a chael y diweddglo'n daclus. Cofion gorau atoch.

Llythyr at Awena Rhun (15 Ionawr 1943)

5

Dyddiau Carchar

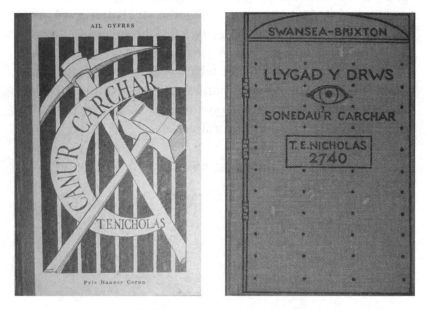

Y ddwy gyfrol a gyhoeddwyd wedi'r carcharu

YR UN DIGWYDDIAD mawr annisgwyl ym mywyd Niclas y Glais oedd ei garcharu ar gam, gan i hynny ei ddwyn i sylw'r genedl o'r newydd yn ogystal â chynnau ynddo o'r newydd yr awydd i farddoni yn ystod oriau du'r gell. Mae'r diolch am ei garchariad yn ddyledus i Brif Gwnstabl Sir Aberteifi, sef Capten J. J. Lloyd-Williams a oedd yn benderfynol o'i rwydo. Gwnaeth hynny o dan ddeddf newydd ei chyflwyno, 'Defence of the Realm Act' (DORA), a oedd yn caniatáu arestio pwy bynnag a amheuid o wneud datganiadau a allai beri pryder ymhlith y boblogaeth neu'r lluoedd arfog. Cafodd Niclas ei arestio yn Llanbrynmair, Sir Drefaldwyn, ar 11 Gorffennaf 1940, a'i gyrchu'n ôl i Aberystwyth, er mai'r arfer oedd cadw pwy bynnag a arestiwyd yng ngofal heddlu'r sir lle byddid wedi arestio.

Mae'r modd ciaidd y cafodd Niclas, ac eraill, eu croesholi gan y Prif Gwnstabl wedi'i groniclo yn y gyfrol *Ar Drywydd Niclas y Glais*. Anfonwyd Niclas a'i fab, Islwyn, a oedd hefyd wedi'i gymryd i'r ddalfa, i garchar Abertawe ac yn ddiweddarach i Brixton. Ymddangosodd y ddau o flaen tribiwnlys yn Ascot ymron dri mis wedi'u harestio. Cafodd Niclas gyfle i ddatgelu ei gyffes ffydd cyn i'r ddau gael eu rhyddhau heb eu cyhuddo o'r un drosedd.

Wrth reswm bu llythyru brwd tra oedd yng ngharchar ac wedi'i rhyddhau. Bu bwrlwm mawr yn dilyn cyhoeddi dwy gyfrol o sonedau a gyfansoddwyd tra oedd dan glo. Roedd y diolch am gyhoeddi'r gyntaf, *Llygad y Drws,* mor sydyn, ym mis Tachwedd 1940, yn ddyledus i Prosser Rhys, golygydd *Y Faner*, oedd â'i swyddfa yn Aberystwyth. Cyhoeddwyd *Canu'r Carchar* yn 1942. Nid rhyfedd fod llawer o'r llythyrau at Awena Rhun yn trin a thrafod y sonedau, yr adolygiadau ac yn cyfeirio at y galwadau di-ri i ddarlithio.

*　*　*

Number 2740
T. E. Nicholas
Swansea Prison
24 – 8 – 1940

Dear Awena Rhun,
Thanks for your letter. I had it some time ago. I liked the englyn – also the last couplet of the sonnet was good. I do not see the need of using English words, as the poet did in his sonnet. But

it was not bad. Yours was placed fairly high. Have you read the cywydd and the awdl? Have they published the successful poems this year? Well, that's another National Eisteddfod over. Have not seen the programme for next year, you must send me a list of the things that are of interest to me. Sonnet, lyrics, crown poem etc also names of adjudicators.

Here we are Awena, and we have adapted ourselves to the life. I spend my lonely hours reading and writing sonnets on a slate – and blot them out – and rewrite them so that I can remember some of them when this is over. I wonder if the slate came from Ffestiniog? What do the quarry men think of me penned up here? Every judge and magistrate, and every public man, preachers, priests, politicians etc should spend a few weeks at least in prison. They would be better for it, and they would see the futility of the whole thing as a means of improving men's character. It must be bad for those who do not read, thrown back on themselves.

How is ap Alun Mabon? Poor fellow, I hope he'll pick up before the winter months. How is he off financially? I wish I could send him something. I like his poems and when you think of it the long time he has been bad it is a marvel how he can write at all.

Here is a sonnet to a little sparrow that comes to the window. I wrote another one, and sent to Prosser. I think it is rather good. Here's another. Show it to Prosser.

> Unwaith canfum aderyn gwyllt yn curo,
>   adenydd esmwyth, llesg ar wifrau'i gell,
> Ei fynwes ar y ffiniau cul yn taro,
>   a'i gân yn llawn o gofio'i hendre bell.
> Difeddwl oeddwn am ei boen a'i hiraeth
>   a'i freuddwyd am fynyddoedd, gerddi a choed,
> Bwriwn i'w gawell cyfyng fwyd yn doraeth,
>   ac adrodd am ei gân, ei liw a'i oed.
> A dyma Llwyd y To yn dod i'r bariau,
>   aderyn cartref ar ei adain rydd,

A throi ei ben ac edrych ar fy nagrau
  a phigo'r gwydr im deffro ar wawr y dydd.
Efe yn rhydd – a minnau'n gaeth am dro,
Newid go fawr – Aderyn Llwyd y To!

Remember me to all the boys around your place and write soon.

You saw the 'Cymro' – I want you to send a word to the Editor on my behalf. Just this: "I wish to thank you for your article in the 'Cymro'. I shall write the first letter after my release to you, and express my thanks in a more appropriate way." Translate it – and give it to him as a message from me. Two letters a week we are allowed. So write to him, and give the message, as I cannot answer but few of my friends. When I write it, it will be a long letter – and he will be glad to get it after my long silence. I know you will do this for me. I told Llew Bowyer to write to you on my behalf, and explain how it was I had not written. No news. Islwyn is great, and we are having a good time together. We are with men of all nations in Europe; we are the only Welshmen here. Best wishes to you. It was fine to get a word from you. I am, till the day comes for my release as usual.

T. E. Nicholas
2740

Y mae llythyrau yn dod am y Sonedau. Chwi synnech y rhai sydd yn eu canmol i'r cymylau, ac yn meddwl mai dyna'r pethau gorau a ysgrifennais. Y gwir yw nad ydyw'r beirdd mawr wedi darllen fy llyfrau blaenorol o gwbl. Y mae 'Dros eich Gwlad' yn cynnwys pethau lawn cystal. Ond rhaid marw'n ifanc neu fynd i garchar cyn cael sylw. Y mae'r argraffiad bron â mynd os nad ydyw wedi mynd erbyn hyn. Da gennyf hynny er mwyn anturiaeth Prosser.

Byddaf eisiau i chwi ddweud wrthyf yr hanner dwsin gorau gennych yn y llyfr rhywdro. Y mae Dewi Emrys wedi pigo 'Y

Môr' fel y soned orau yn y llyfr. Credaf mai ei hacenion a'i swynodd. Y mae Sarnicol yn ei ganmol yn arw a Saunders. Saunders yn ei ystyried yn werthfawr fel hunan-ddatguddiad ac fel dyddiadur o fywyd yn y carchar. Y mae'r sonedau mwyaf personol heb eu cyhoeddi, a thrueni mewn ffordd na ellid papur i gyhoeddi'r cwbl. Byddai'n ddarlun lled dda o'm diddordebau meddyliol, ac o ddigwyddiadau bywyd bob dydd y carchar.

Yr wyf yn cymryd dipyn o seibiant oddi wrth ddarlithio hyd tua'r ail wythnos yn Ionawr, yna bydd cyfres go fawr. Cwrdd mawr yn Abertawe a Llanelli, a William Gallacher yno hefyd. Y maent wedi cymryd yr adeiladau mwyaf yn y ddau le beth bynnag. Tybed a oes rhyw drefniant i adolygu'r Sonedau yn y 'Rhedegydd'? Os daw rhywbeth allan, gyrrwch gopi. Dichon y gwnewch chwi. Nis gwn beth yw'r trefniant yng nghlyn â phethau o'r fath, a yw Prosser yn trefnu yntau beth.

A sylwasoch ar fy soned i'm 'Llechen'? Dywedaf hanes y llechen ar fy narlith, ond methaf yn fy myw a darllen y soned. Rhaid ei gadael ar ôl y pedair llinell gyntaf bob tro. Rhaid bod rhyw fan sofft ynof yn rhywle.

Llythyr at Awena Rhun (14 Ionawr 1941)

Annwyl Awena
Diolch yn fawr am eich llythyr rai dyddiau'n ôl. Nid wyf yn cofio a ddywedais wrthych hanes un o'm sonedau, sef 'Diddanwch Hwyr' tudalen 98?

Lluniwyd hi wedi derbyn eich llythyr chwi yn darlunio golau yn chware rhwng y grug, y llythyr hwnnw a oedd yn cyffwrdd â chalon dyn wrth ei ddarllen, ac yn bwrw darlun cyfan i'r meddwl. Dug y llythyr hwnnw yn ôl gof am fachlud arall. Pan yn lled ifanc yr oeddwn yng nghwmni brawd hŷn na mi yn croesi adref dros y caeau ar awr y machlud. Aeth y nef yn wenfflam i gyd. Lliw coch tywyll, tanllyd. Yr oedd yn lliw dwfn o gylch y gorwel a'r machlud, ac yna yn graddol oleuo yn groes i'r wybren i'r gorwel arall. Cofiaf yn dda i'm brawd ddweud yn ddisymwth, "Mae diwedd y byd wedi dod, gad i ni redeg adref." A rhedeg amdani. Hynny a'ch llythyr chwi roddodd fod i'r Soned sy'n gorffen, "Yr unig wyrth yw'r haul yn mynd i lawr".

Tybiwn fod gormodiaith yn y frawddeg, ac fod cyflwr fy meddwl wrth ddarllen eich llythyr chwi yn agored i dderbyn argraff ddofn, ac fod y cof am y "ddiwedd y byd" pan yn blentyn yn llai nag a feddyliwn. Ond tua mis Tachwedd diwethaf, a mi yn dod i lawr tuag Aberystwyth, gwelais yr un olygfa, a'r machlud mwyaf gogoneddus a welais erioed. Deallais wedyn nad oedd eich llythyr chwi ond *realism*, a "diwedd y byd" yn hollol fel y cofiwn ef. Pe heb weld y machlud wrth ddisgyn i Aberystwyth, buaswn wedi newid y llinell. Ond gwelais nad oedd galw, nad oedd ynddi ormodiaith o gwbl. Dywedai rhywun wrth Turner, paentiwr y cymylau a'r wawr.

Nid yw pobl Abertawe yn meddwl fod 'Terfysgoedd Daear' yn gerdd eithafol erbyn hyn. Y mae'r trychineb yn fawr yno a phan welodd Efe y ddinas ef a wylodd drosti. Cefais air oddi wrth Collwyn; yntau wedi gweld amser garw.

"Nid yw eich darluniau yn debyg i natur. Ni welais i wawr erioed yn debyg i'ch darluniau chwi".

Ateb Turner oedd, "Oni fyddai'n dda gennych pe gwelsech wawr felly?"

Bûm yn credu am luniau Turner mai "gormodiaith" oeddynt; ond deuai lliwiau "diwedd y byd" yn ôl i'm cof. Ac yr wyf yn sicr eich bod chwithau'n falch i chwi weld twyni Meirion drwy lygad y byddai Turner yn falch ohono. Dal gweledigaethau felly mewn cân neu ddarlun yw'r gamp fawr. Weithiau y digwydd hynny, ond pan ddigwydda, dyna ddarlun a chân dan ddwyfol ysbrydoliaeth.

Gair a ddywedodd fy nhad wrthyf ar fore llwydrewog yn y gaeaf, pan oeddem allan ar ôl y defaid. Ym mysg y twr defaid yr oedd dwy ddafad ddu; ac y mae plant, a mamau hefyd, yn hoff iawn o ddefaid duon. Y bore hwnnw yr oedd trwch o lwydrew ar y defaid duon nes ei gwneud yn wyn bron. Minnau yn gofyn, "Beth oedd ar y defaid duon?". A'm tad yn ateb, "Llwydrew."

Minnau'n gofyn yn hurt, "Beth od na fyddai ar y defaid gwyn?" A'm tad yn ateb, "Y mae ar y defaid gwyn hefyd, ond nad yw'n dangos arnynt hwy." Cododd y sylw yna o'r dyfnder, dros hanner can mlynedd, ac wele Soned a ddaeth i fod yr un pryd:

> Na wangalonna gyfaill, nid yw'r carchar
>   Yn cadw ond darn ohonot yn y gell;
> Eiddot yw cylch diderfyn nef a daear,
>   A'th farrau'n agor ar orwelion pell.
> Fe'th ddaliwyd di, a'th ffrindiau'n rhodio'n barchus
>   Er iddynt droedio ganwaith ar y ffin,
> A chellwair â phechodau trychinebus
>   Daear a chnawd, cyfeddach bêr a gwin.
> Fe'th ddaliwyd di a'th gloi a'th gosbi'n greulon.
>   A'th drin fel anferth o bechadur mawr,
> Heb gofio bod daioni'n llond dy galon
>   A dagrau ar dy ruddiau lawer awr.
> Mae bai ar bawb, tithau fel dafad ddu
> A llwydrew'r bore'n dangos ar ei chnu.

Ond ydyw cof yn beth rhyfedd, a digwyddiadau bach yn galw yn fyw hen bethau a lwyr anghofiwyd?

Cafwyd cwrdd da yn Rhos a chynulliad da yn Oswestry, ar waethaf y tywydd mawr. Byddaf yn Brithdir Dolgellau nos Iau. Cofion.

Llythyr at Awena Rhun (Chwefror 1941)

Annwyl Awena,

Byddai yn amhosibl cael cynulliad i ddarlith na dim oni bai i mi fod yn y carchar. Nid dod am y neges a wnânt ond i weld dyn a fu yn y carchar. Cafwyd cwrdd lluosog iawn yn y De nos Sul, heb fod ymhell o Abertawe, a'r dref honno wedi siglo'r cylchoedd. Ni cheisiaf ddweud dim am y difrod, ond i mi wylo bob dydd yn y car wrthyf fy hun, a chywilydd galw mewn tai am fod ôl dagrau yn fy llygaid. Daw'r plant bach ataf yn dorfeydd bob nos yn oriau cwsg, a'u dwylo bach, dwy law dde neu ddwy aswy, heb freichiau na chyrff, a'u hestyn ataf a gofyn am i mi ddal i bleidio drostynt, ac am atal y difrod. Daw eu hwynebau bach, clwyfus, heb gyrff, a cheisiant wenu arnaf drwy eu gwaed, a minnau'n deffro'n sydyn a chofio'r gyflafan, a chofio mor ddi-allu yr ydym heddiw.

Ar yr arweinwyr y mae'r bai; y mae'r werin bobl bron â bod yn unfryd dros heddwch. Gobeithio na ddaw'r bomiau tân a brynir ag arian Ffestiniog ac Aberystwyth yn ôl ar y bobl a'u cyfrannodd. Ar yr arweinwyr y mae'r bai am hynny hefyd.

"Gwae y bugeiliaid, y rhai sydd yn gwasgaru ac yn difetha defaid fy mhorfa medd yr Arglwydd." Oni ŵyr Roose mor anodd yw pethau heddiw i ddynion a merched â syniadau fel ni? Y mae Sir Aberteifi, Sir Henry Richards, wedi penderfynu cymryd gwaith y gwrthwynebwr cydwybodol oddi arnynt, yn yr ysgolion ac ar y ffyrdd; os gall hyn ddigwydd mewn Sir â thraddodiad mor dda ar bwnc heddwch, beth am siroedd eraill Prydain?

Yn y carchar yn Abertawe, yr oedd bechgyn o Holland; un wedi colli gwraig a chwe o blant drwy fomio Hitler. Ond yr oedd ei ysbryd yn llawn maddeuant, ac yn deall na fyddai pethau'n gwella dim wrth wneud yr un peth yn Germany. Wedi clywed hwnnw yn dweud felly, a chlywed y Caplain yn ymffrostio ein bod ni yn gwneud difrod mwy yn Germany, ysgrifennais soned a'i diwedd fel hyn:

Chwarddaf wrth wrando ar ei raffau celwydd.
 A throi tuag ato saethau sen a gwawd;
A gofyn: "Gyfaill annwyl beth yw'r aflwydd,
 Meddwl ac ystyr y ddieflig ffawd
A'th bennod di, luniwr y groes a'r gell,
 I ddweud y drefn mor bendant wrth dy well?

Teimlwn fod y morwr a'i foesoldeb gymaint yn uwch na'r Caplain. Dyna'r camwri mwyaf, yw carcharu'r morwyr hyn a gollodd bopeth wrth ddod â bwyd i Brydain, ac wedi colli'r cwbl, eu carcharu am nad oes ganddynt *passport*!

Dyma stori un nas cyhoeddwyd eto. I chwi ddeall y soned, rhaid i chwi gofio un peth. Pan elai'r seiren, gyrrid ni i'n celloedd yn y dydd. Ar hanner y cwrdd, neu ar hanner ein hanner awr o gerdded, yn ôl ar unwaith. Yna, yn y nos gyda fod y seiren yn mynd, diffoddid ein golau. Diffoddid yn Llundain bob nos am chwech, ac yna deuddeg awr o fomio ac ysgwyd y lle. Pe caem oleuni i ddarllen byddai yn well arnom.

Un bore Sul wedi'r bregeth, darllenodd y Caplain gylchlythyr oddi wrth y llywodraeth: "What to do in case of an invasion?" Chwi gofiwch ein bod dan glo ac yn y tywyllwch. Yr ateb oedd, "Stay Pwt!" Dyna'i syniad am jôc, darllen peth felly i ni. Cofiwch hefyd fod cadwyn gref wrth ei wregys yn hongian, ac agoriad wrthi, iddo fynd a dod i'r celloedd. Wele'r soned:

> Stay Pwt
> Wedi trychineb gweddi fer a phregeth
>   Rhoddid i ni newyddion byr a thwt;
> I ni, ferthyron caeth mewn cell a phenbleth.
>   Afraid oedd rhoddi'r cyngor doeth "Stay Pwt".
> Pan gochid y ffurfafen gan y fflamau,
>   A thywallt dychryn ar drigolion gwlad.
> A siglo'r lle gan fomiau'r awyrblenau
>   A tharo'r byd â dyrnod duwiau cad, –
> Rhoddid gorchymyn caeth i bob carcharor,
>   Pan ddelo'r tân, beidio a symud cam;
> A minnau'n methu'n lân â gweled hiwmor
>   Sefyll i farw'n dawel yn y fflam.
> "Stay Pwt". A'r drws o dan ei gadarn glo,
> A'r agoriadau wrth ei wregys o.

Bu Islwyn yn galondid mawr i mi wrth lunio'r sonedau. Cadwai i'm hannog i ddal ati. Ar y pryd nid oedd golwg am eu cyhoeddi, ac ni ddaeth i'm meddwl y digwyddai hynny hyd ddiwedd y rhyfel. Un tro, yr oeddwn yn ddigalon, ac yn meddwl, wêl neb byth yr un o'r rhain, beth gwell wyf o'u llunio? Ond deuai'r hen nwyd arnaf wedyn, a mynd ati i lunio un arall. Ac wele soned ar Greu:

Bu trafferth llunio Soned a'i chyhoeddi,
  A neb yn canmol crefftwaith sill na gair;
Nis lluniaf gân na phill byth mwy na'u rhoddi
  I'w trin yn ddibris fel baledi ffair.
Grëwr! Ti a luniaist fryniau a choedwigoedd,
  Deri tragywydd, blodau munud awr;
Cronnaist dy ddagrau rhwng ceulannau moroedd,
  A gosod fflach dy lygaid yn y wawr.
A siomwyd Di gan ddifaterwch dynion,
  Ac edifaru llunio byd mor hardd?
Y cenedlaethau'n rhodio megis deillion,
  A gadael moli gwaith dy law i'r bardd.
Eithr myn yr awen stofi'r gân a'i gweu,
A mynnu dithau heb ein diolch greu.

Llythyr at Awena Rhun (6 Mawrth 1941)

Heddiw amgaeaf gopi o'r *Heddiw* i chwi. Rhag ofn nad ydych yn ei weld yna. Y mae ynddo adolygiad (?) ar fy llyfr. Rhaid i mi gyfaddef i mi chwerthin yn aflywodraethus wrth ei ddarllen. Yn wir, y mae fy ochrau'n brifo heddiw wedi ei ddarllen neithiwr. Dywaid ar ddechrau'r adolygiad i mi "wadu Cristionogaeth fel crefydd". Ar y diwedd dywaid "Tybed a yw Gwenallt yn iawn pan ddywed i mi ymwrthod â'r moesoldeb Cristionogol?"

Y mae'n iawn iddo ef ddweud hynny; ond tybed a yw'n iawn i Gwenallt ddweud hynny? Ystyriaf yr adolygiad yr enghraifft orau o feddwl cymysglyd a welais ers tro byd. Y mae bron bob un o'r adolygwyr wedi darllen pethau i mewn i'm sonedau yn hytrach na thynnu allan bethau sydd ynddynt. Credaf nad yw'r ychydig a ddywaid am y sonedau yn rhoddi syniad clir amdanynt chwaith. Nid yw'n wir mai'r un meddylddrych sydd ymhob un. Y mae ynddynt, ar y cyfan, gylch go fawr o edrych ar bethau, a nifer lluosog o deimladau ac adweithiau wedi eu gosod allan. Wrth gwrs, y mae'r driniaeth, o raid, yn werinol. Pwnc o safbwynt yw hynny yn fwy nag o unrhywiaeth. Amgaeaf adolygiad o *Seren* y Bala hefyd. Y mae hwnnw yr un fath, ac eithrio'r paragraff cyntaf. Rhyw ailadrodd y rhagair. Ond dewisodd ddwy soned lled dda.

Daeth yr adolygwyr a'r hyn a dybient hwy yw fy syniadau, a barnu'r sonedau wrth a dybient oedd fy naliadau politicaidd. Yn lle chwilio am fy nghred a'm safbwynt yn y llyfr, gwasgwyd y llyfr i gadarnhau eu syniadau cyfeiliornus am fy nghred. Ac ni bu mwy o gyfeiliornad erioed, hyd yn oed pan fyddo dyn wedi marw ers canrifoedd. Os gwneir hyn â dyn byw, beth am ddyn sydd wedi marw ers tro? Credaf mai Gwenallt a gychwynnodd y beirniaid ar y llwybr dieithr. Nid am fy mod yn Farxydd yr ysgrifennais 'I'm Llechen', 'Cestyll Awyr', 'Lliwiau', 'Y Natur Ddynol', 'Rhyddid i'r Caethion', 'Troseddwyr', 'Un o'r rhai bychain hyn', 'Hiraeth', 'Cysur', 'Iâr fach yr Haf', 'Llwybrau Esmwyth', 'Y Môr', 'Dial', 'Blas', 'Cwmni'r Nos', 'Diddanwch Hwyr', 'Holi', 'Dwylo Dyn', 'Dolen', 'Y Cornant', 'Gweddi yn amser rhyfel', 'Gwaith eu dwylo', 'Yr Eglwys Sarn', 'Dial', 'Ffrind', 'Diolch'.

Yn wir, nid oes yn y llyfr ond nifer bach iawn o bethau Marxaidd fel y cyfryw. Cymerir y safbwynt Marxaidd, a dyna i gyd. Credaf i'r adolygwyr golli cyfle braf i'm hadnabod yn y canu hyn, pe heb gymryd pethau yn ganiataol. Daethant at y llyfr a'u meddyliau yn llawn syniadau cyfeiliornus, syniadau a gawsant ar y diwifr ac ym mhapurau cyfalafwyr, am ddynion fel fi sydd yn sefyll dros heddwch a thros y gweithwyr. I symio popeth i fyny:

Y mae sefyllfa beirniadaeth lenyddol yng Nghymru yn drychinebus. Nid oes gan ysgrifenwyr syniad am werthoedd pethau. Nid wyf yn achwyn ar diffyg canmoliaeth, rhoddwyd hynny yn weddol hael; ond y mae dirnadaeth y beirniaid o bethau yn blentynnaidd ac arwynebol. Y mae deall neges bardd yn bwysicach na'i ganmol. Dyna ddigon am y sonedau. Gyrrwch *Heddiw* yn ôl rhag na chaf gopi arall. Wele amlen i'r pwrpas. Nid rhaid gwylltio, pan fyddwch yn gyrru gair.

Llythyr at Awena Rhun (29 Mawrth 1941)

Diolch am lythyr J. R. M. Cyd-olygaf ag ef am deitlau'r sonedau. Buaswn yn hollol barod i dderbyn pob un. A phe bai wedi awgrymu teitl yn lle 'Y Bugail Drwg', dichon y gallwn dderbyn hwnnw. Wrth gwrs, nid ydynt yn welliant mawr, ond nid oes gennyf ddim yn eu herbyn fel y maent ganddo.

Y mae off the map yng ngwaelod yr ail tudalen a phen y trydydd tudalen. Y mae'n camesbonio Marx a minnau. Y mae'n meddwl fod dilynwyr Marx yn faterol i'r carn ac heb feddwl am ddim ond pethau'r byd hwn. Nid mynd yn groes i'm credo oeddwn wrth ganu fod blodau'r eithin a rhosynnau'r marian yn fwy eu gwerth pan ddelo dydd y praw.

Y mae rhyw bethau mewn bywyd sydd yn uwch yn ein golwg na'r aur a'r arian; ac y mae'n colli'n fawr pan gred fod gwerthfawrogi'r pethau hyn yn gwneud dyn yn fodlon ar y byd fel y mae heddiw. Nid oes gan y mwyafrif amser i feddwl ond am agweddau materol bywyd. Pleidiaf chwyldro er mwyn dwyn i afael pawb amser a llonyddwch i feddwl am bethau uwch na bwyd a dillad.

Cytunaf ag ef am amryw bethau, sef fod y sonedau braidd yn undonog. Ond bywyd go undonog oedd yr eiddof fi ar y pryd. Credaf eu bod yn mynegi hynny drwy wneud y sonedau a'r mesur yn undonog. Y mae'n colli wedyn pan gred mai rhagfarn sydd wrth wraidd sonedau 'Pechaduriaid' ac 'Yr Offeiriad'.

Credaf yn sicr nad oedd y carcharorion yn waeth na'r dynion o'r tu allan. Gyrrwyd y rhan fwyaf yno am feddwi gan ynadon a oedd yn yfed mwy o gwrw na hwynt. Am yr offeiriad, os oes rhywbeth wyf yn gashau â chas calon, y dyn sydd yn honni hawl i fynd rhwng dynion eraill a Duw yw hynny. Nid oes yn y sonedau ddim ond y peth a deimlwn yn angerddol ar y pryd. Adwaith i gyflwr y funud awr ydynt, a llawer o wrthdaro rhwng un soned a soned arall. Nid yw hynny yn ddim ond peth sydd yn naturiol.

Credaf fod Dewi Emrys yn nes i'w le nag ef yn ei ddiffiniad o bropaganda. A chredaf hefyd, i Dewi mewn gofod brin, roddi gwell esboniad ar y sonedau na Gwenallt. Nid yw bardd yn cofio ei fod yn Fethodist na rhyddfrydwr na chomiwnydd.

Y mae lliw argyhoeddiad dyn ar y cyfan, ond heb fwriad. Byddai'n amhosibl i mi glodfori tirfeddianwyr neu offeiriaid, er enghraifft. Ond nid yw'n amhosibl i mi garu blodau'r eithin a rhosynnau'r marian. Wrth garu'r pethau hyn nid oes gwrthdaro rhwng hynny â'm cred, ond byddai canmol tirfeddianwyr yn taro yn erbyn fy holl athroniaeth. Cyfyd anhawster J.R.M. o'r ffaith nad yw wedi llwyr ddarganfod ei hunan na deall ystyr Marxiaeth yn llawn. Cafodd Gwenallt ei hun yn yr un twll.

Gwell gennyf, o lawer iawn, drosiad Wil Ifan. Beth a ddywedwch chwi? Fel y dywaid, rhaid i'r dyfodol farnu'r sonedau hyn ar eu teilyngdod. Ond credaf hefyd y bydd rhaid i'r dyfodol gymryd ystyriaeth iddynt gael eu cyfansoddi o dan amodau go ryfedd. Buasent yn amhosibl oni bai am y carchar.

Wel, dyna ddigon. Am gyhoeddi'r adolygiad, fel y mynnoch chwi. Wrth gwrs, nid beirniadaeth sydd ganddo, ond ei adwaith bersonol i'r holl waith. Y mae gwerth mewn peth felly, ond iddo beidio â disgwyl i'm syniad i fod yr un fath â'i eiddo ef am bethau. Mewn gair, nid oes gan feirniad hawl i feirniadu syniadau bardd, fel y dywaid Dewi, ond gall hawlio i fardd fynegi ei syniadau fel bardd ac yn grefftus.

I mi, Pantycelyn yw bardd mwya'r byd. Anghytunaf â thri chwarter ei syniadau. Ond yr wyf yn dotio ar ei holl weithiau, am ei fod yn mynegi'r cyfan fel bardd. Nid wyf yn cyd-weld chwaith am y teitl i'r dyn du. Credaf fod benthyca'r frawddeg o Ganiadau Solomon yn well na'i galw yn 'Gymrawd'. Gall dyn gwyn fod yn gymrawd yn yr ystyr orau i'r gair. Ceisiwn ddangos fod y dyn du yn gymrawd. Rhyw hogen ddu a lefarodd y geiriau wrth Solomon, i ddangos fod prydferthwch yn fwy na lliw. Chwi welwch i mi weithio stori gormes a hiwmor yr holl hil Negroaidd i mewn i'r soned. Dyna wneud defnydd o frawddeg adnabyddus i bwrpas bardd ac i bwrpas propaganda os mynnwch, o blaid y dyn du.

Rhaid terfynu, Awena, rhag eich blino. Buaswn yn hoffi cael ymgom â J.R.M. am lawer o bethau. A buaswn yn hoffi diolch iddo am drafferthu darllen a meddwl uwch ben y sonedau.

Dywedaf stori dda am gadeirydd a gefais yn ddiweddar, os cofiaf rhyw dro; 'Soniadau'r Carchar' y galwai efe hwynt, a chyfieithodd y peth er mwyn yr anllythrennog, yn 'Prison Rumours'. Wedi i mi siarad am awr a thri chwarter, aeth gartref heb wybod i mi fod yn y carchar ac i'r llyfr gael ei ysgrifennu yno. Os caf amser, lluniaf ddarlith ar 'Mr Cadeirydd'. Cefais gannoedd ohonynt, rhai gwael a rhai da.

Cofion gorau atoch.

Llythyr at Awena Rhun (20 Tachwedd 1942)

Da gennyf eich bod wedi gyrru am fwy o lyfrau. Y maent yn gwerthu yn dda, er na ddaeth gair bron yn unlle. Yr wythnos hon y gyrrwyd copïau i'w hadolygu, medd y cyhoeddwr. Bu siarad arnynt am bump o'r gloch nos Fercher yn y rhaglen Gymraeg, a sylw caredig yn ôl y rhai a'i clywodd. Ni chlywais i ddim. Y mae saith cant wedi mynd efo mi, heb i mi anfon archebion mawr, gyrraf y rhai hynny i Landyssul. Gwerthais bump ar hugain yn Gwynfe, 64 yn y Glais, a deunaw yn Llwynypiod.

Y mae gennyf eto o hyn i'r Nadolig lawer o ddarlithiau, a chefais addewid bendant neithiwr y bydd ailargraffiad ar unwaith. Cefais amser hyfryd yn y Glais, cynulliad mawr iawn, y llawr a'r galeri yn llawn, a chadeirydd heb ei fath. Drwyddo ef y gwerthwyd y llyfrau, gwnaeth sylw ar i bawb brynu cyfrol yn rhodd Nadolig i ffrind. Dywedodd hefyd eiriau caredig a glywsai R. T. Jenkins yn ddweud mewn ysgol haf am y tlawd hwn. Da oedd clywed hynny ar dro. Plant bach yr arferwn chwarae llawer â hwynt wedi tyfu'n fawr, ac yn glynu wrthyf i'm llety ac hyd hanner nos. Nid oedd yno lawer o wynebau a gofiwn, wyth mlynedd ar hugain yn gwneud gwahaniaeth mawr.

Bum yn Gwynfe hefyd, a Gwynfor Evans yn y gadair; cynulliad mawr yno ar nos Sadwrn. Rhai yn cofio fy ymweliad 42 o flynyddoedd yn ôl a chofio testunau fy mhregethau! Hynny'n syndod mawr, am fod y cwbl wedi mynd dros gof gennyf fi. Y pryd hwnnw, anodd oedd cael y gynulleidfa i mewn i'r capel, y mae'n hanner a thri chwarter gwag yn awr, a'r ysgol Sul wedi marw'n llwyr. Nos Sadwrn yr oedd yno dyrfa, ond dydd Sul yn denau iawn. Nid oeddwn yn cofio fawr. Cofiwn am y lle a gadwai'r mis. Gwraig ieuanc wedi claddu ei gŵr a dwy hogen fach. Erbyn hyn yr oedd yn hen wraig, ac yn ddiacones yn y capel. Y mae amser yn gwneud ei ôl ar ddyn.

Llythyr at Awena Rhun (28 Tachwedd 1942)

Bûm yn hir y tro hwn o ddiffyg amser. Wedi gwella yn iawn. Darlithio nos Lun yn Llwyngwril, a lle llawn a gwerthu 42 o lyfrau. Nos Fawrth yn Aberystwyth efo'r C.M. a gwerthu 19. Nos Fercher yn Llandderfel a gwerthu 30 o lyfrau. Go dda, onide? Ac yn wir yr oedd tyrfa fawr ymhob lle. Y capel yn llawn yma yn Aber, ac yr oedd y capel wedi benthyca'r Neuadd yn Llanerfyl, ac yr oedd bron â bod yn llawn.

Nid wyf wedi blino dim yr wythnos hon. Cychwyn fore Sadwrn i Llanddulas ar gyfer y Sul a nos Lun. Cwrdd pregethu yn ymyl Machynlleth Sul wedi'r Nadolig; mynd i Lwynhendy yn ymyl Llanelly nos calan, oddi yno fore Sadwrn i Crewe i ddarlithio a phregethu. Dyna ddiwedd y flwyddyn i chwi. Pan yn cael awr neu ddwy adref, y mae cynifer o lythyrau sydd yn rhaid eu hateb, fel yr ydych chwi yn gorfod aros! Chwi ddeallwch pam wedi gwybod y cyfan am y teithio. Diolch am gywiro'r gyfrol, gwelsoch beth na welswn i. Y mae'n mynd yn ôl heno i'r printer i baratoi ar gyfer ailargraffiad.

Yn ôl eich awgrym gyrraf bobo gopi i'm cyfeillion ffyddlon yna. A chaneuon Gwenallt i chwithau. Rhowch eich beirniadaeth arno, a chewch fy marn innau'r tro nesaf pan fydd hamdden. Maddeuwch lythyr byr, nid o ddiffyg awydd ond o ddiffyg amser. Nadolig Llawen i chwi. Hyderaf yrru gair cyn y flwyddyn newydd.

Llythyr at Awena Rhun (16 Rhagfyr 1942)

6

Yr Ail Ryfel Byd

Codi'r Faner Goch wedi goresgyn Berlin

ERS CANOL Y tridegau yr oedd Niclas wedi darogan fod rhyfel wrth y drws. Yn ei farn ef, ymarferion ar gyfer rhyfel mwy oedd ymyrraeth Hitler a Mussolini yn 'Rhyfel Cartref' Sbaen. Ymfalchïai fod nifer o wirfoddolwyr o Gymry wedi ymuno â'r Frigâd Ryngwladol i gynnig cymorth i'r Gweriniaethwyr yn eu brwydr yn erbyn y Ffasgydd Franco. Wedi'r gyflafan lluniodd Niclas gerdd i gofio un o'r bechgyn a laddwyd yn Sbaen ac y mae yna gopi o'r soned ar y plac a osodwyd i gofio eu haberth yn Llyfrgell y Glowyr yn Abertawe.

Gofid mawr Niclas yn ystod y cyfnod oedd ymateb llugoer

Ffrainc a Phrydain i dwf Ffasgiaeth yn Ewrop. Yr oedd Stalin yn dal i wasgu am gytundeb rhyngwladol i wrthsefyll grym yr Almaen ond prin oedd y rhai a oedd yn barod i gydweithio gyda'r Undeb Sofietaidd. Araf iawn oedd y drafodaeth a drefnwyd ar y pwnc, mor araf nes i'r hanesydd adnabyddus A. J. P. Taylor nodi: 'No alliance has been pursued with less enthusiam.' Y canlyniad oedd i Stalin drefnu cytundeb dwyochrog gyda Hitler ym mis Awst 1939, cytundeb y cyfeirir ati fel y 'Molotov-Ribbentrop Pact'.

Mae haneswyr yn dal i ofyn pam y gwnaeth y fath beth, ond blaenoriaeth Rwsia oedd gosod darn o dir neb rhwng ei ffin ac ymestyniad yr Almaen. Syfrdanwyd y byd gan y datblygiad, ac ym Mhrydain yr oedd yna anesmwythyd mawr yn y Blaid Gomiwnyddol. Nid oedd ei Hysgrifennydd Cyffredinol, Harry Pollitt, yn barod i gefnogi'r datblygiad ond, yn dilyn pleidlais ar y mater, derbyniwyd y tro pedol a bu rhaid i Pollitt ymddiswyddo. Ymddengys fod Niclas hefyd yn barod i ddilyn y 'lein newydd' ond ni chlywid llawer ganddo ar y pwnc naill ai cyn neu wedi ei garchariad.

Yn ffodus cafodd modd i ddianc o'r cyfyng-gyngor ym Mehefin 1941 pan ymosododd yr Almaen ar Rwsia yn 'Operation Barbarossa'. Llethwyd trefn cyfathrebu'r Fyddin Goch ymhen ychydig ddyddiau ac erbyn canol mis Gorffennaf yr oedd yr Almaenwyr wedi cyrraedd cyrion Kiev. Lladdwyd miloedd yn yr ymosodiad ac fe losgwyd cnydau a phentrefi dros ardal eang. O dipyn i beth sugnwyd mwy o wledydd i ryfel a oedd i amgylchu'r byd, gan gynnwys yr Unol Daleithiau, ar Ragfyr 7 1941. Cyn diwedd y brwydro amcangyfrifwyd fod 80 miliwn wedi eu lladd gan gynnwys 27 miliwn o'r Undeb Sofietaidd. Wrth i'r rhyfel ddod i ben cymerai Niclas pob cyfle i sôn am aberth Rwsia yn ystod yr Ail Ryfel Byd cyn ychwanegu, 'Oni bai am Stalin ni fyddai Cymru'n bod.'

Dengys y llythyrau a ddanfonodd Niclas i'w gyfeillion yn ystod y rhyfel ei fod yn dilyn hynt y brwydro gyda diddordeb fforensig. Mae'n rhaid mai o'r papurau dyddiol y cafodd y wybodaeth ond yr oedd hefyd yn hen law ar ddarllen rhwng y llinellau. Fel heddychwr, syndod gweld fod ganddo gymaint o ddiddordeb yn strategaeth y brwydro ac yn deall fod rhaid trefnu pob symudiad yn ofalus.

Mewn llythyr ar ôl llythyr gwelwn ef yn galw am ail ffrynt yn y Gorllewin i leihau'r gwasgedd ar y Fyddin Goch. Pan ddigwyddodd hyn yn yr Eidal yn 1943 yr oedd yn feirniadol iawn o'r diffyg paratoi a diffyg ymroddiad yr Unol Daleithiau. Yr oedd o'r farn fod yna ddiffyg adnoddau i gynnal y fenter a oedd yn siŵr o arwain at fwy o golledion yn y man. Dyna a ddigwyddodd pan laniodd byddinoedd Prydain a'r Unol Daleithiau yn Salerno ym mis Medi 1943. Wedi gweld fod yr Eidalwyr wedi ildio yn rhwydd yn y de disgwylid cyrch cyflym ond nid felly y bu. Yr oedd gwrth ymosodiad byddinoedd yr Almaen yn un ffyrnig ac fe gollwyd miloedd cyn cario'r dydd.

Yn ddiweddarach yr ymfalchïai yn llwyddiant ysgubol y Fyddin Goch ond yr oedd yn dal i achwyn bod gwleidyddion y Gorllewin yn dal i simsanu am eu bod 'Eisiau concro Hitler a chadw'n fyw drefn a ffrindiau Hitler ymhob gwlad'. Trwy gydol y Rhyfel yr oedd yn feirniadol o Blaid Cymru, gan sylwi fod yna griw bach a oedd yn bleidiol i wleidyddion yr asgell dde. Cofiai fod Saunders Lewis, a gyfrannai golofn 'Cwrs y Byd' yn wythnosol yn Y Faner, wedi cynnig llwnc destun i'r Cadfridog Franco yn ystod y tridegau ac yr oedd yn ddrwgdybus o ddylanwad cudd y Babaeth. Soniai yn ei fynych lythyrau at Awena Rhun ac Evan Roberts am unigolion eraill fel D. N. Pritt, y bargyfreithiwr a'r Sosialydd, a fu'n ei amddiffyn yn y tribiwnlys yn Ascot, ac at Rhys Davies AS, Westbroughton, Manceinion, o Langennech yn wreiddiol, ac at arweinwyr gwleidyddol y cyfnod sy'n enwau lled gyfarwydd.

Cawn gyffyrddiadau personol at ei brysurdeb fel darlithydd a'i gyhoeddiadau crefyddol yn ogystal â'i ddadansoddiad o swyddogaeth y drefn ysbail yn y rhyfela, a'r hyn a ystyriai fel Brad Munich pan wrthododd Neville Chamberlain, prif weinidog Prydain, a'i gymar yn Ffrainc, Edouard Daladier, fanteisio ar y cyfle i drechu Hitler, gan roi iddo ran helaeth o Tsiecoslafacia yn y gobaith o'i ddyhuddo.

Ond os oedd Niclas yn gweld Winston Churchill, prif weinidog Prydain, fel ymgorfforiad o'r diafol yn ei ddatganiadau am bobloedd yr India ac Affrica, wrth iddyn nhw fynnu eu rhyddid, roedd yn barod i gydnabod mai arweiniad Churchill oedd yn bennaf gyfrifol am ddirwyn yr Ail Ryfel Byd i ben. Serch hynny, ni fyddai'n fyr o'i gondemnio yn ei bregethau, a'r un modd y teulu brenhinol, fel cynheiliaid y drefn ysbail a segurwyr.

* * *

Weithiau tyr rhyfel allan yn ddisymwyth; ond am y rhyfel hwn, bu paratoi ar ei gyfer am flynyddoedd, a'r gwledydd mawr yn cynllunio a chynllwynio'r ffordd orau i ddinistrio gweriniaethau. Pan dorrodd y rhyfel allan gwelwyd ar unwaith nad oeddem yn barod i gario'r gwaith ymlaen. Yr oedd y Prifweinidog wedi dweud yn 1938 fod y gallu milwrol a oedd Prydain yn ei godi yn "ofnadwy" (*terrifying*). Dywedodd ysgrifennydd rhyfel yn 1939 fod y fyddin Brydeinig yn Ffrainc wedi ei harfogi yn well nag unrhyw fyddin a yrrwyd allan o'r wlad hon erioed. Yn 1940 credai'r prifweinidog fod ein gallu milwrol yn ddi-ben-draw, ac ychwanegu fod "Hitler wedi colli'r bws". Dywedodd y Cadfridog Ironside wrth y byd yn 1940, "Deued Hitler ymlaen; yr ydym yn barod amdano."

Credai'r arweinwyr milwrol a politicaidd ein bod yn hollol barod i gwrdd ag unrhyw elyn, a'n byddin wedi ei harfogi'n berffaith. Ond buan y gwelwyd nad oedd hynny'n wir. Pan ddechreuodd yr ymladd yr oedd gan Hitler bedair awyren am bob un i Brydain; dywedai'r Arglwydd Gort mai tri ar hugain o danciau oedd gennym yn Ffrainc a gynnau o'r flwyddyn 1918. Dywedai Churchill nad oedd gennym ond hanner cant o danciau yn y wlad hon wedi Dunkirk. Os gwir hyn, pa beth a ddaeth o'r arian a wariwyd ar arfau rhyfel ar hyd y blynyddoedd? Cafodd rhywrai eu talu'n dda am weld ein bod yn barod; ni chofiaf i'r un ohonynt gael ei alw i gyfrif am esgeuluso'i waith.

Gwariwyd gennym yn y tair blynedd cyn y rhyfel ddwy fil o filiynau o bunnau ar arfau, a thrychineb mawr oedd cael ein hunain heb arfau pan ddaeth y rhyfel. Pan oedd arfau mor brin, llwyddodd Chamberlain i yrru tanciau a gynnau mawr a gynnau peiriannol i Finland i ymladd Rwsia. Gellir dweud i'r bobl a oedd yn gyfrifol am ochr filwrol y wlad fethu yn druenus, a'n milwyr yn eu cael eu hunain heb arfau.

Trwy'r bradychu yn Munich, cafodd Hitler heb golli yr un milwr, bedwar cant a thrigain a deg o danciau, pum cant o ynnau gwrth-awyrlu, a tair mil a deugain o ynnau peiriannol. Cafodd Hitler y pethau hyn am ddim, ac nid oedd gennym ninnau ddigon o arfau i'r milwr wedi gwario dwy fil o filiynau! Beth oedd yn cyfrif am hyn? Anallu'r gyfundrefn economaidd i drefnu a gwario'r arian. Aeth y rhan fwyaf o'r arian yn brofit i gwmnïoedd.

Archifdy Bangor

Nid yw pethau'n mynd yn rhy dda yn Libya. Ni bu gennyf ffydd o gwbl y gellid gwneud llawer yno, ac ni bu fy ngorfoledd yn fawr am lwyddiant y gorffennol yno. Amhosibl i'r rhai sydd wrth y llyw wneud dim o wir werth; nid oes ganddynt ddychymyg na dewrder. Y mae'r bechgyn yn iawn pe caent wared ar eu swyddogion meddw a dall. Ymladd i ddad-wneud camgymeriadau'r llywodraethwyr a wneir ymhob man yn awr. Hyd yma nid ydynt wedi gwneud dim sydd wedi troi allan yn dda. Y mae miliynau yn yr India heb arfau, a brodorion Malay. Dynion dieithr sydd yno yn ymladd o Awstralia a mannau eraill, ac nid y brodorion sy'n gwybod am lwybrau dyrys y wlad.

Tebyg i chwi sylwi mai fel yna y gwneir. Mynd â bechgyn Cymru i'r Alban, a dod â bechgyn yr Alban i Gymru. Pe digwyddai ymosod, byddai'r bechgyn yn gallu gwneud yn well mewn gwlad y maent yn nabod. Ond yn awr gwelaf mai Americaniaid fydd yma, a'n bechgyn ni ym mhellteroedd y byd. Bydd yr Americaniaid yn debycach o chware gêm y llywodraethwyr yn erbyn gweithwyr y wlad hon be digwyddai rhywbeth.

Oni ddaw rhywbeth buan bydd Singapore wedi mynd ac Awstralia. Ymddengys fod y wlad hon yn taro yn ofnadwy o drwm ar y Japs ar dir a môr ac awyr; ond cilio yn ôl a wnânt! Yr wyf yn gobeithio ac yn disgwyl y bydd newydd go fawr o Rwsia gyda hyn.

Darlithio i'r Indiaid yn y Coleg nos Lun diwethaf, Saunders Lewis oedd i fod, ond iddynt fy ngwahodd i i'r cwrdd, a gofyn os caent holi ambell gwestiwn i mi. Ni throdd S.L. i fyny; felly bu'n rhaid i mi siarad. Rhoddais fy syniad am ryddid gwlad. Nad yw o werth estyn annibyniaeth wleidyddol i India a gadael hawl i'r Tywysogion Indiaidd i ysbeilio'r gweithwyr. Dileu'r gyfundrefn ysbail yn unig a all ddod â rhyddid llawn i genedl. Nid yw'r gwahaniaethau mewn crefydd a dosbarth yn fwy nag oedd yn Rwsia; datryswyd y broblem yno drwy sefydlu cyfundrefn gyfiawn heb wneud cam ag un genedl.

Bu yno holi mawr ar y diwedd gan y dynion gwyn, ac yn bennaf gan aelodau o'r Blaid Lafur. Yr oeddynt hwy yn druenus iawn. Ond yr oedd pob un o'r Indiaid yn gampus a dywedwyd yn blaen mai adeg y Llywodraeth Lafur y bu'r gorthrwm mwyaf ar India.

Yr oeddwn yn Talybont, Ceredigion, nos Fercher, cynulliad mawr a chasgliad o 75/- i'r Red Cross, ei hanner i Groes Goch Rwsia. Daw ceisiadau yn awr am ddarlith ar Rwsia o lawer man. Dim hwyl siarad ar Rwsia rywsut, ond rhaid gwneud. Byddaf yn Nantmor nos Sadwrn, Bob Owen yn y gadair. Yn Maentwrog nos Lun, mynd yno oddi wrthych chwi, a dyfod yn ôl efo chwi efallai. Chwi sy'n gwybod hynny. Awn i weld R. Wyn a J.O.

Ni ddaeth fy llythyr allan yn *Y Faner*, dichon y daw yr wythnos nesaf.

Canmolir eich cân yn fawr gan feirdd y wlad a gwrddaf. Nid oes rhagor hyd oni welaf chwi. Dof drosodd mor fuan ag y codaf a chychwyn allan yn y bore. Cofion gorau.

Llythyr at Awena Rhun (28 Ionawr 1942)

Nid yw pethau'n symud mor gyflym yn India ag y carwn. Y mae yna amryw bethau yn gwrthdaro yn yr helynt. Y mae Prydain eisiau cadw llwyr annibyniaeth hyd ddiwedd y rhyfel; ystyr hynny yw fod hawl gan Brydain i ddefnyddio India a gweithwyr India i'w phwrpas ei hun hyd y diwedd. Y mae India o'r ochr arall yn fodlon amddiffyn ei thiriogaethau, ond eisiau trefnu hynny yn ei ffordd ei hun ac i'w mantais ei hun. Gall Prydain fynnu mynd ag adnoddau India mewn dynion a stwff i ymladd o'r tu allan i India. Y mae hynny yn wahanol i adael India i ddefnyddio'i dynion i amddiffyn eu gwlad. Dyna'r taro sydd. Yr wyf fi yn ochri efo India.

Yn Burma collasom hel y brodorion drwy wrthod iddynt unrhyw ryddid. Bellach taflasant eu gallu o blaid Japan. Gall hynny ddigwydd yn India os na symudir yn gyflym. Y mae Prydain yn ceisio gwneud yn India yr hyn a wnaethpwyd yn Iwerddon, cadw darn o India, fe'i gelwir yn "lleiafrifau", o dan nawdd Prydain o hyd. Bydd hynny yn golygu helynt diddiwedd yno am amser hir. Credaf mai'r peth gorau i ni ar hyn o bryd fyddai estyn llwyr ryddid i India, ac apelio am ei help yn y Dwyrain Pell. Aeth dydd y gorfodi drosodd yn ddiddadl.

Y mae Gandhi yn basiffist, ac nid yw'n hoffi'r syniad o ddefnyddio India i ymladd brwydrau Prydain, er y credaf y byddai'n barod i amddiffyn India rhag pob ymosod. Y mae cymryd yn ganiataol na all India ddatrys ei phroblemau heb help Prydain yn chwerthinllyd. Gallai gweithwyr anllythrennog y wlad drin pethau'n well na'r dyn gwyn, ond rhoddi lles India yn gyntaf.

Deil Rwsia ei thir a deil i daro yn o drwm. Y mae ganddi waith mawr. Os daw Bwlgeria i mewn bydd ei gwaith yn fwy o lawer am dro, er y credaf y bydd anniddigrwydd mawr yn Bwlgeria hefyd. Bydd hynny yn help i ddechrau torri pethau i fyny, fe ddichon.

Nid wyf yn credu bod Rwsia yn awyddus i ennill tir yn ôl yn gymaint â dinistrio byddin Hitler. Dyna'r peth mawr, gwneud ymosod ar raddfa fawr yn amhosibl pan ddelo'r gwanwyn. Y mae'r ychydig fisoedd nesaf yn bwysig iawn. Byddwn yn gwybod cyn diwedd yr haf beth a fydd y canlyniadau. Prin y credaf y gall Germany fforddio treulio gaeaf arall yn Rwsia. Oni wneir y gwaith ar unwaith yn y tywydd braf, bydd ar ben arni. Y drwg yw fod pob help wedi ei dorri i ffwrdd ar y môr, ond ar raddfa fach. Nid wyf yn deall fod America wedi estyn fawr help hyd yma. Y mae'n araf iawn yno ac ystyried yr adnoddau.

Y mae fy ffydd yn Churchill yn mynd yn llai bob dydd. Nid yw'n gallu gwneud dim na dweud dim sydd yn ysbrydiaeth i weithwyr y wlad. Rhyw ddal yn dynn wrth y blaid Dorïaidd y mae o hyd, heb gofio ei fod yn arwain cenedl, a'r mwyafrif yn gwrthod polisi'r Torïaid. Petai Plaid Llafur a'r Blaid Genedlaethol yng Nghymru yn rhoddi arweiniad sydd yn cydfynd â'r farn gyhoeddus, byddai'n rhaid i Churchill symud. Nid yw Transport House yn fodlon protestio yn erbyn rhoddi taw ar y *Daily Worker*. I mi y mae'r agwedd at y *D.W.* yn dangos nad yw calon yr arweinwyr yn y frwydr o gwbl. Eu bod yn ofni'r gweithwyr yn y wlad hon yn fwy nag ofni Hitler.

Y mae hynny yn wir am y gwŷr mawr; nid wyf yn disgwyl dim arall. Ond trychinebus yw i Blaid Llafur gymryd yr agwedd yna. Wel rhaid terfynu yn awr am y tro. Gyrrwch air. Cofion anwylaf,

Llythyr at Awena Rhun (Gwener y Groglith 1942)

Cefais air i'r *Faner* wedyn; ond ni chaf ysgrifennu ond y tu mewn i derfynau, ac anodd egluro pethau mewn llith byr. Buaswn yn hoffi egluro yr hyn a wnaethpwyd gan Rwsia yn

Estonia a Latfia a Lithiwenia mewn addysg, iechyd a gwaith. Ond cymrai ormod o ofod i mi heb gael llith at hynny. Dyna'r peth diwethaf a garent gyhoeddi. Yr wyf wedi dod i'r casgliad yn awr fod y Blaid yn ewyllysio i Hitler ennill. Nis gallaf roddi un esboniad arall ar bethau. Y mae amryw wedi ysgrifennu ataf yn bersonol, ac yn eu plith, Ithel Davies a unodd â'r Blaid yn ddiweddar. Danodai ef fy mod yn cydweithio â Churchill. Gyrrais air go arw yn ôl, rhyw wyth tudalen fel y rhai hyn.

Eglurais fod yn well i ni gydweithio â Churchill i ddinistrio Ffasgiaeth na chydweithio â Chamberlain i gadarnhau Hitler yn Ewrop fel y gwnaeth y Blaid adeg Munich. Beth sydd arnynt dywedwch, a beth sydd arnynt eisiau ar hyn o bryd? Nid wyf heb gredu fod Saunders Lewis wedi suro a sorri wrth y Llywodraeth am a ddigwyddodd iddo, ac yn ewyllysio llwyr ddinistr i'r dynion a fu'n gyfrifol am ei garchariad. Yr wyf wedi diolch yn ddistaw bach i mi ddod o'r carchar heb suro wrth bersonau o gwbl, na suro wrth hyd yn oed y llywodraeth. Ceisiaf sylweddoli fod y pethau hyn i gyd yn amhersonol, ac uwchlaw a thu allan i bersonau. Nid yw'r peth sy'n digwydd i ni bersonau unigol yn cyfrif llawer.

Y mae eich "hachos" a'r "mudiad" yn bwysicach na ni o lawer. O wneuthur ein hunain yn ganol i bopeth, ein tuedd yw suro os cawn ni gam. Ni theimlas yn sur at neb pan yn y carchar, ac ni ddaeth yr un awydd am ddial ar neb i'm calon. Nid wyf yn dweud hyn mewn hunangyfiawnder, ond i ddangos fel y gall cwyn bersonol ein dallu i'r pethau mawr. Tybiaf i hynny gymryd lle yn hanes S.

Yr oeddwn wedi cael hanner addewid i roddi ysgrif ar yr hyn a wnaeth Rwsia i'r gwledydd bach; ond gwelaf i'r drafodaeth gael ei chau. A ydych wedi sylwi y lle mawr a roddir i benderfyniad yr Athro yn y Sesiwn? Colofnau ar golofnau ers tro. Y mae'r peth yn hollol ddibwys yn wyneb yr hyn sydd yn digwydd heddiw. I mi, y mae W. J. Gruffudd wedi deall pethau cystal â neb. Gwêl ef berygl i Gymru o fuddugoliaeth i Hitler. Yn wir, nid oes amheuaeth o gwbl, bydd yn ddiwedd arnom fel cenedl. Y mae'n ysgrifennu'n glir a phendant. Yr unig gŵyn sydd gennyf yn ei erbyn iddo adael i bethau fynd yn o bell cyn rhoddi arweiniad i Gymry sydd yn darllen y *Llenor*. Bu yntau fel y lleill yn ddifater ar hyd y blynyddoedd peryglus cyn y rhyfel. Bellach y mae wedi llwyr ddihuno i'n perygl fel cenedl. Am y lleill, methant, neu ni fynnant weld perygl Cymru.

Nid wyf heb ofni y gall rhywrai yn y wlad hon wneud heddwch â Hitler yn Ewrop, er cael llaw rydd yn y Dwyrain ac i Hitler gael llaw rydd yn Rwsia. Gwelaf hefyd y gall Prydain gael ei choncro cyn i Hitler gael ei ddifetha, a thrwy hynny beri llawer o ddioddef yma. Gall y brwydro yn Ewrop ddarfod, a'r rhyfel yn y Dwyrain ddal ymlaen yn hir wedyn. Y mae'n anodd gwybod beth sydd i ddigwydd. Ofnaf i nwy gael ei ddefnyddio gan Japan a Hitler pan aiff yn gyfyng arnynt, a chredaf nad ydym ni yn barod i dalu yn ôl yn y cyfeiriad hwnnw. Credaf fod gwyddonwyr Rwsia wedi rhagweld y gall hynny ddigwydd. Cofion anwylaf.

Llythyr at Awena Rhun (24 Ebrill 1942)

Erbyn hyn, gwelaf y rhaid cael gwared ar Churchill am iddo beidio â gyrru allan gyfeillion Hitler o'n bywyd cyhoeddus. Oni cheir eu gwared yn fuan, buan aiff y cwbl â'i ben iddo. Fel y gwyddoch, ni bu gennyf ffydd y buasent yn gallu gwneud dim yn Lybia, ond disgwyliwn iddynt allu dal peth o'r tiroedd. Y mae ein milwyr wedi eu gwasgaru ar hyd y ddaear yn niferoedd bychain, i bob man lle y mae arian ein gwŷr mawr, a heb ddigon yn unlle i wneud dim gwaith. Ennill tiroedd yw bryd y penaethiaid ac nid concro Hitler.

Wrth gwrs, fe'i concrir gan Rwsia er maint y gwasgu sydd yno ar hyn o bryd. Cymer fwy o amser am fod pawb arall yn methu â gwneuthur dim o bwys. Credaf fod amser go dwym yn aros Churchill pan ddaw yn ôl. Beth yw ei neges yn America? Uno'r ddwy wlad yn un ymerodraeth, ynte chwilio am ffordd gwneud heddwch yn Ewrop? Anodd gwybod. Un peth a wn i, nad oes gennyf ronyn o ffydd ynddynt. Y mae elfennau gwrth-Sofietaidd yn gryf yn y wlad hon o hyd.

A welsoch Dr. D.J.D. yn *Y Faner* yn ceisio pwyso mai'r un peth yw Comiwnyddiaeth a Ffasgiaeth, ac fod Comiwnyddiaeth wedi mynd yn fethiant yn Rwsia? Yr un gêm, gêm y pab a'r Ffasgiaid Prydeinig. Bu chwant arnaf anfon gair a gofyn ym mha beth y methodd Rwsia, ac a wnaeth ef ac eraill ryw gyfraniad tuag at lwyddiant pethau yn Rwsia ar hyd yr amser. Erbyn hyn gwelaf mai'r peth a ddewisiant a roddant i mewn.

Gyrrais air ar Gymru, am fod rhai ohonynt bob wythnos yn rhedeg i lawr ar y pleidiau Saesnig, gan awgrymu nad oes gan Gymru ddim i'w ddisgwyl oddi wrth Blaid Llafur na'r Blaid Gomiwnyddol. Gyrrais y llythyr i ddangos ein bod yn cymryd diddordeb yng Nghymru. Gallaf fi weithio dros Gymru heb dderbyn raglen economaidd y Blaid Genedlaethol, a gall hithau weithio dros Gymru heb dderbyn raglen yr adain aswy. Dyna'r pwynt oedd gennyf, a chredaf fod eisiau sôn amdano. Cefais addewid y cawsai llythyrau ymddangos ar yr awgrym os deuai rhai i law. Gwn i amryw gyrraedd, ond ni soniwyd amdanynt. Os deil yr un dynion wrth y llyw wedi trychineb Libya, yr ydym yn haeddu cosfa dost.

Cefais daith hyfryd i'r De. Darlithio nos Sadwrn, gynulliad mawr o gwm Maesteg, *left wingers* yn amlwg. A'r Sul daeth yr un dyrfa yno wedyn. Yn 1907 y bûm yno ddiwethaf, a nifer yno yn cofio am hynny. Pethau wedi gwaethygu'n fawr yn y capelau. Tra yno o'r blaen, yr oedd Thelma yn hogen fach rhyw deirblwydd oed, ac heb fod yn hanner iach. Yr oeddwn yn aros i fyny efo hi lawer noswaith drwy'r nos yn disgwyl iddi farw. Collodd ei cherdded, a minnau'n ei chario allan efo mi.

Tra yn Maesteg breuddwydiais iddi gael ei chladdu yn adfeilion rhyw hen dŷ, a chychwynnais adref tua phump yn y bore gan gredu'n siŵr ei bod wedi marw gan mor fyw oedd y breuddwyd. Daeth hyn oll yn ôl i mi. Y tro ma, aethem yn y modur am hanner y daith, a gadewais ef, am fod rhyw sŵn bach ynddo na ddylai fod. Bûm yn pryderu llawer a ddaliai i fynd â mi gartref, ac yn fy mreuddwyd y tro hwn, gwelwn y modur wedi methu, a minnau'n disgwyl bws yn eich tŷ chwi, ond nid oeddych chwi yno, chwaer i chwi oedd yno, ac yr oedd yn rhaid i mi yfed glasiaid o laeth ganddi, neu y byddech chwi yn llawdrwm arni, a phan ar hanner yfed y llaeth aeth y bws heibio.

Daeth y modur bach â mi yn ôl yn iawn. Aethum i Pontyberem i gyd-bregethu â'r Prifathro J. M. Jones. Nid oeddwn wedi pregethu efo un arall er 1921 yng nghymanfa Bethesda. Yr oedd yno gynulliad mawr iawn, capel mawr ac yn weddol ganolog i amryw lefydd poblog. Yr oeddwn yno cynt yn 1900. Dwy a deugain o flynyddoedd yn ôl, ac un neu ddau yn cofio i mi fod yno, cofio'r enw, dyna i gyd! Mynd i Llithfaen y Sul ac i'r Groeslon nos Lun at y Bedyddwyr. Efo'r trên yno am fod petrol yn mynd yn brinnach bob dydd.

Llythyr at Awena Rhun (27 Mehefin 1942)

Y mae agwedd y Blaid mewn argyfyngau wedi profi ei bod o blaid Ffasgiaeth. Sbaen, Munich, Ffinland, a'i gwallgofrwydd pan sonid am wneud cyfamod â Rwsia. Y mae canmoliaeth Saunders i Lafal hefyd yn profi'n eglur lle mae'r trysor. Chwi sylwch beth a gynigir i ni ganddynt i gyd, ffurf arall ar gyfalafiaeth. Nid oes ond dau ddewis, Hitler neu Stalin. Gan i drefn economaidd Prydain a Ffrainc ac America ein harwain i'r sefyllfa bresennol, oni ynfydrwydd fyddai i ni sefyll i fyny dros drefn debyg, er wedi newid dipyn bach? Yn y gyfundrefn ei hun y mae hadau rhyfel. Nid dynion rhyfelgar fel y cyfryw, ond dynion yn eu benthyca eu hunain i gyfundrefn ddrwg. Dyna fu hanes Chamberlain. Cydweithiodd â system ddrwg i amcanion gwrth werinol, a chawsom ein hunain mewn rhyfel.

Y mae disgwyl i'r gyfundrefn hon barhau fel y mae wedi'r rhyfel yn anobeithiol, ac y mae meddwl y bydd tocio dipyn ar y gyfundrefn yn diogelu'r byd, yn ynfydrwydd. Rhaid yw ei dileu a gosod peth arall yn ei lle. Methaf a gweld paham y rhaid i Saunders edrych ar y peth fel ymosodiad personol. Credaf hefyd i G.D. ysgrifennu'n eithaf teg. Gallwn herio S.L. i ddyfod ag un gair a ysgrifennwyd ganddo yn erbyn Ffasgiaeth. Yn wir, y mae yna aelodau o'r Blaid yn y lle hwn yn gorfoleddu am bob buddugoliaeth i Hitler, ac nid ydynt heb ddweud hynny wrthyf fi. Credant fod buddugoliaeth i Hitler yn debygol o ddwyn daioni mawr i Gymru. Nid yw y rhai hynny yn deall llawer ar gwestiynau cydwladol, ond yn unig dengys eu hagwedd beth yw ysbryd y Blaid. Credaf y gwelwch yn awr paham yr ysgrifennais fel y gwneuthum am y ffrynt unol.

Wel, rhaid terfynu. Mynd i'r wlad fory, yn agos i Aberaeron. Pregethu deirgwaith. A dod yn ôl yn y nos. Cofion gorau atoch, a hwyl fawr â'r englynydda.

Llythyr at Awena Rhun (18 Gorffennaf 1942)

A ydych yn dilyn yr helynt ar y Blaid? Go blentynnaidd yw'r cwbl. A hynny oherwydd hyn: Y mae pob un o'r rhai sydd yn cymryd rhan yn y ddadl yn sefyll dros yr un peth, sef hawl un dosbarth i ysbeilio a byw ar lafur dosbarth arall. Plentynnaidd iawn oedd condemnio S. L. am fod rhai o'i bwyntiau yn debyg i eiddo'r Pab. Nid ar y sail hynny y condemnier hwynt gennym ni. Pwyntiau cyfundrefn ysbail ydynt. Dyna pam y maent yn ddrwg, ac nid am fod y pab wedi ei ddweud o flaen S. L. Mynd at gynrychiolydd pennaf cyfalafiaeth am raglen i'r byd newydd, dyna fai S. L.

Rhaid i gyfalafiaeth newid. Yr oedd cyfalafiaeth werinol Prydain yn newid, newid i gyfeiriad Ffasgiaeth wrth gwrs. Canoli cyfoeth ac awdurdod yn nwylo'r ychydig yw Ffasgiaeth. Yn America a Phrydain y mae cyfoeth wedi ei ganoli yn fawr yn ystod y chwarter canrif diwethaf. Y Trusts mawr yn cymryd lle'r masnachwyr bychain. Symud yn gyflym tuag at wneud i ffwrdd â'r masnachwr bychan yw tuedd trefn y rhyfel. Ar y diwedd bydd pethau wedi mynd i ddwylo llai o ddynion na chyn y rhyfel. Rhaid i hynny gymryd lle, am na all dim aros yn ei unfan. Yn lle gadael i gymdeithas dyfu i fywyd o gydweithio, rhoddir pob rhwystr ar ffordd hynny; a hwyluso datblygiad Ffasgiaeth.

Felly, gwrthwynebaf fi bolisi'r Blaid nid am iddi fenthyca rhan o'i rhaglen oddi wrth y pab, eithr am mae'r gyfundrefn ysbail ydyw o hyd. Nid oeddwn yn meddwl llawer o lythyr Goronwy O. Roberts. Methwn â chael gafael arno, na gwybod yn sicr ym ma le y safai. Diolch i chwi am y *Genedl.*

A ydych wedi sylwi ar bethau mor araf y maent yn symud tua'r ail ffrynt? Nid oes gennyf ffydd o gwbl. Yn wir nid oes gennyf fi ffydd mewn dim ond yn yr unig allu hollalluog yn ein byd ni, sef y gweithwyr. Dyna'r hollalluogrwydd y gwyddom ni amdano. Popeth a wnaethpwyd yn ein byd, fe'i gwnaethpwyd gan y gweithwyr. A phan gaiff y gweithwyr ddefnyddio'r arfau a luniant yn erbyn Hitler, bydd ar ben arno. Hyd yma defnyddir yr arfau i amddiffyn buddiannau'r gwŷr mawr.

Wel, rhaid terfynu'r llythyr blêr hwn. Cofion anwylaf atoch.

Llythyr at Awena Rhun (26 Gorffennaf 1942)

Mwy na thebyg y gwelaf Dr Peate ymhen rhyw wythnos neu fythefnos. Yr wyf yn darlithio i Gymmrodorion Merthyr, a thebyg yr af efo'r trên cyntaf i Gaerdydd, a chael awr fach yn ei gwmni. Dichon y trefnir i mi siarad yng Nghaerdydd nos Sadwrn wedi'r ddarlith ym Merthyr. Cefais air oddi wrth rhyw frawd oddi yno heddiw. Byddaf yn dod 'nôl ar fy union oddi yno a mynd i Llanrhaeadr ym Mochnant. Y mae'r darlithiau wedi dechrau o ddifrif yn awr. Disgwyl fy llyfr allan bob dydd. Ofnaf na ddaw cyn tua chanol Hydref, collaf gyfle i werthu nifer go lew felly. Ond y mae'r gaeaf o'n blaen, os bydd nerth ac iechyd. Y mae'n ddiflas iawn teithio efo trên a bws wedi arfer mewn car. Ond ar y cyfan, y mae'n syndod fod petrol wedi dal cystal.

Go ddrwg yw yn Rwsia o hyd. Gobeithio y daw tro buan. Fel y gwelwch, does neb ond Rwsia yn ymladd. Rhyw geisio ennill tiriogaethau tua Madagasgar ydym ni yn lle mynd ati i ddinistrio Hitler. Dylai pob awyrblen a thanc fod yn Stalingrad. Ond fel y gwyddoch, nid oes gennyf fi ffydd yng ngonestrwydd y dynion sy'n ben yma. Ofnaf hwynt yn fawr. Y mae gormod o'r hen ddwylo a fu'n bradychu tua Sbaen a Munich wrth y llyw o hyd.

Y mae y wasg Gymraeg wedi mynd yn o lwyr yn wrth werinol. *Y Faner* wedi ei datguddio ei hunan yn bendant bellach yn erbyn gweriniaeth a thros barhad y gyfundrefn gyfalaf. Gwnant hyn oll yn gyfrwys a than gochel caru Cymru. Pan ddaw'r diwedd gwyddom lle bydd y blaid sydd o'r tu ôl i'r *Faner*, byddant yn erbyn y gweithwyr yn bendant. Trueni mawr yw hynny am nad oes gennym bapur Cymraeg o gwbl yn barod i bleidio gweriniaeth.

Ofer yw ysgrifennu dim i'r *Faner*. Pan ddaw i bwynt gallant roddi terfyn ar y drafodaeth a chau allan bob ymgais i oleuo'r wlad. Y mae'n ddrwg gennyf am Prosser, am ei fod yn weddol werinol, ond ei fod yn nwylo dynion eraill, a'r Babaeth o'r tu ôl i'r cwbl yn tynnu gwifrau ac yn defnyddio dynion diniwed i'w phwrpas ei hun. Yr wyf yn gwrthwynebu'r Babaeth fel yr wyf yn gwrthwynebu mynd yn ôl at gaethwasiaeth. Y mae wedi gor-fyw ei defnyddioldeb os gellir dweud i beth mor ddrwg â'r Babaeth fod yn ddefnyddiol rywdro. Nid cwestiwn o ryddid crefyddol ydyw, ond cwestiwn o roddi rhyddid i sefydliad i dwyllo a lladrata a gorthrymu dynion, a llawer ohonynt yn ddiniwed. Gwrthwynebaf y gyfundrefn gyfalaf am yr un rheswm. Y mae'n ddrwg drwyddi, ac hyd oni cheir dynion yn rhydd o'i gafael, nid oes obaith am fyd newydd.

Y mae'r Babaeth a'r gyfundrefn gyfalaf yn berygl i'r byd, a rhaid dinistrio'r ddau. Nid rhagfarn yw hyn, ond barn y daethum iddi ar ôl darllen hanes y ddau allu drwg. Ac yn syndod, bydd dinistr un yn ddinistr i'r llall. Y Babaeth sydd wedi suo fwyaf ar weithwyr i gysgu a gadael pethau fel y maent; erbyn hyn nid yw Protestaniaeth yn gwbl rydd o'r trosedd.

Nis gwn sut y bydd tua'r gaeaf, methaf yn lân a rhoddi fy hunan i waith lenyddol yn y byd. Pryder meddwl ac ofn i'r gwaethaf ddigwydd. Pe deuai rhyw lygedyn o oleuni, dichon y gallwn fynd ati i wneud rhywbeth eto.

Llythyr at Evan Roberts (18 Medi 1942)

Rhaid eich bod yn credu i mi eich hanghofio neu fy mod yn sâl. Dim un o'r ddau. Prysurdeb mawr yn gyntaf, ac ymwelwyr wedyn. Yr wyf heb fy modur yr wythnos ddiwethaf, ac yn gorfod teithio efo bws i bob man. Rhaid cychwyn yn fore, a chyrraedd adre'n hwyr. Y mae llawer o fechgyn o'r De yma ar eu gwyliau, ac yma y maent hyd hanner nos, heb hamdden na chyfle i ateb llythyr nac arall. Yr wyf wedi mynd i fyny i dop y tŷ heno, allan o gyrraedd pawb, a'r peiriant efo mi.

Diolch am y *Rhedegydd*. Yr oedd yr ysgrif fel arfer yn llawn gwenwyn at y Comiwnyddion, a mwy na'i hanner heb fod yn wir. Meddyliwch am dano'n dweud i'r Blaid sefyll dros Sbaen! Y mae dynion a all gamliwio pethau fel hyn yn anobeithiol wrth gwrs. A welsoch ddyddiadur Bebb am 1941? Un o'r pethau mwyaf di-fudd a ddarllenais erioed. Nid oes ynddo yn un man awgrym iddo ddeall digwyddiadau nac amgyffred dim ar broblemau'r dydd. Y mae ganddo un paragraff sydd yn llawn llysnafedd ar Rwsia wrth gwrs, a dywaid yr hyn a ddywedodd ar hyd yr amser mae pethau ar bapur yw awyrlu a byddin Stalin. Y mae'n sôn drwy'r llyfr am anghysur y seiren a'r bomio, a phe bai Rwsia wedi gwneud dim ond rhoddi diwedd ar y tipyn bomio a fu ym Mangor, gallech ddisgwyl iddo fod yn ddiolchgar. Gall y llyfr fod yn "lenyddiaeth" yn ystyr yr awdurdodau, ond yn wir, y mae'n beth sâl. Nid oes ynddo yr un digwyddiad y tu allan i gylch bywyd dynion mwyaf cyffredin, ac nid oes ynddo un sylw ar bynciau'r dydd y tu hwnt i allu y mwyaf annoeth o blant dynion.

Nid oes fawr symudiad yn cymryd lle i helpu Rwsia. Dywedir yr un hen gelwyddau o hyd, sef fod Hitler wedi symud cannoedd o filoedd o'i filwyr i Rwsia o Italy; ond gwadodd Rwsia'r peth ar unwaith. Dywedir pethau fel hyn i roddi taw ar ddynion sy'n galw am ail ffrynt. Y mae helynt N. Affrica yn dal yn drewi o hyd. Trinir De Gaulle yn waradwyddus iawn, ond y mae'r brawd yn amyneddgar dros ben, ac nid wyf yn credu y mentra Giraud i America; y mae arno ormod o ofn gadael De Gaulle wrtho ei hun gyda'r milwyr. Cyfalafwyr America a Phrydain sydd wrth wraidd y drwg.

Swm a sylwedd hyn yw nad wyf yn credu dim ar eu hadroddiadau. Ni fomiwyd Rhufain, a hynny am fod y pab yno; dyna fy rheswm i dros ei bomio a bomio'r Fatican yn gyntaf, o gofio a wnaeth y gŵr sy'n byw yno yn helynt Sbaen.

Bydd Rhufain gyda hyn wedi cael digonedd o ynnau mawr gwrthawyrlu, yna bydd y colledion o'i bomio i'n bechgyn ni yn fawr. Ei tharo cyn ei bod yn barod fyddai'n orau o ddigon. Ond yno y mae gwŷr mawr Italy'n byw a llawer o wŷr mawr gwledydd eraill Ewrop. Drwy ryw foddion deallodd Italy a'r byd na bydd bomio arni. Credaf y torrai Italy ei chalon ar unwaith pe'y bomid hi.

Llythyr at Awena Rhun (3 Gorffennaf 1943)

Annwyl Awena

Yr eiddoch i law a'r *Rhedegydd*. Cyn i mi anghofio, y mae adolygiad ar eich cerddi yn *Yr Eurgrawn* am y mis hwn, gan y Parch Joseph Jenkins, Carnarfon. A gawsoch gopi? Yr wyf wedi trefnu i gael copi wedi i'r saint ei ddarllen, yna mi a'i gyrraf i chwi. Geiriau caredig iawn amdano.

Mae'r prysurdeb mawr wedi darfod i beidio â dod yn ôl gobeithio. Cefais amser da yn y Bermo, llawer o ysgolfeistri yno, a nifer go lew o Harlech wedi dod drosodd. Mwynheais fy hunan yn fawr. Yn aros efo Mr Roberts, hen bost feistr Ffestiniog, efe hefyd yn y gadair. Pregethu ym Mhennal, Sul diwethaf. Ddechrau'r wythnos byddaf efo'r Bedyddwyr yn Aberystwyth; y bedwerydd ddarlith yn Aberystwyth er dechrau'r gaeaf. Yna at y Methodistiaid yn Llanbrynmair ac i gapel Noni, Llanybydder nos Wener. Ni bydd gennyf lawer o ddarlithiau wedyn cyn y Nadolig, Nefyn, St. Clears a Chwmafon a rhyw fannau felly, a rhyw hanner dwsin yn y cylch hwn. Bydd gennyf un ddarlith eto o fewn milltir i'r dref hon yng nghapel y Methodistiaid. Rhaid i mi fynd ati i lunio darlithiau newydd os deil pethau fel y mae.

Y mae D. N. Pritt yma nawn Sadwrn, a byddaf innau yma yn ei gwrdd. Teithio'r nos o Lundain i ddod yma, a theithio yn ei ôl nos Sadwrn. Anodd i lawer ddeall dyn felly, digon o arian a gwaith enillfawr, eto'n dod yr holl ffordd fel hyn i annerch cwrdd. Beth sy'n gyrru dynion i wneud pethau fel hyn? Yn sicr, y mae yna fath o feddwl na all ddeall pethau felly. Dyn â mudiad wedi ei feddiannu a'i genadwri'n golygu popeth iddo. Meddyliais lawer tro pe bawn yn ennill y Calcutta Sweep y buaswn yn gosod argraffwasg i fyny, a chyhoeddi pamffledau gan wahanol ddynion fel Pritt, a chyhoeddi caneuon ac ysgrifau a storïau gwerinwyr sy'n treulio eu horiau hamdden i lenydda yn eu ffordd eu hunain, a chael rhyw ysgolhaig i osod manion yr iaith yn gywir. Fel llawer breuddwyd arall, ni ddaw dim ohono mwy.

Llythyr at Awena Rhun (21 Tachwedd 1943)

Annwyl ffrind

Daeth yr eiddoch i law beth amser yn ôl, a da oedd clywed eich bod yn dal yn weddol o ran iechyd. Y mae'r haf wedi cyrraedd er bod y tywydd yn o oer heddiw. Y Sulgwyn bu'n braf iawn, a minnau yn Sir Gaernarfon, mewn lle oer iawn, ond am dro, cefais yno dywydd hyfryd iawn. Pan gyrhaeddais yn ôl fore Mawrth, yr oeddwn wedi blino'n arw iawn. Ond yn ei fwrw ymaith wedyn mewn amser byr. Week end fach gartref heddiw, ac amser i anfon gair atoch. Nid oes un newydd na datblygiadau mawr yn y sefyllfa.

Ymddengys fod dipyn o gynnydd yn digwydd yn Italy. Anodd gwybod yn gywir beth sy'n digwydd yno. Weithiau tybiaf fod ym mwriad Hitler glirio allan o Rufain a'i gwneuthur yn rhyw fath ar dref agored. Ac efallai, ei gadael i'r pab ei llywodraethu am dro heb ymyriad oddi wrth un o'r ddwy ochr. Y peth gorau i Italy ac i'r byd fyddai llwyr ddinistrio Rhufain, a sarnu'r hen bethau sy'n clymu meddyliau dynion wrth y gorffennol tra byddo Rhufain ar ei thraed, erys yn symbol i ryw ddynion o hyd a chadw eu teyrngarwch i hen bethau melltigedig y byd. Rhaid dinistrio nyth y gorthrymder a fu ar feddyliau dynoliaeth ers canrifoedd. Fy ngobaith a'm dymuniad yw y llwyr ddinistrir Rhufain a'r Fatican a phopeth a saif y pethau hyn drostynt.

Ar hyn o bryd y mae'r gwleidwyr yn chwarae'r ffon ddwybig. Eisiau concro Hitler a chadw'n fyw drefn a ffrindiau Hitler ymhob gwlad. Dangoswyd hynny'n eglur yn araith Churchill a'i ymgais i wyngalchu Franco. Dyna'r peth mwyaf di-sens a wnaeth o'i holl bethau dwl. Dros beth y tybiodd y bu farw'r bechgyn ond i ddinistrio am byth ym mywyd Ewrop ddynion o fath Franco? Bu'n araf iawn yn torri ymaith oddi wrth Mihailovich. Nid wyf yn credu ei fod wedi torri'n llwyr eto, ond gorfu arno siarad yn ei erbyn. Y mae yr hen frenin yn cael ei gymeradwyaeth eto. A brenin Groeg er bod gwerin y wlad honno'n bendant yn ei erbyn.

Cyndyn iawn ydynt i wneud ail ffrynt. Bydd yn rhaid i mi ei gweld cyn credu ynddi. Disgwyl i rywbeth ddigwydd a'i gwneud yn ddianghenraid a wnânt. Nid wyf heb feddwl eu bod ar hyd yr amser yn cario ymlaen drafodaeth â Hitler am heddwch. Y mae gwŷr mawr y ddwy wlad efo'i gilydd yn y Swistir ar hyd yr amser. Ni phleidiodd y banciau â chydweithio er y dechrau. A bechgyn yn marw wrth y miloedd i orseddu gorthrymder newydd ar y byd.

Ni ddaw llawer o newyddion o Rwsia am ryw reswm. Rwy'n siŵr fod yno ymladd mawr ar hyd yr amser y buont yn ddistaw. Nifer y tanciau a'r awyrennau yn fawr bob dydd, yn ôl yr adroddiad. Rhaid felly bod yno ymladd o ryw fath. Wrth edrych yn ôl ar yr helynt o'r dechrau, credaf mai camgymeriad mwyaf Rwsia fu rhoddi telerau mor dda i Ffinland ar derfyn y rhyfel rhwng y ddwy wlad yn 1940. Pe wedi cadw llywodraeth ar y prif fannau, Petsamo a Helsinki, hyd ddiwedd y rhyfel, byddai Ffinland yn ddiallu i groesawu Hitler.

Yr oedd y fath wrthwynebiad o bob cyfeiriad i ymgais Rwsia i gyfyngu'r rhyfel, fel y bu'n ddigon meddal i roddi telerau eithriadol o garedig i Ffinland. Camgymeriad mawr yw ymddiried yng ngair na gweithred gwledydd fel hyn. Gobeithio y ceir y gelyn o dir Rwsia'n fuan, hynny sy'n bwysig i weithwyr y byd. Yna fe eir ati i ailgodi'r wlad yn fwy gogoneddus nag erioed. Y mae yno ailgodi yn awr ar raddfa aruthrol. Wel, gyfaill annwyl, ond bydd yn hyfryd pan ddaw petrol i allu dod i'ch gweld yn weddol aml?

Llythyr at Evan Roberts (4 Mehefin 1944)

Bûm yn o hir cyn gyrru gair. Gwaith a theithio sy'n cyfrif am hynny, ac nid anghofio amdanoch. Gobeithio eich bod yn dal y gaeaf yn weddol. Y mae ei hanner bron â mynd, bydd y dydd byrraf gyda hyn, ac yna gellir edrych ymlaen am amser a thywydd gwell. Newydd ddod yn ôl o daith hir wyf fi. Bûm yn Rhos Wrexham a Bangor, ac yng Nghwm Tawe nos Iau. Teithio go fawr ar dywydd go arw. Ond daethum yn ôl heb lawer o flinder.

Cychwyn am Sir Benfro fore Llun eto i ddarlithio, ac fe fydd fy amser yn llawn iawn o hyn i'r Nadolig. Byddaf yn eich cymdogaeth chwi rywbryd yn nes ymlaen, yn Cynwyd. Yn Glyn Dyfyrdwy nos Wener a dydd Sul, ac yna yn ôl i Cynwyd nos Lun. Tua diwedd Ionawr y bydd, a gobeithio y bydd petrol wrth law. Beth bynnag, treiaf eich gweld. Rwy'n meddwl eu bod wedi gofyn i John Morgan fod yn gadeirydd i mi yn un o'r ddau le, ond methaf â chofio pa un, na phwy a ddywedodd wrthyf am hynny. Os mai yn Cynwyd, dichon y daw â mi yn ei fodur i'ch gweld am y dydd. Rhaid eich gweld pryd hwnnw beth bynnag. Byddaf yn Rhydymain y flwyddyn hon, ond ofnaf na allaf drefnu i ddyfod cyn belled â Llandderfel.

Go araf yw pethau'n symud yn awr, ac y mae cryn dipyn o fradwriaeth yn mynd ymlaen yn Ffrainc a Belgium. Gwelir ar unwaith fod Prydain yn ochri gyda'r hen Ffasgiaid yn erbyn y rhai a fu'n ymladd drwy'r amser yn erbyn Hitler. Onid yw'n beth gwarthus fod ein bechgyn yn marw dros ddynion o'r fath? Oni bai bod Rwsia yn yr helynt byddai'n dywyll ar y weriniaeth, ond y mae Rwsia yna, a bydd yn rhaid cyfrif â hi cyn diwedd yn y byd politicaidd.

Nid oeddwn yn disgwyl dim amgen oddi wrthynt, ond ni feddyliais y buasent yn cario ymlaen fel hyn cyn diwedd y rhyfel, o gywilydd. Y maent wedi tynnu eu byd am eu pennau, felly y maent yn ceisio achub rhywbeth ar draul gwaed a chlwyfau'r bechgyn. Ond gall pethau droi allan yn enbyd oherwydd eu gwaith bradwrus. Y mae degau o filoedd o fyddin Hitler yn Sbaen, a gall rhuthr disymwyth ddigwydd yng nghefn Ffrainc eto, a gwaith peryglus yw diarfogi'r dynion a fu'n ymladd Hitler ar hyd yr amser. Nid oes fawr gynnydd yn Holland a Belgium, nid oedd yno fudiad dirgel. Cliriwyd Ffrainc ar unwaith am fod y mudiad yn gryf yno. Ond nid oes gan y wlad hon ddim diolch iddynt, ond cymryd eu harfau oddi arnynt ar unwaith.

Go araf yw pethau ar ffiniau Rwsia ers tro. Y mae East Prussia yn waith caled ac anodd, ond y maent yn debyg o wneud llwyddiant ohono. Prin y credaf y buasent yn mynd i mewn oni bai eu bod yn weddol sicr. Nid yw Rwsia wedi gwneud llawer o gamgymeriadau wrth ryfela. Er y buasai'n well gennyf fi pe baent heb fynd i East Prussia am dro, hyd oni byddai'r Baltic i gyd wedi ei glirio. Ond rhaid i ni fcddu ffydd yn Rwsia. Tua Hungary y mae pethau'n symud yn araf, a bydd y tywydd yn well gyda hyn i symud arfau. Mwy o galedwch ar y ddaear wedi'r llaid a'r dŵr.

Bu Rhys Davies yn aros gyda mi nos Wener, yn darlithio yn y lle, a gofynnwyd i ni ei gadw. Cawsom amser difyrrus efo'n gilydd. Nid oedd yn ei anerchiad ddim nad oeddwn yn cyd-weld â hi, gosod ei fys ar wendidau'r mawrion wrth drafod pethau, ond nid oedd ganddo yr un ffordd allan o'r anhawster na ffordd i osgoi peth tebyg eto. Fel eich meddygon chwi yn gallu dweud beth sydd arnoch, ond yn cadw rhag awgrymu dim tuag at eich gwella. Hawdd yw dweud heddiw am gamgymeriadau'r mawrion; ar y pryd cefnogwyd eu gwaith gan R.D. ac eraill.

Gwelodd rhai ohonom mewn pryd i ble yr oedd polisi'r mawrion yn ein harwain. Sôn am beth y soniwn i amdanynt yn y *Cymro* ddwy flynedd cyn y rhyfel, a wnâi. Ar y pryd yr oedd yn pleidio'r mawrion. Gwrthododd yn bendant gydweithio â ni oedd yn gweld y farn yn agoshau. Felly, teimlwn mai gwaith ofer a wna yn awr.

Y mae'n fachgen rhadlon a dymunol dros ben, ac yn gwmnïwr diddan, ond heb un math o weledigaeth na pholisi pendant i ddatrys helynt y byd. Yn hynny o beth y mae'n debyg i'r rhan fwyaf o'n gwleidwyr. Disgwyl heddwch wedi hau'r cynhaeaf ar gyfer rhyfel yw ei fai mawr. Ni all ein trefn ni gynhyrchu heddwch. Ceisiais ddangos hynny yn *Y Faner*, ond yr oeddynt wedi tynnu allan pob colyn o'r ysgrif, ac wedi gadael allan fy ymgais i ddangos rhagoriaeth trefn gydweithredol ar drefn gystadleuol. Dengys hynny i mi fod cydymdeimlad rhywrai ar *Y Faner* efo'r pwerau adweithiol o hyd. Ni chredaf mai Prosser ydyw. Gadwyd allan o'n ysgrif flaenorol y pethau pwysicaf, stori Thälmann, a Morrison a'r llywodraeth yn gwrthod caniatáu dangos ffilm yn dangos ei fywyd, yna pan fu farw, esgus galaru ar ei ôl a dangos ei fod yn ddyn mawr a da. Dywedais y stori honno, ac yr oedd Prosser yn anfodlon iawn i'r darn gael ei adael allan.

Daliaf i ysgrifennu, er cael ambell air i mewn i wasg nad yw'n cydymdeimlo'n fawr â'n delfrydau gwerinol. Pe bai'r *Cymro* wedi gadael i mi fynd ymlaen i ysgrifennu o ddechrau'r rhyfel, buasant wedi cael ochr y gwrth-Ffasgiaid yn o lawn. Fel arall y bu, ac felly y bydd hyd oni ddelo gweriniaeth a llwyr feddiant o'r wasg yn nwylo'r gweithiwr. Nid wyf finnau'n addo rhyddid i'r hen bwerau i fynegi eu syniadau wedyn. Nid eu bod yn ein cadw o'r wasg sydd yn fy mhoeni, ond eu bod yn proffesu credu yn y pethau fuaswn i'n ysgrifennu, rhagrith y peth sydd yn fy mhoeni bob amser.

Llythyr at Evan Roberts (18 Tachwedd 1944)

Nos Wener, yr oeddwn yn Llanddeusant, yn agos i Llangadog. Yng nghanol y wlad, a gwlad helaeth, yn agos i Llyn y Fan. Daeth llond yr ysgol yno, a chafwyd gryn hwyl wrth ddarlithio ar Rwsia a chael cwestiynau ar y diwedd. Byddaf yn yr ardal hon nos Fawrth, yna mynd i Sir Benfro nos Iau ac yn ôl i Llangrannog nos Wener. Gobeithio na bydd eira ar y ddaear. Ofnaf y rhaid i chwi drefnu i mi ddyfod am Sul neu i ddarlithio yna cyn y caf eich gweld, oni ddaw petrol.

Y mae Rwsia'n dal i symud ymlaen, er yn arafach. Enillodd ddarn aruthrol o wlad yn awr a chlirio trefydd pwysig. Beth ddywed y saint yn awr? Nid ydynt wedi dysgu dim eto. Holai offeiriaid y cwestiynau mwyaf dwl i mi nos Wener diwethaf, yn ddigon i yrru ceffyl i chwerthin oni bai am y trychineb i'r dynion sy'n cael eu syniadau oddi wrtho.

Credaf nad oes ganddynt mo'r gallu i ddeall na dirnad dim os bydd yn taro yn erbyn eu credoau cul hwynt.

Ar y cyfan y mae dynion yn o iach ar bwnc Rwsia yn awr, ond fod dynion sy'n dysgu eraill yn dal o hyd yn yr unfan. Caf lythyrau o'r America, a deallaf fod teimladau chwerw yno ac yn Canada yn erbyn ein gwaith yn Groeg. Ar waethaf y wasg a'r diwifr, y mae y mwyafrif yn eithaf iach ar hynny hefyd. Onid oedd gan Lenin waith mawr efo'r miliynau wedi'r chwyldro, os oeddynt mor dwp â'n harweinwyr crefyddol a'n harweinwyr llafur ni? Prin y credaf y gallai dyn wrth natur fod mor anobeithiol â dynion sydd wedi cael addysg, a'r addysg hwnnw wedi eu gwneuthur yn offerynnau ufudd i'r drefn gymdeithasol bresennol.

Go ddiflas oeddwn i a chwithau'n teimlo pan oedd Hitler ymhell i mewn yn Rwsia, bellach gallwn lawenhau, a'n pendefigion sydd yn teimlo'n ddiflas. Credaf yn sicr eu bod yn ofidus iawn am lwyddiant Rwsia. Tybed a ydyw'r Tri Mawr yn cwrdd yn rhywle? Tebyg na ddaw Stalin ymhell iawn o Rwsia. Y mae ei eisiau ef yno, ond gall y ddau arall fynd i eithafoedd y byd, a phopeth yn mynd ymlaen fel cynt. Y mae Churchill i mewn am dipyn o stŵr pan gyferfydd â Stalin; nid yw wedi cadw ei air mewn dim. Addawodd gydweithio â phob gwlad barod i ymladd Hitler, ond yn lle hynny y mae'n ymladd y rhai a fu yn ymladd Hitler.

Llythyr at Evan Roberts (3 Chwefror 1945)

Yr eiddoch i law. Bûm i ffwrdd nos Lun yn Aberdare yn darlithio ar "Rwsia" yn Saesneg. Cafwyd cynulliad mawr yno. Yr oedd yno lawer yn cofio'r hyn a ddywedaswn wrthynt yn etholiad 1918; etholiad terfysglyd iawn i mi a'm bath oedd hwnnw, fel y cofiwch. Cefais innau gyfle i'w hatgofio i'r etholiad gael ei ymladd ar y slogan 'Crogi'r Kaisar'. Ar hyn o bryd y mae gwenwyno mawr ar feddwl y wlad ar bwnc Rwsia; fe'i beuir am bopeth sydd yn digwydd ymhob gwlad, fel oedd Hitler yn beio'r Iddewon am bob anghaffael a ddigwyddai yn Germany. Y syndod wrth gwrs fod y Blaid Lafur yn caniatáu a noddi peth o'r fath. Ceisiais i ac eraill, nid oeddwn yn llawer, i ddangos yn 1918 y pwysigrwydd i wledydd y byd gydweithio â Rwsia yn ei hapêl at y gweriniaeth am heddwch a gweriniaeth. Ofer fu ein ymgais.

Y pryd hwnnw yr oedd Rwsia'n wan ac yn methu â chadw ei thiriogaeth ei hun yn llawn. Heddiw y mae pethau'n wahanol; y mae Rwsia'n gryf ac nis gellir ei bygwth na'i dychrynu oddi wrth ei pholisi. Dyna siom fwyaf llywodraethwyr Prydain ac America, i Rwsia orffen yn gryf. Ei gwanhau oedd amcan oedi'r ail ffrynt. Gellid fod wedi gorffen y rhyfel ddwy flynedd yn gynt wedi taro, fel y dywedir heddiw gan y cadfridogion sydd ar eu prawf. Gwelir hefyd mai fy ysgrif i yn y *Cymro* oedd yn wir am Munich. Yr wyf yn falchach o'r ysgrif honno na dim a ysgrifennais, am i mi weld pethau yn glir pan oedd ffrindiau yn gweld fel arall.

Nid rhaid newid teitl honno os cyhoeddir hi rhywdro, 'Wythnos y Celwydd Mawr'. Nid oes gennym ni'r wybodaeth lawn i ddehongli digwyddiadau fel y dylem; ond y mae gennyf un reol, ac y mae'n gweithio bob amser, sef, peidio â chredu dim a ddywedir gan ein llywodraethwyr na chefnogi dim a wnânt. Ni ellir mynd ymhell allan o le wedyn. Daw ffaith ar ôl ffaith i gadarnhau ein tybiaeth gyda'r wybodaeth anghyflawn a oedd gennym ar y pryd. Daw llawer allan eto cyn diwedd y profion ar y drwgweithredwyr. Gan ein bod ni yn ymffrostio ein bod yn rhoddi prawf teg iddynt, ac yn gwastraffu digon o amser i'r prawf fod yn deg, jôc go fawr oedd rhwystro tystion i fynd yno o'r wlad hon. Londonderry, Lady Astor, Beaverbrook, yr Arglwydd Hamilton, ac eraill.

Yn bersonol, credaf y byddai'n well iddynt hwy fynd, y mae'r drwgweithredwyr yn debyg o ddweud mwy na'r disgwyl amdanynt bellach. I gwrdd â hynny wrth gwrs, bydd rhai yn colli eu cof, a'r lleill yn cael strôc, a'r lleill yn cyflawni hunanladdiad. Y mae ganddynt fodd i roddi taw arnynt, fel y rhoddwyd ar Laval yn Ffrainc. Peth hollol ddiurddas oedd prawf hwnnw. Os oedd eisiau prawf, dylid ei gynnal yn urddasol a theg. Ond wfft i dreial Laval. Cymrodd wenwyn, ond fe'i achubwyd i'w grogi. Rheswm da am hynny. Pe wedi marw drwy wenwyn byddai ei holl bapurau a'i eiddo yn mynd i'w deulu; ond wrth ei saethu yr oedd ei feddiannau a'i bapurau i gael eu trosglwyddo drosodd i'r awdurdodau, a'u dinistrio. Yr oedd pethau go anffafriol i lawer yn y wlad hon yn ei bapurau.

Yr unig obaith yw Rwsia; ni all hithau wneud llawer am fod y blaid lafur yn ei herbyn, a'r eglwysi wedi dechrau ar eu hen ymgyrch yn ei herbyn, yn enwedig y pabyddion.

Llythyr at Evan Roberts (5 Rhagfyr 1945)

Pan wêl y gwerinoedd i'r mawrion wneuthur rhyfel er amddiffyn eu meddiannau a'u cadarnhau eu hunain mewn awdurdod, gall unrhyw beth ddigwydd. Y mae pob gweithiwr sy'n deall ystyr gwleidyddiaeth eisiau rhoddi terfyn ar ffordd Hitler o lywodraethu gwlad. Pob gweithiwr a ddywedais. Nid yw llywodraethwyr y gwledydd yn elynion mawr i ffordd Hitler. Yn wir, creadigaeth mawrion gwledydd Ewrop yw Hitler; fe'i codwyd i awdurdod i bwrpas arbennig. I ostwng safon bywyd gweithwyr ei wlad, ac hefyd i atal llif gweriniaeth rhag dyfod i mewn o'r Dwyrain. Y mae pob cenedl rydd yn berygl i lywodraethwyr cenhedloedd caeth. Felly, rhaid oedd dinistrio'r ffordd newydd o fyw yn y Dwyrain rhag ofn i wledydd Ewrop fabwsiadu'r ffordd honno. Byddai hynny'n drychineb nid bychan i'r dynion sy'n byw yn fras ar dylodi'r gweithwyr.

Credaf y dylid pwysleisio un peth yn bendant; sef nad oedd gan lywodraethwyr Ewrop nac America wrthwynebiad i ffordd Hitler o lywodraethu gwlad. Pan erlidid yr Iddewon a'r Comiwnyddion, eu carcharu a'u lladd, pan losgid llyfrau enwoca'r byd ac alltudio meddylwyr mwyaf eu cyfnod, ni bu brotest o Brydain, Ffrainc nac America yn erbyn hynny. Pob ergyd a roddai Hitler ar weriniaeth, pob ymgais o'i eiddo i yrru safon byw'r miliynau'n is, yr oedd peth felly wrth fodd calon llywodraethwyr gwledydd cyfalaf y byd. Y mae'n bwysig i ni ddeall ein bod yn ymladd Hitler nid am ei ffordd o lywodraethu gwlad, ond am iddo chwenychu rhywbeth oedd gan Brydain mewn trefedigaethau a marchnadoedd a nwyddau crai. Pan beryglodd Hitler feddiannau Prydain, aeth yn ryfel.

Yr oedd llawer gweriniaeth wedi profi dwrn dur Ffasgiaeth cyn y rhyfel. Yr oedd China wedi cael profiadau chwerw o ffordd Hitler o lywodraethu; yn Sbaen disgynnodd barn Hitler a Mussolini'n drwm ar y werin; yn Munich bradychwyd gweriniaeth arall. Ond sylwer mai'r gwledydd lle yr oedd gweriniaeth a ffordd newydd o fyw yn dechrau, a drawyd gyntaf. Ni bu protest y gwledydd "gwerinol" yn fawr yn erbyn sathru hawliau'r gwledydd hyn dan draed. Petrol ac arian ac arfau o Brydain ac America a fu'n cynorthwyo Japan i ddinistrio China. Felly, nid oedd gan Brydain nac America wrthwynebiad i ffordd Japan o fyw ac o lywodraethu gwlad.

Y mae helynt Sbaen yn beth gwarthus iawn i Ffrainc ac i Brydain. Pan ddechreuodd y taro yn Sbaen, mentrais ddweud yng ngwasg Cymru fod y Rhyfel Mawr Byd-eang wedi dechrau. Yn Sbaen, yr hen fyd a'r byd newydd oedd yn taro. O blaid yr hen fyd yr aeth dylanwad y gweriniaethau ar y pryd. Rhoddwyd Seco-Slofacia i Hitler nid oddi ar unrhyw deimlad o gyfiawnder, eithr iddo gael drws agored i'r Dwyrain. Chwith iawn meddwl i eglwysi'r wlad hon gynnal cyrddau gweddi i ddiolch am waith Chamberlain yn Munich. Nid oeddynt yn gweld Abertawe, Lerpwl, Llundain, Coventry, a threfi eraill yn mynd yn sarn mewn canlyniad i'r gwerthu allan a fu yn Munich. Gan nad oedd, a chan nad oes, gan benaethiaid y gwledydd Cyfalaf wrthwynebiad i ffordd Hitler o lywodraethu gwlad, a ellir yn rhesymol disgwyl iddynt godi byd newydd ar batrwm gwahanol i Hitler?

Pan sonia'r papurau am danciau Prydain yn mynd drwy strydoedd Brusscls i gadw trefn ar weithwyr a fu'n ymladd Hitler am flynyddoedd; pan rhoddir gorchymyn i awyrwyr beidio â bomio Plas yr Ymerawdwr yn Tokyo; pan welir awyrblenau America yn mynd â Mihailovich, cyd-weithwyr Hitler yn Yugo-Slafia, i Rufain, ac i gysgod amddiffyn y byddinoedd Prydeinig ac Americanaidd, oni theimlid fod cydymdeimlad y "gweriniaethau" gyda'r Ffasgiaid o hyd? Pan glywir am fechgyn Prydain yn ymladd gweithwyr Groeg, a'r penaethiad yn ei galw'n "Wylliaid"; "Dynion y Mynyddoedd"; "Reds", pan wneir pob ymdrech i osod yn ôl ffrindiau Hitler, pa fodd y gall y dyn cyffredin gredu yn nidwylledd ein llywodraethwyr?

Onid ydynt yn dangos yn ddigon eglur mai'r hen ffordd o fyw a'r hen fyd y maent yn chwennych eto? Dywedir weithiau wrthym ni werinwyr am adael y gwaith o ad-drefnu i'r "arbenigwyr"; dynion sy'n deall eu gwaith. Tybed a ydynt yn ei ddeall? Tybed a yw'r "arbenigwyr" milwrol wedi dangos eu hunain yn ddeallus? O fynd yn ôl i 1914 dywedai'r "arbenigwyr" milwrol y byddai byddin Rwsia yn Berlin cyn y Nadolig. Yr oedd ganddynt ddarluniau'n dangos y Russian Steam Roller yn symud ymlaen yn araf ond sicr. Yr oedd rhai ohonom a wyddai am bydredd mewnol yr hen Rwsia yn deall ar y pryd na chyrhaeddai byddin Rwsia byth i Berlin. Credai'r miloedd mai ffolineb i ddynion dibrofiad fynd yn groes i farn yr "arbenigwyr".

Yn 1941 credai'r "arbenigwyr" milwrol mai rhyw dri mis, neu chwe mis i'r eithaf, y medrai Rwsia ddal yn erbyn Hitler;

a rhai ohonom wedyn a oedd yn gwybod am gryfder a threfn Rwsia yn beiddio proffwydo na fedrai Hitler goncro Rwsia o gwbl. Yn yr holl helynt o'r dechrau y mae'r "arbenigwyr" wedi eu curo'n lân gan ddynion di-sôn-amdanynt. Pan ddywedir wrthym ni mai gwaith "arbenigwyr" yw creu'r byd newydd, gwyddom o'r gorau mai creu byd diogel i ysbeilwyr yw'r amcan. Fe all dynion cyffredin y byd lunio trefn newydd os cant lonydd i wneuthur hynny. Felly, yr ydym ni, yn enw'r dyn cyffredin, yn beiddio awgrymu ffordd newydd a gwell i fyw na'r ffordd oedd gennym cyn y rhyfel. Gellir troi'n ffaith a sylwedd yr addewid am y byd newydd.

Ond rhaid peidio â disgwyl i'r dynion a ddamniodd yr hen fyd greu byd newydd a gwell. Y mae un peth yn sicr, bydd yn amhosibl llunio byd newydd a chadw'r hen drefn. Bydd yn rhaid mabwysiadu un o ddwy ffordd, Ffasgiaeth; ffurf olaf a mwyaf trychinebus Cyfalafiad neu Sosialaeth. Dyna'r dewis. Y mae gennym enghraifft o ddwy wlad a roddodd brawf ar y ddwy ffordd. Aeth Rwsia tua'r Chwith, a rhoddi Sosialaeth mewn gweithrediad i raddau helaeth iawn. Aeth yr Almaen tua'r Dde, a gwelodd y byd drychineb ei llywodraeth ar bobl yr Almaen, a pherygl y math yma o drefn i wledydd eraill.

Beth yw Ffasgiaeth? Ymgais nifer bach o ddynion i ddefnyddio adnoddau gwlad a llywodraethu'r miliynau heb eu cydsyniad. Gwthio llywodraeth ar y bobl drwy rym arfau, a honno'n lywodraeth anfanteisiol i'r mwyafrif. Cymrwyd meddiant o'r peiriant gwleidyddol ac economaidd yn yr Almaen, a defnyddio'r peiriant milwrol i blygu dynion i lywodraeth na chwenychent. Cyn mynd ati i goncro Ewrop rhaid oedd concro gweriniaeth yn yr Almaen. I'r pwrpas hwnnw cafodd Hitler bob cynorthwy mewn cydymdeimlad, arfau ac arian gan wledydd cyfalaf Ewrop. Wedi cael llwyr feistrolaeth ar werin ei wlad fe'u cerddwyd gan Hitler i ddarostwng gwledydd eraill i'w ffordd ef o fyw. Cafodd gydymdeimlad wrth y gwaith hwnnw hefyd yn Sbaen a Seco-Slofacia. Nid ymladd Hitler am fod ei ffordd o lywodraethu gwlad yn ddrwg y mae'r "gweriniaethau"; fe'i hymleddir am iddo osod ei hun yn gystadleuydd i'r gwledydd

130

mawr, ac ewyllysio meddiannu gwledydd ac adnoddau a marchnadoedd a oedd yn eu meddiant hwy. Nid fel dyn peryglus i'r byd yr ymleddir ef, ond fel cystadleuydd i fawrion y gwledydd. Heb gofio hyn ni ellir cyfrif am lwyddiant Hitler yn y blynyddoedd cyn y rhyfel.

Pe bai'r "gweriniaethau" wedi bwrw eu dylanwad o blaid gwerin yr Almaen, ni buasai "trefn newydd Hitler" wedi llwyddo. Chwaraeodd y Blaid Lafur ran drychinebus yn yr Almaen drwy gefnogi Hitler yn erbyn yr "adain aswy" o'r mudiad gwerinol. Yr oedd gelyniaeth arweinwyr Llafur mor fawr yn erbyn Comiwnyddiaeth yn yr Almaen ag ydyw ym Mhrydain heddiw. Gwrthod cydweithio â'r "adain aswy" fu hanes arweinwyr y Blaid Lafur yn ein gwlad ni. Pan geisiwyd codi "Ffrynt Unol" o bob dyn a phlaid a oedd yn gweld perygl rhyfel a pherygl Hitleriaeth, gwrthod yn bendant fu hanes arweinwyr swyddogol llafur. Taflu allan o'i rhengoedd ddynion fel Sir Stafford Cripps, ac yn ddiweddarach, D.N. Pritt, K.C.

Archifdy Bangor

7

Y Ddraig Goch
a'r Faner Goch

Yr olygfa tuag at Gnwc yr Hwrdd yn y 1940au hwyr
a Chwm Cerwyn i'r dde

SYNDOD BRAIDD NA fu Niclas yn barod i osod ei bwn o dan
yr iau pan fygythiwyd meddiannu llethrau ei gynefin gan
filitariaeth wedi'r Ail Ryfel Byd. Bu'r lluoedd arfog yn ymarfer
ar Fryniau'r Preselau yn ystod y rhyfel, gan gynnwys catrawdau
o'r Unol Daleithiau. Roedd y Swyddfa Ryfel gyda chefnogaeth y
cadfridogion am sefydlu maes ymarfer parhaol yn y fro a fyddai'n
golygu chwalu cymdeithas. Byddai'n rhaid i ffermwyr dderbyn
iawndal am golli tir, byddai nifer o gapeli yn colli dros hanner eu
haelodau a byddai un o ardaloedd Cymreiciaf Cymru yn peidio

â bod dros nos. Roedd cyflafan debyg eisoes wedi digwydd ar Fynydd Epynt yn ystod y rhyfel.

Cododd y trigolion yn un gŵr i wrthwynebu'r bygythiad o dan arweiniad y gweinidogion a'r ysgolfeistri lleol. Roedd D. J. Williams, y cenedlaetholwr a oedd yn athro yn Abergwaun, yn gweithredu'n frwd yn y cefndir. Er yn alltud yn Lloegr cyfansoddodd Waldo Williams y gerdd 'Preseli' yn mynegi'r hyn oll a olygai'r fro iddo a thrwy hynny godi'r frwydr i dir moesol uwch. Daeth Gwynfor Evans, Llywydd Plaid Cymru, i annerch cyfarfod cyhoeddus ym Maenclochog.

Roedd Cyngor Sir Benfro wedi datgan cefnogaeth a gwelwyd nifer o unigolion dawnus a dylanwadol, oedd â chysylltiad â'r ardal – Caleb Rees, cyn-Arolygwr Ysgolion ei Mawrhydi, yr Athro W. D. Evans a oedd yn awdurdod ar ddaeareg yr ardal, a'r meddyg teulu lleol, Dr E. Roland Williams a oedd wedi arloesi o ran annog cerdded y bryniau fel gweithgaredd hamdden – yn estyn cymorth ar sail eu harbenigedd. Ond nid Niclas.

Ond fe wnaeth ei safbwynt yn glir mewn llythyr yn *Y Faner* ym mis Tachwedd 1946 yn datgan ei fod ar ryw olwg yn gweld ymhellach, ac nad atal ymarferion milwrol er mwyn cadw glendid ddylid ei wneud ond atal consgripsiwn yn llwyr, fel na bod yna filwyr i ymarfer arfau rhyfel.

Ond roedd ganddo asgwrn i grafu gyda chenedlaetholdeb pur a hynny er nad oedd lle i amau ei Gymreictod a'i wladgarwch. Daeth ei safbwynt yn amlwg yn y dyddiau pan gyhoeddai ysgrifau yn *Y Geninen* pan aethai i bluf y Parch W. J. Phillips.

* * *

"ARWYDD O FEDDALWCH MEWN CYMERIAD YW CARU CENEDL" – Y PARCH. W. F. PHILLIPS, B.A., B.D., B.LITT.

YNG NGENINEN Hydref diwethaf ymddangosodd ysgrif yn dwyn y pennawd 'Y Ddraig Goch ynte'r Faner Goch'. Yn y pennawd yna cymerid yn ganiataol nad oes dim lle i'r ddwy ym mywyd Cymru. Ond y mae eisiau'r ddwy yng Nghymru ar hyn o bryd. Rhaid rhoddi i'r Ddraig Goch ei lle dan blygion y Faner Goch. Atal estroniaid i yrru'r Ddraig Goch allan o Gymru yw amcan pennaf y Faner Goch. Tra deil y Faner Goch i gwhwfan, triga'r Ddraig Goch mewn heddwch.

Yr oedd yr ysgrif yng NGENINEN Hydref yn sylfaenedig ar frawddeg o'r *Pioneer*, papur Llafur a gyhoeddir ym Merthyr. Nis gwn sut yr anghofiodd yr awdur grybwyll gair yng nghylch cysylltiadau'r frawddeg: gwn mai anghofio gwneyd hynny ddarfu iddo, ac nid ei adael allan yn fwriadol. Ysgrifennwyd y frawddeg mewn atebiad i Sosialydd arall ddadleuai am uno canghennau Cymreig yr I.L.P., a rhoi gwedd fwy cenedlaethol ar symudiad Llafur yng Nghymru. Nid ysgrifennu dros nac yn erbyn cenedlaetholdeb yr oedd awdur y frawddeg yn y *Pioneer*.

Onid yw'r Beibl yn gwadu bodolaeth Duw yn ôl y dull hwn o ymresymu pan y dywed "nad oes un Duw"? Oni cheir Iesu Grist yn cymell Ei ddisgyblion i ladrata asyn, os gellir tynnu brawddegau allan yn ddibris o'u cysylltiadau? (Gwel. Marc xi. 2.) Ac onid yw awdwr yr ysgrif yng NGENINEN Hydref yn dweyd "mai arwydd o feddalwch mewn cymeriad yw caru cenedl"? Nid oes dim rhaid i mi, yn ôl y safon osodwyd i lawr ganddo ef ei hun, nodi'r cysylltiadau.

Ceir gan G. B. Shaw, yn ei ragymadrodd i *John Bull's Other Island*, frawddegau wnânt y tro yn gampus fel testynau i awdwr yr ysgrif ryw dro eto. Wele destyn neu ddau iddo: "Nationalism stands between Ireland and the Light of the World" a "There is no Irish race, any more than there is an English or Yankee race". Felly, yn ôl G. B. S., y mae holl genhedloedd y ddaear yn agored i gael eu gwadu. Ond nid teg cymeryd brawddegau fel hyn allan o'u cysylltiadau. Hyderaf y bydd y doethwr o Goleg Iesu wedi dysgu hyn erbyn y tro nesaf.

Hona'r ysgrif fod yn amddiffyniad i Genedlaetholdeb; ond ymosodiad ar Keir Hardie ydyw gan mwyaf. Ymesyd ar Hardie am ei fod yn estron. Nid oes eisiau i mi amddiffyn Hardie; y mae efe yn gymeriad glân, ac yn ymladdwr glân; ac fel rheol ymesyd ar weithredoedd cyhoeddus ei wrthwynebwyr mewn iaith ddeallir ganddynt. Caled yw ei eiriau weithiau am yr arweinwyr Rhyddfrydol, ond gofala ymosod arnynt mewn iaith a ddeallir ganddynt. Dengys hyn degwch a gwroldeb. Yr unig air wyf am ddweyd ar y pwnc hwn yw, y gall Keir Hardie roddi iaith i'n hysbryd cenedlaethol lawn cystal â Syr Alfred Mond.

Gŵyr gwerin Cymru ormod amdano i gredu pob chwedl draethir gan elynion y werin. Gwir nad aeth i Gastell Caernarfon i goffhau goruchafiaeth y Saeson ar y Cymry; ac na ddawnsiodd gyda'r estron ddyn wrth alw i gof lwyr ddarostyngiad y genedl safodd allan gyhyd yn erbyn trais y Saeson. Gadawaf i ddynion pwyllog ddweyd a oedd peidio gwneyd hynny yn groes i ysbryd gore'r genedl. Credaf yn bersonol mai un o'r gweithredoedd mwyaf anfad wnaed erioed oedd mynd i Gaernarfon i ogoneddu tywysog estronol, ar draul, ond heb gennad, y werin, tra yr oedd miloedd o blant bach yn y Rhondda yn hanner newynu. Os mai hyn yw caru cenedl, wel – ym mhell y bo!

Cyn mynd ym mlaen at brif gyhuddiadau'r ysgrif yn erbyn y blaid Sosialaidd, byddai yn well i mi symud rhyw fân bethau o'r neilltu. Un peth ddygir i'r wyneb yw i Keir Hardie ganu geiriau Cymraeg heb ddeall eu hystyr. O, weithred ysgeler! Ond a ydoedd hynny yn fwy o drosedd nag i dywysog estronol (yr hwn, oherwydd rhyw amryfusedd, a elwir yn Dywysog Cymru) lefaru geiriau Cymraeg yng Nghaernarfon? Os oedd canu Cymraeg Hardie yn lladd ysbryd cenedlaethol, mae yn sicr fod siarad Cymraeg y Tywysog yn gwneyd yr un peth.

Peth arall godir yn yr ysgrif yw diffyg cysondeb mewn Sosialwyr. Yn wir, gwell i'r awdwr beidio taflu cerrig ar bwnc y cysondeb yna, onide y mae perygl i rai o honom hawlio cysondeb mewn Rhyddfrydwyr. Bydd yn ddigon cynnar i hawlio cysondeb ym mysg Sosialwyr pan geir hynny ym mysg Ceidwadwyr a Rhyddfrydwyr! Cyhuddiad arall yn erbyn y blaid yw: "Addawant lawer, ond ni chyflawnant." Pa blaid sydd wedi addaw Dadgysylltiad i Gymru am ddeugain mlynedd, ac eto heb ei roi? Nid plaid y Sosialwyr.

Yn awr at ddau brif gyhuddiad yr ysgrif. Dywedir yn gyntaf fod y mudiad Sosialaidd yn wrth-genedlaethol. Dywedir, yn yr ail le, fod y mudiad Sosialaidd yn wrth-grefyddol. Byddai yn werth i'n darllenwyr sylwi na ddywedir fod y mudiad Sosialaidd yn wrth-ddynol nac yn wrth-Gristnogol. Yn awr at y camgyhuddiad cyntaf.

A yw y Mudiad Sosialaidd yn wrth-genedlaethol?
Gellir ateb ar unwaith nad ydyw. Wele'r cyhuddiad yng ngeiriau'r awdur ei hun: "A yw yr arweinwyr Ymneillduol hynny a ddenir gan y Sosialwyr i ddefnyddio y llwyfan, a lleoedd eraill, i ymosod ar bob sefydliad cenedlaethol, ac i'n darostwng yng ngolwg y byd, yn ystyried eu bod drwy hynny yn gwerthu ein cenedl heddyw?"

Dichon fod yr awdur yn cyfeirio at Ddadgysylltiad. Nid oes un berthynas rhwng hwnnw a chenedlaetholdeb. Ond y mae Keir Hardie wedi dweyd yn glir beth yw ei safbwynt ef ar y pwnc hwn. Mewn araith fawr draddodwyd ganddo ym Merthyr ar y 13eg o Hydref 1911 dywedodd ei fod yn awyddus i weld Dadgysylltiad yn dod yn ffaith. Ai tybed fod Rhyddfrydwyr yn awyddus i weld Dadgysylltiad yn dod yn ffaith? Gadawaf i addewidion hanner canrif lefaru.

Y blaid Sosialaidd yw yr unig blaid wleidyddol yn y Deheudir weithia dros genedlaetholdeb. Nid canu am "Wlad y menyg gwynion" a "Gwlad y bryniau" yw cenedlaetholdeb. Nid chwareu ar deimladau'r werin wrth sôn am y Cymro enwocaf yn y byd ydyw chwaith. Nid addoli yr arweinwyr Rhyddfrydol Cymreig, fuont yn ddistaw er i un o'u cyd-wladwyr gael ei lofruddio yn Llanelli, nid hyn yw cenedlaetholdeb. Y mae yn bosibl i achos cenedl fynd a lle achos Dynoliaeth. Y mae yn well i mi ddyfynnu o un o areithiau Keir Hardie ar Genedlaetholdeb, gan mae ef a gyhuddir yn bennaf. Wele ran o'i araeth:

"Y mae llawer o sôn am genedlaetholdeb Cymreig. Fel Ysgotyn yr wyf yn credu mewn cenedlaetholdeb. Ond dylem ofalu mai cenedlaetholdeb gwir ydyw, ac nid rhyw ffug diwerth. Gwelsom aelodau o'r Blaid Cenedlaethol yn tramwy drwy Gymru i areithio; sonient am genedlaetholdeb Cymreig; ond a glywyd un ohonynt yn dweyd gair o gydymdeimlad a thosturi â'r hen fam a'r hen dad sy'n wylo eu calonnau allan mewn cartref unig yn Llanelli, am hogyn o Gymro gafodd ei saethu drwy ei galon?

Naddo, neb ohonynt. Soniant am genedlaetholdeb Cymreig pan fydd arnynt eisiau pleidleisiau ond pan fydd galw am iddynt wneud rhywbeth dros y gweithwyr, nid cenedlaetholwyr mohonynt y pryd hynny, nage, na Chymry chwaith! Ond gwleidyddwyr dallbleidiol â'u holl fryd ar gadw'r gweithwyr "yn eu lleoedd penodol". Ddynion a merched Dowlais, yr ydym am gael plaid genedlaethol Gymreig; ac os medr Syr Alfred Mond arwain y "Blaid Genedlaethol" bresennol, mae'n eithaf posibl i Keir Hardie arwain y blaid wirioneddol.

Dyma'r blaid genedlaethol sydd gennyf fi mewn golwg: Pobl Cymru yn ymladd i adfeddiannu tir Cymru, dosbarth gweithiol Cymru yn dod i feddiannu y mwynfeydd a'r ffwrneisiau, a'r ffyrdd haearn a'r gweithfeydd mawrion cyhoeddus yn gyffredinol ac yn gweithio fel cymrodyr, nid er budd cyfranddalwyr, ond er lles pob dyn a dynes a phlentyn o fewn eich terfynau. Dyna'r math o genedlaetholdeb y mae arnaf fi eisiau ei gael; a phan ddaw hynny, fe gawn weld y Ddraig Goch yn addurno Baner Goch Sosialaeth, arwydd cyd-genedlaethol symudiad Llafur drwy'r holl fyd." Keir Hardie yn Nowlais, Hyd. 14eg, 1911.

Cael daear Cymru yn eiddo i'r genedl yw y symudiad mwyaf cenedlaethol yn y wlad ar hyn o bryd. Onid ydym wedi bodloni yn rhy hir ar ganmol ein gwlad heb wneyd fawr er ei hadfer yn ôl i feddiant y genedl? Yr ydym wedi meddwi wrth ganu fod "hen wlad ein tadau yn annwyl i ni", ond pan fyddo'r Sosialwyr yn ceisio cael yr hen wlad yn ôl i fod yn eiddo i'r genedl dywedir ein bod yn "wrth-genedlaethol". Yr ydym yn anghofio yn aml, wrth foli Cymru, fod daear ein gwlad yn eiddo i estroniaid. Y werin bia'r wlad. Ym mhryddest y Goron, yng Nghaerfyrddin, ar 'Werin Cymru', ceir cwpled sy'n cyfeirio at hawl y werin i'r wlad:

Hil y gewynnau tynion,
Hi bia'r wenwlad a'i bri.

Ond heddyw y mae "hil y gewynnau lleicion" wedi trawsfeddiannu'r wenwlad a'i bri. Nid gelyn i Gymru yw'r dyn weithia er mwyn adfer y wlad yn ôl i'r Cymry. Pan ddaw'r wlad yn eiddo'r genedl, y pryd hwnnw, ac nid cynt, y gellir honni cenedlaetholdeb. Y blaid sydd yn gweithio galetaf i gael y ddaear yn ôl yw y blaid Sosialaidd, felly hi yw'r blaid genedlaethol.

Mentraf awgrymu ei bod yn genedlaethol i'r eithaf. Ddydd Mercher, Awst 9fed 1911 yng Nghaerfyrddin, cyfarfyddodd nifer o Sosialwyr â'i gilydd i drefnu yng nghylch agweddau Cymreig yr I.L.P. Pasiwyd yno'r penderfyniad canlynol:

Y mae'r cyfarfod hwn o'r farn mai'r unig blaid fedr gynrychioli gwerin Cymru yn iawn yw plaid Llafur, ac mai'r unig ffordd i gael yr ysbryd cenedlaethol i amlygu ei hun yn llawn yn y byd gwleidyddol a gweithfaol yw drwy fabwysiadu'r cynllun o genedlaetholi tir a gweithfeydd y wlad.

Credaf fy mod wedi dweyd digon i brofi nad oes dim yn rhaglen y blaid Sosialaidd yn wrth-genedlaethol, a chredaf hefyd fy mod wedi llwyddo i brofi nad gwir y cyhuddiad ysgubol fod y blaid yn gwrthwynebu "pob symudiad a phob sefydliad cenedlaethol". Ni wrthwynebir un heb sôn am bob un.

Y Geninen (1912)

COMIWNYDDIAETH A CHYMRU

A yw'n beryglus i barhad ein cenedl?

Nid lladd nodweddion a gwrtaith cenhedloedd bychain a wnaeth Comiwnyddiaeth, eithr ei fywhau ac estyn oes cenhedloedd a oedd ar ddarfod amdanynt. Nid wyf yn meddwl i neb o olynion Rwsia a'i threfn awgrymu erioed fod yno orthrymder ar Iddewon na neb arall oherwydd eu perthynas â chenedl neilltuol. Dyna weithred gyntaf y Sofiet estyn i bob cenedl ryddid gwleidyddol, a rhoddi iddi lywodraeth lwyr, ar dir ac adnoddau crai ei gwlad a phob cynorthwy i feithrin ei bywyd meddyliol ar linellau cenedlaethol.

Pan gymerth Rwsia'r Ukran dan ei hadain, ceisio ei hachub rhag difrod Hitler a'i huno â'r darn o'r un genedl a oedd dan y Sofiet, digwyddodd rhyw bethau mawr yno. Ychydig fisoedd y bu Rwsia yno cyn i Hitler daro, ond digwyddodd pethau mawr yn y misoedd hynny. O dan Bwyl yr oedd pedwar ugain ac wyth y cant o'r tir yn eiddo i dirfeddianwyr Pwyl. Mwy na hanner y gweithwyr tir yn dal llai na phum acer. Yr oedd hanner y rhai hynny heb un ceffyl at waith y tir. Nid oedd yno ond 130 o ysgolion a thrigain a naw o bob cant yn anllythrennog. Dros ddarnau mawr o'r wlad nid oedd gwasanaeth meddygol nac ysbyty. Yn Lvov nid oedd unrhyw ofal am iechyd y plant; hanner can mil allan o waith a deg mil o buteiniaid ar y strydoedd.

Pan aeth Rwsia yno, rhoddwyd tair miliwn o aceri o dir i'r gweithwyr ar unwaith. Mewn llai na chwe mis nid oedd yno yr un dyn allan o waith. Rhoddwyd gwaith i hanner can mil yn Lvov; bedair mil ar hugain yn Drogobych ac un fil ar ddeg yn Tarnapol. Erbyn 1941 yr oedd chwe mil o ysgolion wedi eu hagor yno, tair a deugain o ysbytai, pump o gartrefi geni i famau, a phuteiniaid wedi eu gyrru o'r strydoedd. Dysgwyd hanner miliwn o ddynion i ddarllen ac ysgrifennu yn yr Ukren mewn blwyddyn. Ym mhrifysgol Lvov traddodid darlithiau yn iaith Pwyl ac iaith Ukran. Cyn hynny nid oedd rhyddid i'r Ukraniaid siarad eu hiaith. Codwyd chwaraedy i'r Pwyliaid yn eu hiaith a rhoddi rhyddid llawn iddynt gyhoeddi llyfrau a phapurau yn eu hiaith.

Ffigurau moel yw pethau fel hyn ar bapur. Ond wrth gefn y pethau hyn y mae ewyllys da Rwsia, costau mawr mewn arian a llafur, a byw heb bethau yr oedd eu heisiau yn Rwsia, cynorthwyo'r darn cenedl a orthrymwyd mor hir. Gyrrwyd ceffylau a gwartheg a defaid a pheiriannau at drin y tir. ????? nid oedd un dyn o fewn Rwsia fawr yn gwneuthur dimai o elw o lafur yr Ukraniaid. Nid oedd yno ysbail.

Rhoddodd Rwsia i bob cenedl fach fwy nag a ofynnir gan unrhyw blaid genedlaethol yn y byd. Senedd i Gymru, rhyddid gwleidyddol i Gymru, hawl i Gymru ddatblygu ei gwrtaith a'i nodweddion. Pethau da bob un. Cafwyd y pethau hyn dan Gomiwnyddiaeth. Cafwyd mwy. Ni ofynnir mwy gan bleidiau cenedlaethol ond cafodd pob cenedl fwy na hyn. Cafodd berchenogaeth lwyr o dir eu gwlad a'r adnoddau crai; llywodraeth dros addysg a iechyd a chwarae, a chafodd hefyd adnoddau diderfyn Rwsia i gyd i gynorthwyo i wneud y pethau hyn oll yn llwyddiant. A oes un blaid genedlaethol yn Ewrop heddiw yn gofyn am roddi'r ddaear i'r bobl? Gwelodd S. R, Hiraethog a Phan Jones a Michael Jones felltith tirfeddianwyr. A yw yn beth drwg i werin gwlad gael meddiant o'i thir a'i hadnoddau naturiol?

Ysgrifennaf fel hyn am fod perygl i rywrai gael eu camarwain am natur a neges yr unig gyfundrefn a'i profodd ei hun yn effeithiol mewn heddwch ac mewn rhyfel. Pan dorrodd y rhyfel allan mabwysiadodd Prydain drefn wleidyddol Hitler, llywodraeth ar y wasg a'r diwifr, llywodraeth ar ryddid ymadrodd, a phwyso'n drwm am un blaid wleidyddol yn y wlad. A bu adeg pan ystyrid rhedeg etholiad yn gyfystyr â bradwriaeth. Ataliwyd papurau, yn enwedig papurau a fu yn elynion i Ffasgiaeth, gwrthodir gadael i ohebwyr yr unig bapur a fu ar hyd y blynyddoedd yn elyn i Hitler fynd gyda'r fyddin i gasglu newyddion. Yr un yw cri arweinwyr Prydain a Hitler. "Melltith gwlad yw Comiwnyddiaeth" yw cri rhai o brif arweinwyr y wlad hon, a bob plaid Llafur, Toriaid a

Rhyddfrydwyr. Mewn gair, cymerwyd method Hitler ym myd gwleidyddiaeth.

Ond pan ddaeth eisiau trefnu adnoddau cenedl ar gyfer rhyfel, cymerwyd trefn Rwsia – cydweithio, darostwng ffatrïoedd a pheiriannau a dynion i'r pwrpas o amddiffyn y wlad. Ni ellid gwneud o dan yr hen drefn a oedd gennym cyn y rhyfel. Wrth ddewis ffordd Rwsia o weithio ar adeg rhyfel, cadwyd holl felltithion ysbail ynglŷn â hi. Telir mwy o log gan gwmnïoedd nag eriod. Un cwmni dillad yn Lerpwl, cwmni adnabyddus iawn i Gymru, yn talu dau gant a thrigain a phymtheg y cant o log. Ni cheir glo na defnyddio relwe heb dalu iawn i'r perchenogion. Yr unig beth a gymerwyd heb addo iawn yw bywydau dynion. Felly, rhaid peidio â barnu Comiwnyddiaeth yng ngolau'r peth sy'n digwydd heddiw yn y wlad hon. Trefn Rwsia er sicrhau cynnyrch, a holl felltithion y gyfundrefn ysbail wedi ei bachu wrthi, hynny sydd gennym. A yw ysbeilio'r werin yn beth digon gogoneddus i gael lle yn rhaglen pleidiau cenedlaethol Ewrop?

Y Faner (8 Mawrth 1944)

Diolch i bawb sy'n gweithio i arbed mynyddoedd y Preselau, Penfro, rhag eu troi'n fangre bomio. Bydd yn chwithdod mawr i fi, a fu'n chwarae ar lethrau'r hen fynyddoedd hyn, weld eu troi'n anialwch gan fomiau. Ond tybiaf weithiau mai rhoddi'r cert o flaen y ceffyl a wneir. Onid priodol i ni ddechrau'r pen arall, a chario ymgyrch ymlaen yn erbyn Gorfodaeth Filwrol?

O orfodi bechgyn i fynd i'r fyddin, rhaid cael lle iddynt fomio a dysgu eu crefft. Ynfydrwydd fydd dweud wrthynt am fynd i rywle arall i fomio. Sut y gall Sir Benfro ddisgwyl i'r bechgyn gymryd disgyblaeth filwrol mewn rhyw ran arall o Brydain?

Felly, y cam cyntaf, mi gredaf, yw gwrthwynebu gorfodaeth filwrol, a'n holi ein hunain: Beth yw'r amcan wrth fynd â'r bechgyn i'r fyddin? Bod yn barod yn erbyn pwy? Pwy yw'r gelyn sydd yn debyg o'n peryglu? Iwerddon? Gwlad yr Iâ? Yr

Almaen? Yr Eidal? Neu efallai Siapan, lle y mae America yn prysur ailgodi'r hen allu milwrol o gwmpas yr Ymherodr? Yn yr Almaen y mae llawer o ffrindiau Hitler mewn swyddi pwysig; yr un fath yn yr Eidal, a mawr yw gofid llywodraethwyr Prydain ac America am i elynion Hitler ennill yr etholiad yn Ffrainc. Onid cefnogi ffrindiau Hitler a wneir yng Ngwlad Groeg?

Y mae'n bryd i weithwyr Cymru sefyll a gofyn i ba beth yr eir â'r bechgyn i'r fyddin, a thorri ar eu cwrs mewn gwaith ac addysg? Nid oes berygl i ni o unrhyw gyfeiriad ond oddi wrth y galluoedd milwrol a godir gennym yn Siapan, yr Almaen a Groeg, a mannau eraill.

Y mae llawer o fechgyn wedi dyfod yn swyddogion yn y fyddin, nid ydynt yn meddwl mynd yn ôl at eu hen waith; felly, naturiol i'r rhai hyn yw gofyn am fyddin fawr. Oni cheir bechgyn i'w disgyblu ni bydd iddynt hwy le na swydd yn y fyddin.

Y mae'n bwysig i werin Cymru sylweddoli i ble y'n harweinir gan y Blaid Lafur y dyddiau hyn. A da fydd sylwi ar ein polisi tramor. Y Comiwnyddion a'r Iddewon yw gelynion llywodraethwyr America a Phrydain; ac y mae'r Iddewon y tu mewn i'r gwifrau pigog gan Attlee fel gan Hitler. A gwyddom yn dda y rhoddir pob bai yn y byd wrth ddrws y Comiwnyddion. Yn America y mae y Negro hefyd yn wrthrych erledigaeth. Da fydd i werin Cymru sylwi ar y tueddiadau hyn mewn pryd, rhag i ni ein cael ein hunain mewn rhyfel eto.

I ddyfod yn ôl at y pwynt, os am arbed mynyddoedd Penfro, rhaid fydd inni wrthwynebu Gorfodaeth Filwrol. Rhaid hefyd mynd â phob gallu o ddwylo'r cadfridogion. Y maent, a'u cyfrif drwodd a thro, yn wrth-werinol. Gadael gormod o allu yn nwylo'r cadfridogion a fu'r felltith yn Sbaen. Pob llwydd i'r ymgyrch yn erbyn troi bryniau Penfro'n fangre bomio.

Y Faner (13 Tachwedd 1947)

8

Y Rhyfel Oer

Gorymdaith CND yn Aberystwyth yn 1961
o wefan *aberystwythguide.org.uk*

YN YSTOD YR Ail Ryfel Byd roedd yna ddiddordeb mawr yn
hanes Rwsia, felly nid syndod deall fod Niclas yn teithio'r wlad
yn gyson gyda'i fap a'i gopïau o'r *Soviet Weekly*. Ond daeth tro
ar fyd ym mis Mawrth 1946 pan draddododd Winston Churchill
ei araith enwog yn Fulton, Missouri, lle cyhoeddodd: "From
Stettin in the Baltic to Trieste in the Adriatic, an iron curtain has
descended across the continent." Dyma oedd cychwyn y cyfnod
a ddisgrifir fel y Rhyfel Oer, cyfnod lle na welwyd brwydro

uniongyrchol rhwng yr Unol Daleithiau a'r Undeb Sofietaidd ond, yn hytrach, nifer o ryfeloedd dirprwyol megis yn Corea a'r Congo.

Digwyddiad allweddol oedd yr hyn a ddatgelwyd am droseddau Stalin mewn araith a draddododd Nikita Kruschev i'r Ugeinfed Gyngres o Blaid Gomiwnyddol yr Undeb Sofietaidd. Dyddiad y ddarlith oedd Chwefror 25 1956. Yn ôl yr hanesydd Eric Hobsbawm, dyma oedd dechrau'r diwedd i'r gyfundrefn Sofietaidd. Yn sgil y ddarlith, collodd y Blaid Gomiwnyddol ym Mhrydain nifer o aelodau ond nid oedd Niclas yn barod i dderbyn unrhyw feirniadaeth o Stalin.

Mewn llythyr at Evan Roberts ar Dachwedd 23 1956 nododd: 'Ni siglwyd fy ffydd yn Stalin o gwbl; cododd Rwsia o fod yn wlad isel iawn, un o'r iselaf yn y byd i fod yn gydradd â gwledydd mawr y byd.' Gwelwyd dirywiad pellach yn aelodaeth y Blaid Gomiwnyddol yn ddiweddarach yn y flwyddyn yn dilyn ymateb Rwsia i'r gwrthryfel yn Hwngari. Credir fod tua 2,000 o bobl wedi eu lladd wedi i danciau'r Fyddin Goch groesi'r ffin i Budapest. Ar y llaw arall, yr oedd yna ymosodiadau treisiol gan y gwrthryfelwyr ac mae yna dystiolaeth eu bod wedi lladd rhai aelodau o'r Blaid Gomiwnyddol mewn gwaed oer.

Protestiadau ar raddfa lai yng Ngwlad Pwyl oedd wedi ysbrydoli'r gwrthryfel ond yr oedd yr Unol Daleithiau hefyd wedi procio'r tân trwy ledu propaganda ar 'Radio Free Europe'. Yn dilyn yr ymosodiad, collodd y Blaid Gomiwnyddol ym Mhrydain dros chwarter ei haelodaeth ond collwyd hanner y rhai oedd yn perthyn i'r gangen iau. Un aelod a gefnodd oedd Jack Maunders, ysgrifennydd y Blaid yng ngorllewin Cymru. Mewn llythyr a ddanfonodd i esbonio'r penderfyniad nododd: 'The Hungarian Events, plus the revelations of the 20th Congress, came as a tremendous shock to me,' cyn mynd ymlaen i sylwi: 'I find the strain of trying to explain events, which I was previously prepared to defend so fiercely, too much for me.'

Serch hynny, nid oedd ffydd Niclas yn y drefn Sofietaidd wedi ei siglo, fel y gwelwn o lythyr a ddanfonodd at Hywel D. Williams, Rhigos, ar Rhagfyr 17 1956: 'Amser drwg iawn ydyw ar hyn o bryd yn wir, ond ni phallodd fy ffydd yn y drefn. Pwerau o'r tu allan sydd yn gwneud y trwbl, ac nid codi yn naturiol o'r drefn a wnânt.'

Wrth edrych yn ôl, rhaid sylwi nad gwrthryfel Hwngari oedd trobwynt mawr 1956 ond penderfyniad Prydain, Ffrainc ac Israel i gipio Camlas Suez. Yr oedd Gamal Nasser, Arlywydd yr Aifft, wedi gwladoli'r gamlas ym mis Gorffennaf ac wedi addo talu'r buddsoddwyr y pris llawn am eu cyfranddaliadau. Ar Hydref 29 cipiodd lluoedd Israel ddarn o'r gamlas a chyn hir yr oedd milwyr Prydain a Ffrainc wedi ymuno â'r cyrch. Enillwyd ardal eang o dir ar y cychwyn ond ni lwyddwyd i gipio'r gamlas yn ei chrynswth. Yn ystod yr ymladd lladdwyd 3,000 o filwyr yr Aifft a dros 1,000 o sifiliaid yn dilyn y bomio.

Erbyn hyn yr oedd yna ymgyrch rhyngwladol yn erbyn y weithred ond y ffactor allweddol oedd colli cefnogaeth yr Unol Daleithiau ac fe aeth yr Arlywydd Eisenhower mor bell â bygwth y benthyciadau a oedd yn angenrheidiol i Brydain. Ar ddechrau mis Tachwedd trefnwyd cadoediad ac erbyn diwedd y flwyddyn yr oedd yna warchodlu o'r Cenhedloedd Unedig ar y tir. Heddiw bernir mai antur Suez oedd dechrau'r diwedd i'r Ymerodraeth Brydeinig, felly nid syndod fod Niclas wedi cael modd i fyw.

Mewn llythyr at Evan Roberts sylwodd 'fod yr Aifft wedi ennill buddugoliaeth fawr' ond yr oedd hefyd o'r farn y dylai'r Aifft symud cryn dipyn i'r chwith i fod yn ddiogel. Yn ffodus fe fu Niclas byw i weld nifer o wledydd ar draws y byd yn diosg hualau imperialaeth ac yn gosod y sail i fywyd annibynnol. Yn y chwedegau prif ddiddordeb Niclas oedd twf y mudiad heddwch dros y byd. Yr oedd yn gefnogwr brwd o'r Ymgyrch Ddiarfogi Niwclear. Yn sgil yr holl newidiadau haerai mai syniadau Cymreig nid syniadau estron a lywiodd ei weledigaeth ar hyd ei oes: 'Cefais hwynt yn Sir Drefaldwyn gan Robert Owen, a chafodd Rwsia lawer o'i syniadau oddi wrth y Cymro mawr hwn.'

* * *

Go dywyll yw pethau rhwng y gwledydd. Nid oedd dim arall i'w ddisgwyl. Saif Rwsia dros hawliau gwerinoedd y byd ac yn erbyn yr ysbeilwyr; saif Prydain ac America yn erbyn gweriniaeth a thros hawliau'r ysbeilwyr. Hynny roddodd fod i'r rhyfel. Dyna'r paham rhoddwyd arian ac arfau i Hitler gan y ddwy wlad. Ond aeth pethau o chwith. Credaf i mi ddweud wrthych fwy nag unwaith yn ystod y rhyfel mai cyfleustra oedd Rwsia; dim cydymdeimlad â hi na'i hamcanion.

Ffurfiwyd yr UNO yn gynnar cyn concro Hitler, a'r pryd hwnnw meddyliai Churchill y byddai Rwsia yn rhy wan i wneud dim ar derfyn y rhyfel. Gwyddai'r ddwy wlad arall y caent hwy bleidleisiau gwledydd De America oherwydd gafael ariannol cyfalafwyr Prydain ac America arnynt. Dyna'r paham y safodd Rwsia mor gyndyn ac mor ddireswm mewn un ystyr yn erbyn gwneud i ffwrdd â'r Veto. Unwaith y gweir i ffwrdd â hwnnw dyna hi ar ben ar Rwsia. Bydd y mwyafrif, am eu bod yn wledydd cyfalafol, bob amser yn erbyn Rwsia.

Yn erbyn Rwsia y ffurfiwyd yr UNO. Dyna paham y ffurfiwyd Cymdeithas y Cenhedloedd, er mwyn dinistrio gweriniaeth yn enw gweriniaeth; drwy bleidlais y mwyafrif. Cymdeithas fu honno yn noddi buddiannau'r gwledydd mawr a chadarnhau gelynion Rwsia. Pan aeth Rwsia i mewn a cheisio troi'r Gymdeithas yn offeryn heddwch, fe'i lladdwyd gan Brydain. Nid oedd arnynt eisiau cymdeithas i atal rhyfel; cymdeithas i droi y rhyfel yn erbyn Rwsia oedd eisiau arnynt.

Y mae'r un fath eto, ond fod Rwsia ar hyn o bryd yn gryf a'i safle mewn gwahanol fannau o'r byd yn rhoddi diogelwch iddi.

Yn enw gweriniaeth y mae America yn dinistrio gweriniaeth yn China er cael gallu milwrol cryf ar ffiniau Rwsia. Ail-godir Japan eto i fod yn allu milwrol mawr. Byddai hynny yn amhosibl y tro hwn oni bai am Bevin a'i glic bradwrus. Dyma hwynt wedi rhoddi swydd bwysig i fab MacDonald, y dyn rwygodd y Blaid Lafur yn ddwy ran, a'r hogyn a ymunodd â'r Torïaid wedi cael swydd bwysig iawn. Pob swydd o bwys a roddwyd hyd yn hyn, i'r hen gang y rhoddwyd pob un.

Cafodd Lloyd George gyfle mawr yn 1917; ond y pryd hwnnw yr oedd Rwsia'n wan ac nid oedd mudiadau gwerinol yn cyfrif dim yn Ewrop. Cafodd Bevin fwy o gyfle am fod Rwsia yn gryf a phob gwlad yn Ewrop eisiau sefydlu gweriniaeth ac yn gwneud pan gaffont lonydd gan Brydain.

Y trychineb mawr yn yr helynt yw llywodraeth y mawrion ar y wasg a'r diwifr. Ni cheir areithiau Rwsia a Pholand ond yn fratiog. Felly ni chaiff y wlad glywed yr achos cryf a wnaethpwyd yn erbyn Prydain yn Groeg a Java. Can mil o filwyr gennym ni yn Groeg; deugain mil o'r brodorion wedi eu lladd yn y Dwyrain, a Japan yn ymladd ochr yn ochr â ni. Ni wadodd Bevin hynny, a chydnabyddodd mai pedwar cant ar ddeg o'n milwyr ni a laddwyd a'u clwyfo. Pump ar hugain oedd ffigwr Rwsia, pump ar hugain wedi eu lladd, am nad oes gan y brodorion arfau o gwbl ond bwa saeth a phastynau.

Nid oes gennym ni ond dal i weithio megis cynt yn erbyn yr un galluoedd ac yn erbyn yr un anwybodaeth. Y mae ffeithiau'r dynion hyn yn gywir, ond eu casgliadau oddi wrth y ffeithiau yn gamarweiniol iawn. Yn Llydaw y mae arweinwyr cenedlaethol Llydaw ar eu prawf; ond y mae dweud eu bod ar eu prawf am eu bod yn genedlatholwyr yn anwiredd mawr. Y maent ar eu prawf am iddynt gydweithio â Hitler, a bradychu arweinwyr y 'gurilas', a chasglu dynion i fynd i weithio fel caethion i

Germany. Camliwio ffeithiau yw dweud yr erlidir hwynt am garu eu gwlad. Bradwyr i'w gwlad ac i'w cyd-genedl a fuont drwy y rhyfel. Credaf i mi gyfeirio at hynny rai blynyddoedd yn ôl mewn llythyr atoch.

Rhaid i mi orffen neu byddwch yn sâl eto wrth ddarllen fy llythyr. Cofion gorau.

Llythyr at Evan Roberts (12 Chwefror 1946)

Onid yw'r ymgyrch yn erbyn Rwsia yn ffyrnigo? Ymddengys nad yw'r awdurdodau'n fodlon ar yr etholiadau yn Poland. Nid yw Rwsia, na ninnau, yn rhy fodlon iawn ar yr etholiad yn Groeg. Dylasai Prydain ac America gau eu cegau. Y mae deunaw miliwn yn America heb bleidlais o gwbl. Nid oes i'r dyn du ran na chyfran mewn etholiadau. Yr un fath yn Ne Affrica ac India dan ein baner ninnau; nid oes iddynt lais o gwbl. A dyna'r dynion sy'n sôn fod rhywrai yn Poland wedi colli'r bleidlais. Collodd y gwrthwynebwyr cydwybodol eu pleidlais dan Lloyd George.

Yn sicr yr oedd yn ddigon teg a rhesymol i'r rhai a fu'n cydweithio â Hitler, i golli eu pleidlais yn Poland. Eto fe gafodd fwy o gyfle i fynd i'r *polling booth* nag sydd yn mynd yma ar y gorau. Yr oedd y cyfartaledd o rai a bleidleisiodd yn uchel iawn. Oni bai am rym Rwsia, nid protestio fyddai'r hanes, ond ei bomio. Ond y tro hwn ni ellir gwneud dim ond protestio. Ni hidia Poland ddim am eu protest, na Rwsia chwaith. Y mae triciau mawr yn cael ei chwarae gennym yn Germany hefyd, a rhyw ddydd fe ddaw'r cyfan yn ôl yn faich llethol arnom.

Ni chredais i erioed y byddai Churchill yn cadw ei air â Rwsia wedi i rym Hitler gael ei dorri; cyfleustra oedd Rwsia i ymladd yn ein lle a dinistrio ei hun wrth wneud. Ond yr oedd trefn Rwsia mor effeithiol, fel y daliodd yn gryf a dinistrio Hitler. Dyna siom fwyaf y llywodraethwyr. Ar hyn o bryd cyhoeddir a llunio pob math o gelwydd am Rwsia. Nid wyf yn pryderu dim.

Y mae'n gryf ac y mae ganddi ffrindiau sy'n agos ati. Piti fod barn gyhoeddus y wlad mor barod i gredu popeth a welir yn y papurau a fu ar hyd yr amser yn elynion i Rwsia. Nid ydynt yn darllen na chlywed dim arall, ac nid wyf yn eu beio. Ond yr wyf yn beio'r Llywodraeth am oddef y fath beth. Y mae Bevin ac Atlee yn ddigon twp i ddisgwyl cael glo a gwneud y glofeydd yn llwyddiannus â'r hen gang yn dal pob swydd bwysig ynglŷn â'r glo.

Gelynion i'r Llywodraeth ac i'r Undebau ac i'r gweithwyr yw y rhai hyn bob un, a gwneud yr arbrawf yn fethiant yw eu dymuniad. Y mae gosod gelynion mewn swyddi pwysig yn anesgusodol adeg rhyfel, yr un mor beryglus yn amser heddwch. Fe geir gweld hynny wedi iddi fynd yn rhy ddiweddar i achub y sefyllfa. Y mae'r arweinwyr wedi gosod y rhai a fu'n gweithio drostynt mewn sefyllfa anghysurus iawn.

Ni cheir yr un brwdfrydedd eto am amser hir, ac ni chyfiawnhawyd y gweithio caled a fu drwy'r wlad. Ond y mae Rwsia'n aros; dyna'r cysur. Dyna'r cysur oedd gennyf fi pan aeth MacDonald ar gyfeiliorn, a dyna'r cysur eto. Beth yw rhyw damaid bach o wlad fel hon wedi'r cyfan?

Llythyr at Evan Roberts (5 Chwefror 1947)

Da gennyf eich bod chwi yn weddol erbyn hyn, ac fe ddaw'r llygaid cyn hir. Eisteddwch yn yr haul, a'ch llygaid ynghau, er mwyn i'r golau wneud ei waith ar yr amrannau. Diflas i un fel chwi yw bod heb lygaid. Efallai y cewch wydrau yn eich taro i'r dim.

Ie, terfysglyd iawn yw pethau. Daeth fy ysgrif allan yn *Y Faner* wedi ei chadw am fis, a gadael y darn pwysicaf allan, sef ymgais America i ddefnyddio arian fel arf i goncro gweriniaethau Ewrop. Er mwyn dangos hynny yr ysgrifennwyd y llith; awgrymais y byddai Rwsia yn ystyried y peth, ond fod amodau ynglŷn â'r benthyg a'i gwnâi yn amhosibl i Rwsia dderbyn. Erbyn hyn y mae'r peth wedi mynd yn hen.

Dengys pethau fel hyn mai'n groes i'r graen y cawn ni golofn i'r chwith ganddynt. Ar y cyfan y maent yn ailadrodd celwyddau'r wasg Saesneg am Rwsia ac y pethau sy'n digwydd ar hyn o bryd. Y mae'n eithaf amlwg nad ydynt yn awyddus i roddi safle Rwsia'n glir. Y mae ei safle yn eithaf cyson â delfrydau'r UNO. Ac ni wyrodd fodfedd oddi wrth gytundebau Potsan a Yalta. Aeth pob gwlad fawr arall yn groes i'r penderfyniadau hynny, pa un a oeddynt yn deg ai peidio, nid hynny yw'r cwestiwn.

Y mae Bevin yn meddwl y gall fynd yn ei flaen heb Rwsia yn Ewrop. Y mae'n camgymeryd yn fawr, am fod mwyafrif mawr gwerin pob gwlad yn pleidio Rwsia; fel Ffrainc, ond fod yr awdurdod am y tro yn nwylo dynion sydd yn weision ufudd i ddolar America a phunt Llundain. Dim ond am y tro. Ac y mae gwerin Ffrainc yn symud mwy i'r chwith o hyd, am fod bygwth rhyfel yn y gwynt. Y mae yn America hefyd fudiadau cryf, crefyddol a gwladol, yn erbyn polisi Truman, ac nid oes perygl i America wneud rhyfel â Rwsia ar hyn o bryd.

Y mae prisoedd pethau'n uchel yno, a llawer o'r cyn-filwyr ac eraill allan o waith, ac nid hawdd fyddai codi brwdfrydedd yn erbyn Rwsia. Nid yw'r werin mor ddall ag y myn ei llywodraethwyr gredu. A chyda hyn, bydd yr amser drwg yn dechrau yn America. Nid yw'r gweithwyr heb weld mai afresymol rhoddi'r holl arian i Ewrop, a gadael dynion yn America i ddioddef. Pan basiwyd y mesur yn erbyn yr undebau llafur daeth cannoedd o filoedd allan ar streic heb arweiniad o unlle. Pasiwyd yr un mesur gan Smuts yn Ne Affrica; ond ni bu sôn am hynny, ac ni phrotestiodd arweinwyr yr undebau yn y wlad hon. Nid yw ond cwestiwn o amser cyn y bydd mesur felly ar droed yma.

Gallaf fi synied am y blaid lafur yn pasio mesur felly yn hawdd iawn er boddio'r meistri. Hynny yn unig yw'r amcan ar hyn o bryd, ac ni hidiant fymryn am y gweithwyr a'u cododd i awdurdod. Hawdd i Bevin geisio twyllo'r byd nad yw America eisiau ymyrryd lle bydd ei harian; gwyddom beth sydd yn digwydd yn Groeg a Thwrci; swyddogion America a milwyr America yn edrych ar ôl popeth. Oni bydd Ffrainc yn ofalus iawn, digwydd yr un peth yno, ac fe godir dynion fel De Gaulle yn y dirgel i daro pan fyddo'r angen. Y mae miliynau o arian ac arfau lawer yn mynd i ddwylo'r dynion hyn o wledydd eraill, a phan ddaw'r cyfle fe wneir rhyfel cartref yno yn erbyn yr adain aswy. Dyna'r bwriad; ond credaf y siomir hwynt y tro hwn.

Yn ôl fy marn i, y mae'r trydydd rhyfel mawr wedi dechrau. Cyn diwedd yr helynt, efallai ymhen ugain mlynedd, bydd taro oherwydd y polisi presennol. Cael dynion i sylweddoli'r perygl mewn pryd yw'r anhawster. Y mae'r wasg a'r diwifr ac addysg a chrefydd gan yr ochr arall, ac nid oes gan yr ychydig sydd yn gweld ymlaen gyfryngau i gyrraedd y werin. Pan fyddo arweinwyr y gweithwyr yn mynd ar gyfeiliorn y mae'n anodd gwneud dim. "Gwae y bugeiliaid y rhai sydd yn gwasgaru ac yn difetha defaid fy mhorfa, medd yr Arglwydd" – dyna sylw un o'r hen broffwydi gynt, ac y mae'n wir heddiw.

Y mae'r Undeb wedi pasio penderfyniadau yn erbyn gorfodaeth ac yn erbyn defnyddio'r mynyddoedd i fomio, ond beth o werth yw hynny oni newidir polisi tramor Prydain? Tebyg i chwi sylwi, fel finnau, na phasiwyd dim yn erbyn hynny, am fod arweinwyr yr eglwysi yn cyd-fynd â pholisi Bevin, am ei fod yn erbyn Rwsia. Y mae gwinllan Crist a'i waith wedi eu cymeryd oddi ar yr eglwysi a'u rhoddi i lafurwyr eraill, i wladwriaeth a threfn Rwsia; ac y mae hynny yn cynddeiriogi'r saint yn fawr. Y mae arian a threfn yr enwadau yn hollol aneffeithiol i ennill y dyrfa heddiw, a theimla'r saint fod dynoliaeth yn troi ei chefn arnynt hwy a gosod ei gobaith yn Rwsia.

Nid oes eisiau bod yn ddiwinydd mawr i weld mai Rwsia sydd yn cario allan y moesoldeb Cristionogol; er mai eraill sydd yn dywedyd "Arglwydd, Arglwydd". Mentrodd Rwsia fabwysiadu safon uchel o foesoldeb yn ei bywyd cymdeithasol, a geilw ar unigolion i dyfu i'r un safon a chymdeithas. Yma, gofyn i gymdeithas dyfu i safon personau unigol a wneir, a gwneud popeth a ellir i ostwng safon yr unigol, ac i rwystro cymdeithas i fabwsiadu safonau uchel. Y mae cymryd yn ganiataol fod ein safonau presennol yn rhai Cristionogol yn dangos camddeall mawr ar yr efengyl. Rhywdro bydd y byd yn rhuthro i drefn Rwsia a'i mabwysiadu, ond rhaid aros dipyn eto i hynny. Nid yw pwerau adweithiol y byd wedi eu llwyr wanhau hyd yn hyn.

Llythyr at Evan Roberts (4 Gorffennaf 1947)

Dynion nad yw swydd na theitl na safle yn golygu dim iddynt yw halen y ddaear. Nid oes un aelod seneddol dros Gymru a fentrai godi ar ei draed i gefnogi polisi Churchill, a dadlau dros orfodiaeth filwrol, a thros fomio brodorion yn eu gwlad eu hunain. Ofn polisi Churchill a gariodd y Blaid Lafur i fuddugoliaeth. Pe na bawn ni'n gwybod am ddim sy'n digwydd yn y byd buasem yn mentro gwrthwynebu polisi Churchill a gwybod mai dyna'r peth gorau i'r byd. Yn y pen draw, myn llais y werin fuddugoliaeth.

Ni ellir concro syniadau ag arfau. Pe bai hynny'n bosibl byddai Hitler a Nero a Mari Waedlyd wedi llwyddo. Y mae egwyddorion yn bethau dygn iawn i farw. Er i America, Awstralia a De Affrica basio deddfau i wneud Comiwnyddiaeth yn drosedd, a yw'r ynfydion yn credu y gellir lladd mudiadau felly? Ni ellir lladd syniadau ond drwy roddi i'r byd syniadau gwell na hwynt. Dywedir am rai ohonom ni mai syniadau o wlad arall sydd gennym.

Nid yw hynny yn wir; syniadau Cymreig sydd gennyf fi; cefais hwynt yn Sir Drefaldwyn gan Robert Owen, a chafodd Rwsia lawer o'i syniadau oddi wrth y Cymro mawr hwn. Yr oedd Robert Owen yn hen ŵr pan gyhoeddwyd y Communist Manifesto yn 1848, a gwaith mawr ei fywyd oedd ei gyflawni. Treuliodd oes faith i bregethu Sosialaeth a Chydweithrediad. Dysgwyd yr un syniadau i mi yn yr Ysgol Sul, felly nid oedd galw i mi fynd i Rwsia am fy syniadau. Ymgais gorthrymwyr y byd i ddiraddio gwaith da yw dweud mai gwlad arall sydd yn gyfrifol amdano.

Cawsom ein crefydd o wlad arall, a cheir arian llwgr America o wlad arall. Gwell gennyf fi fenthyca syniadau o Rwsia am frawdoliaeth dyn a chydweithrediad a heddwch a pharch i'r dyn du, na benthyca arian o wlad sydd yn gorthrymu'r dyn du a'r gwyn i bwrpas Mamon.

Cymro ydwyf fi, yn perthyn i genedl fach sydd yn brwydro am ryddid economaidd a gwladol. Nid oes arnom ni orthrymder gwladol mawr; ond y mae'r gorthrwm economaidd yn drwm, a mygir ein gwrtaith Cymreig gan drefn y Sais. Dyna pam yr edrychaf ar Malaya fel rhan o'r frwydr dros Gymru, sef torri grym imperialaeth, a thorri gallu un genedl i ymyrryd â chenedl arall. Nod y drefn yn y wlad hon yw gwneud Saeson o'r Cymry, drwy wrthod unrhyw swydd o bwys iddynt yn eu gwlad eu hunain, oni byddant yn Saeson. Gall Sais uniaith gael swydd dda yng Nghymru, ond ni all Cymro uniaith obeithio am unrhyw swydd, bach na mawr. Er na osodwyd y gorthrwm hwn mewn deddf, y mae yma ac yn gweithio.

Pan yn y carchar ceisiwn gofio fy narlithiau a'm pregethau a'm caneuon ac ysgrifau, a chawn gysur wrth feddwl na ysgifennais ddim erioed yn erbyn buddiannau uchaf gwerin gwlad, na'r un gair yn erbyn y syniadau tramor a gefais yn y bregeth ar y mynydd. Gwyddai'r awdurdodau nad oedd gennyf arfau, gwyddent fy mod yn hollol yn elyn i ffordd Hitler o lywodraethu gwlad, gwyddent na fu fy mendith ar reibio Abysinia a Sbaen, ac na roddais gefnogaeth i fradwyr Munich; ond ofnant i ddynion weld pethau fel yr oeddwn i yn eu gweld, a dewis ffordd allan drwy rywrai heblaw y rhyfelwyr presennol. Ofn fy syniadau a'u gyrrodd i'm carcharu. Hynny sydd tu ôl i'r deddfau i wneud pleidiau gwerinol y byd yn anghyfreithlon.

Chwi aelodau seneddol Cymru; y mae tadau a mamau yn disgwyl wrthych; y maent yn bryderus heddiw am blant sydd yn y crud; ni theimlant yn werth aberthu rhoddi addysg i'w plant oherwydd gwyddant beth yw pen draw'r cyfan; marw yn Malaya neu yn y swnd yng Ngogledd Affrica; ac yna wedi ennill y swnd yn ôl wrth Mussolini ei roddi drachefn i ffrindiau Mussolini yn Itali. 'O na bai fy mhen yn ddyfroedd a'm llygaid yn ffynhonnau dyfroedd, fel yr wylwn ddydd a nos am laddedigion merch fy mhobl'.

Llythyr at Goronwy Roberts AS Arfon,
Archifdy Bangor (6 Gorffennaf 1950)

Beth ddaw o gynnig Rwsia am heddwch y tro hwn? Ei wrthod yn ôl pob tebyg. Aeth rhanddaliadau ar y *stock exchange* i lawr yn beryglus pan ddaeth y cynnig, a rhaid i Brydain ac America weld nad yw pris ysbail ddim yn mynd i lawr. Y maent yn sicr o ddod o hyd i ryw esgus eto i gad rhyfel i fynd. Yr wyf yn siomedig iawn nad oes yr un aelod seneddol yn gwneud unrhyw fath o safiad gwerinol yn y senedd na thu allan. Ant i'r senedd am eu bod yn siarad dipyn yn bleidiol i fudiadau gwerinol, ond unwaith yr ant yno, dyna ddiwedd ar hynny; cadw eu seddau sydd yn bwysig wedyn.

Bu Tito yn hollol garcharor tra bu yma; bu efe yn ymladd yn Sbaen gyda bechgyn o'r wlad hon, ond ni chafodd eu gweld, na chyfle i fynd yn agos atynt. Cadwyd ef yn llwyr yn nwylo Churchill a'i gang. Y jôc fawr oedd gweld ei lun yn y plas brenhinol, a sôn amdano fel comiwnydd yr un pryd. Lle mae synnwyr cyffredin y saint, dwedwch? Nid oes groeso i gomiwnydd yn y plas, comiwnydd gwrth-gomiwnyddol y gelwid Tito; y mae'r peth yn bosibl mewn enw wrth gwrs, fel y gellir dweud fod y pab yn Gristion gwrth-Gristionogol.

Gwisgir enw Crist gan hwnnw, a chefnogir ganddo bopeth sydd yn cadw Crist allan o fywyd y byd. Y mae Tito yr un fath, yn gomiwnydd sydd wedi dileu olion olaf comiwnyddiaeth yn ei wlad ei hun, ac felly rhoddi croeso iddo i'r plas.

"Wele y rhai sydd yn gwisgo dillad esmwyth mewn tai brenhinoedd y maent"; dillad na ellir gwneud gwaith ynddynt. Yr oedd teulu'r plas yn ei gashau â chas calon, rwy'n siŵr. Ond gan ei fod yn offeryn i gadw gwerin ei wlad yn gaeth, efe oedd y dyn am y tro. Goronwy Roberts yn rhoddi tudalen i sôn am ddynes na wnaeth ddim erioed ond byw yn fras ar gefn y wlad.

Llythyr at Evan Roberts (Gwener y Groglith 1953)

Deil yn derfysglyd o hyd yn y byd cydwladol, er mai clirio'n araf y mae pethau. Ni chafodd yr imperialwyr eu ffordd yn Genefa, ac ni chant eu ffordd byth mwy. Aeth yr amser heibio i wledydd mawr arglwyddiaethu ar wledydd bach. Y mae'n ffordd rhy hawdd i egluro'r cynnwrf sydd yn y byd drwy ddweud mai'r comiwnyddion sydd yn gyfrifol. Nid y Bolshefic ond y bol gwag sydd tu ôl i'r holl wrthryfel. Y rhaglen yn awr yw i'r gwledydd mawr ddarostwng y gwledydd bach a chael canolfannau milwrol ar eu tir; ond dim ond dros dro y cymer hynny le, ac mewn gwledydd sydd yn rhy bell i gael help o China a Rwsia.

Y gwledydd ar cu terfynau hwy yn unig a all lwyddo i daflu ymaith y gorthrymder estron. Yr oedd yn anobeithiol i Abysinia a Sbaen, a gwledydd fel Guatamala i wneud dim ohoni yn filwrol; ond y mae Albania fach yn cael llonydd, am ei bod o hyd cyrraedd i Rwsia. Collodd Persia gyfle mawr i ddod yn rhydd drwy wrthod ei bachu ei hun wrth Rwsia, a cheisio cerdded llwybr canol.

Y mae Ffrainc mewn enbydrwydd yn Viet Nam, am fod y wlad fach honno yn gallu cael arfau o China, a chael help meddygol, a lle i fynd â'i chlwyfedigion a'i charcharorion. Y mae Ffrainc wedi gorfodi'r brodorion i uno â byddin Ffrainc, y mae y rhai hynny, y cyfle cyntaf a gant yn mynd drosodd at eu brodyr, a chymryd yr arfau gyda hwynt. Dyna ddigwyddodd yn China, hen fyddin Kai Shek yn mynd drosodd at y gwrthryfelwyr.

Hynny a ddigwydd drwy Asia i gyd; dim ond cwestiwn o amser yw cyn y bydd yr holl frodorion yn rhydd. Nid oes aros nid oes orffwys mwy nes gyrru'r gorthrymydd allan.

Y mae cyflwr y brodorion mor ddrwg fel nad oes gwahaniaeth

ganddynt beth a ddigwydd iddynt, a chystal mentro'u bywydau i wneud y wlad yn rhydd na marw o newyn.

Llythyr at Evan Roberts (6 Gorffennaf 1954)

Daeth eich llythyr i law, a rhaid i minnau anfon gair bach o'r diwedd. Wedi oedi'n hir, treio gyrru llythyr i hwn ac arall, yn ei dro, a rhaid gwneud i chwithau heno. Y mae nifer go fawr yn gyrru ataf, yn ceisio gwybodaeth am yr Aifft, ac eisiau fy marn. Pe baent yn cymryd diddordeb yn helynt y byd, ni fyddai eisiau i neb ddibynnu mewn argyfwng ar farn neb arall. Ond difater iawn yw'r bobl, fel pe nad oes a fynno'r peth â hwynt o gwbl.

Pe dim ond yr arian a wariwyd eisoes i symud milwyr a llongau rhyfel ac awyrennau i fôr Canoldir, y mae'r gost yn aruthrol, a rhaid fydd i werin y wlad fyw heb rhyw bethau o'r herwydd. Ond araf yw'r bobl yn gweld y cysylltiad rhwng hyn a'u safon byw. Credaf fod y mudiad HEDDWCH yn ddigon cryf i rwystro rhyfel y tro hwn. Rhoddir arweiniad i'r byd gan y tair cenedl fawr, India, Rwsia a China, dyna i chwi gyfartaledd iawn o boblogaeth y byd. Y mae'r glowyr a'r undebau llafur hefyd yn bygwth, os daw rhyfel, yr ataliant eu gwaith. Dyna'r ffordd.

Byddai'r gweithwyr wedi gwneud hynny yn helynt Korea oni bai mai'r Blaid Lafur wnaeth y rhyfel hwnnw. Dyna'r drwg o hyd, arweinydd Llafur yn y senedd yn cefnogi polisi Eden ar unwaith, ond yn awr yn tynnu yn ôl dipyn bach. Ond dim gwerth sôn amdano. Rhoddi'r peth i'r UNO, mae'n swnio'n iawn, ond o gofio mae'r UNO wnaeth ryfel yn Korea, a chofio mai aelodau o'r UNO sy'n gwneud rhyfel yn Kenya a Cyprus, nid yw'n golygu dim. Y jôc yw nad oes dim wedi digwydd yn yr Aifft. Pe bai wedi cau'r canal neu ei gymryd drosodd heb dalu iawn, byddai'n wahanol, ond does dim wedi digwydd. Aiff popeth ymlaen fel arfer. Yn y diwedd bydd yn rhaid setlo ar linellau awgrym India rwy'n meddwl. Yr oedd yr awgrym yn deg i'r ddwy ochr. Nid yw America yn anfodlon i'r helynt, gan y gwêl gyfle i gael marchnad yn Ewrop i ragor o'i phetrol.

Y mae etholiad yn America ac nid yw eisiau rhyfel hyd hynny, beth bynnag. Ffrainc yn wallgof, ac y mae mewn digon o dwll yn barod. Gwariodd Eden fwy ar symud milwyr a llongau i Fôr Canoldir, na gwerth holl randdaliadau'r canal; ond y mae Ffrainc a ninnau yn gweld diwedd yn dod ar ein hysbail ar y Dwyrain Canol os aiff y canal. Nid cwestiwn o arian yw yn hollol, ond cwestiwn o ganolfan yn y Dwyrain Canol, i ysbeilio'r Arabiaid. Y mae terfyn ar hynny yn dod yn fuan, buan.

Pe digwyddai rhyfel, (nid yw'n debyg) codai Affrica ac Asia fel un gŵr yn erbyn yr imperialwyr. Ac fe roddodd Rwsia ddigon o awgrym pan ddywedodd na fyddai'r Aifft yn ymladd ei hun pe digwyddai rhywbeth. Ni all hi fforddio gweld darostwng y Dwyrain Canol i'r hen orthrymder. Bydd yn rhaid i'r Aifft symud gryn dipyn i'r chwith eto cyn y bydd yn ddiogel, neu fe delir dynion yn y fyddin ac mewn swyddi gwladol yno, i fradychu'r llywydd, fel y gwnaethpwyd yn Persia. Does dim llwybr canol, rhaid i bob gwlad ei bachu ei hun wrth un o'r ddwy ochr cyn cael diogelwch.

Cafodd America ergyd go drom yn Korea, nid yw mor barod i fynd i mewn am ryfel sy'n golygu fod dau gyfandir yn codi yn ei herbyn. Gorfoleddu wyf fi fy mod wedi cael byw i weld y llew Prydeinig yn tynnu ei gynffon rhwng ei goesau a'i baglu hi o lawer gwlad. Dim ond pethau bach fel Cyprus a Kenya all fforddio ymladd yn awr, heb help America.

Llythyr at Evan Roberts (20 Medi 1956)

Dyma ni yn ôl yn awr mewn prinder petrol eto, am ba hyd, anodd dweud. Bûm i'n brysur iawn, saith o gyrddau diolch, a darlithio dwy a thair gwaith yn yr wythnos, ond yn dod yn well yn awr. Bûm yn ymyl Caerdydd y Sul diwethaf, o fewn saith milltir ond ni allwn fynd i mewn i weld Iorwerth Peate. Yntau'n sigledig iawn ar bwnc Hungary. Dyna'r hanes efo pawb oni byddant yn dilyn yn fanwl y pethau a ddigwydd yn y byd, o ddilyn yn fanwl daw'r patrwm yn eglur.

Credaf mai'r dadlennu ar Stalin a gychwynnodd y peth.

Y mae Molotov yn ôl yn awr mewn swydd bwysig. Yr oedd Stalin yn nabod dynion a chredaf mai ei bolisi ef oedd yn iawn. Credaf y cymer Molotov ofal o bethau o hyn allan. Y mae stori Stalin wedi siglo a rhannu pethau y tu fewn i Rwsia hefyd. Beth gododd ar y ffŵl i siarad fel y gwnaeth? Rhyw dreio bodloni'r Gorllewin oedd, wrth gwrs, ond waeth beth wneir ni fyn y Gorllewin fod yn gyfeillgar â Rwsia.

Ni siglwyd fy ffydd yn Stalin o gwbl; cododd Rwsia o fod yn wlad isel iawn, un o'r iselaf yn y byd, i fod yn gydradd â gwledydd mawr y byd, ac fe goncrodd Hitler. Pe bai'r bobl yn ei erbyn onid oedd yn gyfle braf iddynt pan oedd yn ymladd Hitler?

Mae'n syndod fel y gall un araith newid hanes y byd weithiau. Wel, rhaid i mi dewi. Rhyw ysgrifennu pethau sy'n mynd drwy fy meddwl wyf, ac yn teimlo yn analluog i wneud fawr ddim yn wyneb y propaganda sydd ar hyn o bryd. Ond rhaid cael gair bach efo chwi ac eraill. Y peth sydd yn bwysig mewn argyfwng yw i ddynion gredu dynion sydd wedi arfer dweud y gwir wrthynt am bethau. Fe aiff hyn heibio eto. Mae pethau wedi distewi yn Hungary, a Rwsia yn rhuthro bwyd a phopeth i mewn; os dy elyn a newyna, portha ef.

Llythyr at Evan Roberts (23 Tachwedd 1956)

Amser drwg iawn ydyw ar hyn o bryd yn wir, ond ni phallodd fy ffydd yn y drefn. Pwerau o'r tu allan sydd yn gwneud yn trwbl, ac nid codi yn naturiol o'r drefn a wnant. Synnaf fod pethau cystal yn y Dwyrain o gofio'r propaganda a wneir ddydd a nos ar y radio, yn galw ar y bobl i godi yn erbyn Rwsia ac yn addo cymorth milwrol iddynt. Hefyd gyrrir y balŵns drosodd yn llawn o bamffledi yn dweud yr un stori. Cofiaf fi hefyd am y casglu at Finland, a chofio'r twnnel a dorrwyd o orllewin

Berlin i'r dwyrain, costiodd hwnnw gan mil o bunnau; cofiaf hefyd am y can miliwn doler a roddodd America i ddanfon negeseuau radio a'r balŵns ac arfau i'r Dwyrain. Cofiaf hefyd am y *frogman*, y cyfan yn brofoclyd iawn. Anghofio pethau y mae dynion, felly haeddu eu twyllo.

Taflwyd llawer o ddynion i lawr i fynd wneud *sabotage* yn y ffactrïoedd, ac i fynd i mewn i'r Blaid. Gom. Trodd y rhai hynny'r Blaid yn gyfrwng gorthrymu ar y bobl, ac yr oedd hyd yn oed y comiwnyddion yn dal Rwsia yn gyfrifol am yr hyn a wnaeth y bobl yn enw com. Nid yw'n beth dieithr i ni, cofiwn am McDonald yn y Blaid Lafur, a Bevin, yn gwneud pethau hollol groes i bolisi'r blaid ac yn cael gweithwyr yn erbyn y blaid oherwydd. Gallaf ddeall bethau tebyg ddigwydd yno, a beio'r Blaid am gamweddau'r bobl yn Hungary. Piti i'r peth ddigwydd.

Gofidiaf yn fawr i'r peth ddigwydd, y mae eraill yn gofidio am i'r gwrthryfel fethu. Buom bron â chael dechreu'r trydydd rhyfel byd, ac efallai fod honno wedi dechrau o ran hynny. Y mae Prydain wedi colli maes mawr i ysbeilio ac y mae pethau'n mynd yn ddrwg yn ariannol arni, felly y mae'r arweinwyr yn fodlon mentro unrhyw beth er mwyn cael rhagor o feysydd i ysbeilio. Pan gofiwch iddynt golli mil o filiynau o boblogaeth y byd mewn deugain mlynedd, heb gyfrif India, chwi welwch fod pethau wedi mynd yn o ddrwg ar yr hen drefn. Pe na bawn yn gwybod dim am y pethau sy'n digwydd, byddwn yn gwybod nad gyda'r dynion sy'n ymladd ym Malaya a Kenya a Cyprus a'r Aifft y mae fy lle i. Yn eu herbyn y dylwn i fod. Y mae gwneud *united* ffrynt â'r dynion hyn yn Hungary yn dangos i mi nad oes gan blaid llafur bolisi sefydlog ymhob tywydd.

Credaf fod pethau'n tawelu tua Hungary, gobeithio fod pethau'n dod i ben yno, ac na chychwynir dim yn y gwledydd eraill. Y mae hen dirfeddianwyr Rwmania o hyd yn disgwyl eu cyfle, ac y mae'r olew yn eu poeni'n fawr, collwyd elw anferth yno. Credaf mai'r symudiad cyntaf fydd i Brydain glirio allan o W. Germany, ac ailarfogi'r Hitleriaid i'r carn, a dweud wrthynt am ymosod ar mwyn ailuno Germany ac addo help, fel y cafwyd Israel i gychwyn helynt yn yr Aifft. Ni allwn fforddio dalu traul byddin yn W. Germany yn hwy. O'r fan yna y disgwyliaf i drwbwl, ac yna galw ar Rwmania a phawb a ellir i daro'r pryd.

Ofnaf yn wir fod y trydydd rhyfel byd wedi dechrau. Credaf mai araith K. ar Stalin gychwynnodd y peth; araith ddwl ydoedd ar y gorau, a gall yr araith honno eto newid hanes y byd. Ni ellir fforddio llacio dim ar bethau tra byddo'r hen gang wrth y llyw mewn gwledydd eraill. Ofnaf ein bod yn gwario gormod ar ysgolion a rhy fach ar wallgofdai! Peth od na fyddai rhywun yn y Blaid Lafur wedi awgrymu gosod Eden ar ei brawf fel *war criminal*. Ac Atlee hefyd o ran hynny, o gofio Korea.

Ofnaf y bydd yn anodd i mi fynd at lawer o'm cyhoeddiadau oherwydd prinder petrol, pe digwyddech daro ar gwpon, gyrrwch ymlaen. Yr wyf wedi bwcio hanner Suliau'r flwyddyn newydd. Prin y credaf y gaf fawr cyhoeddiadau mwy oherwydd Hungary. Dyna fel yr oedd adeg Ffinland, a bydd yr un fath eto rwyn meddwl. Daw ambell lythyr calonogol oddi wrth hen ffrindiau, ond ar y cyfan ysgubwyd y saint oddi ar eu traed gan y radio a'r wasg. Dan Jones fel y graig ac yn beio araith K.

Llythyr at Hywel D. Williams (17 Rhagfyr 1956)

Nid wyf yn cofio pa bryd y mae eich pen-blwydd. Dechrau'r mis nesaf, onide? Lluniais soned fach i chwi ar y dydd pwysig hwnnw, a meddyliwn am y pethau mawr a ddigwyddodd yn eich oes chwi a minnau. Ym myd gwleidyddiaeth a gwyddoniaeth bu'r camau yn fras a chyflym iawn, ac os cawn fyw bedwar ugain mlynedd eto, gwelwn beth anhygoel o fawr. Peth da yw gwneud i ffwrdd â nifer luosog o frenhinoedd, rhyw bymtheg neu ragor wedi mynd yn ein hoes ni, a byddai'r lleill wedi mynd oni bai fod gwledydd mawr y byd yn eu cadw ar yr orsedd i'w pwrpas eu hunain. Byddai brenhinoedd Belgium a Japan a Norway a Groeg wedi mynd yn eu pwysau oni bai fod eu cadw yn rhan o gêm Prydain ac America. Fe ant gyda hyn.

Go berygl yw pethau yn y Dwyrain Canol o hyd, a gall unrhyw beth ddigwydd. Mor bell â hyn, y mae'r Aifft wedi ennill buddugoliaeth fawr, ond ni bydd Ffrainc a Phrydain yn foddlon nes gwneud rhywbeth i dorri dipyn ar y fuddugoliaeth. Y mae America yn hollol o'r tu ôl i'r ddwy wlad, er ei bod yn rhyw hanner bod yr ochr arall, eisiau peidio â digio'r Aifft sydd arni, rhag ofn iddi fynd i'r chwith dipyn eto. Ofnaf fod penaethiaid Jordan wedi mynd er bod y bobl yn bendant fel arall. Ond fe gaiff y brenin arfau ac arian o America a gellir eu cadw dan law.

Y mae'r wlad yn ddibris iawn o'i sefyllfa yma, y mae mewn perygl dirfawr pe bai'n gweld hynny. Pe bai eglwysi a chynghorau Cymru wedi ymladd cymaint i gadw bechgyn Cymru rhag mynd allan i farw yn Korea a mannau craill ac a wnânt yn erbyn mynd â dŵr Tryweryn i Lerpwl, byddai rhyw synnwyr yn eu safiad. Y maent wedi pasio penderfyniadau o brotest hefyd yn erbyn hela ceirw! Dyna'r pethau bach sydd yn mynd â sylw'r saint.

A ddywedais wrthych fod yr Undeb wedi gofyn i mi bregethu yn oedfa ddeg eleni! Buont yn o hir, pe wedi gwneud ugain mlynedd yn ôl byddai rhyw synnwyr yn y peth.

Llythyr at Evan Roberts (19 Mai 1957)

Disgwyl amseroedd enbyd wyf fi. Gall fod y drydedd rhyfel byd wedi dechrau yn Cuba fel y dechreuodd yr ail yn Sbaen. Y mae dosbarth yn America sy'n benderfynol o gael rhyfel, gall Macmillan eu dal yn ôl am dipyn efallai, am y gŵyr y cadno hwnnw beth fydd tynged y wlad hon os digwydd rhyfel. Ond doler America sydd â'r gair olaf.

Y mae'r gweithwyr yn cael eu gwobr o bleidleisio dros y Tories, beth allant ddisgwyl? Dros hyn yr aeth eu pleidleisiau. Tra byddo'r wasg yn nwylo rhyw hanner dwsin o ddynion, ni enillir etholiad gan Lafur hyd oni byddo yn cefnogi papur llafur. Mae dynion yn llyncu hyn oll nid ar eu heffeithiolrwydd ond ar awgrym hysbysebwyr. Felly gyda syniadau politicaidd, dyna'r syniadau a roddir iddynt.

Aethom yn genedl ddiddiwylliant hollol yn wleidyddol, ac nid oes ond angau yn aros cenedl felly. Pe bai'r saint yn gweddïo mewn cytgord â'u pleidleisiau, tebyg i hyn fyddai'r weddi:

"Diolch i Ti, o Dduw, am roddi i ni ddynion sy'n cadw blwydd-dal yr hen i lawr ac yn tynnu'r dreth oddi wrth ddynion sy'n ennill bedair a phum mil. Diolch i Ti ein bod yn gallu fforddio deng mil y flwyddyn i blentyn y frenhines, ac wyth swllt i blentyn y gweithiwr. Diolch i Ti am yr atom bom, ac am America sydd yn peryglu ein bodolaeth a bodolaeth yr hil ddynol. Maddeu gamweddau dynion sy'n dweyd fod heddwch yn beth da, ac yn gorymdeithio i brotestio yn erbyn ein craig a'n tarian, yr atom bom. Y mae rhai yn dadlau am well tai, a diolch i Ti y medrwn wario trigain a deg o filoedd i wneud tŷ cysurus i'r dywysoges, maddeu fod rhai yn meddwl y dylai gweithwyr cael tai yr un fath, a thithau wedi gosod y pendefig yn ei lys a'r gwerinwr yn ei fwthyn. Gwneler ewyllys y Stock Exchange ar y ddaear, a chaffed Mamon ei le cyfreithlon yn ein byd."

Rhywbeth felly ddylai'n gweddïau fod.

Beth bynnag, go gymysglyd yw pethau yn awr. Aeth y proffwyd allan i heolydd Jerusalem i geisio gŵr a fedrai wneud rhywbeth dros y genedl. Nis cafodd. Ni allwn ddal Rwsia a China byth mwy, am eu bod yn rhoddi'r pwys ar addysg. Gwariwn ni lawer ar addysg, ond y gost y mae caeau chwarae a phethau felly, ar eu traed y gwariwn ni'r arian, ac ar gerbydau i gario'r plant i'r ysgol. Byddai cerdded i'r ysgol cystal ymarferiad corff â chware pêl.

Ein hunig obaith yw fod y mudiad heddwch yn gryfach nag erioed, ac yn Rwsia a China y mae arweinwyr y genedl yn cerdded ymhob gorymdaith o blaid heddwch, i'r rhedegfeydd ceffylau a *football matches* y mae ein brenhines ni yn mynd, a'r cyfan yn dod â'r farn gam yn nes. Y peth torcalonnus i mi yw nad oes yr un papur yng Nghymru heddiw lle y gellir ysgrifennu o blaid heddwch, ac yn erbyn y drefn sydd yn peryglu heddwch y byd. Ysgrifennais i bob wythnos yn ystod y rhyfel cyntaf, ysgrifau go eithafol, bûm am ugain mlynedd a rhagor wedyn cyn cael gair i mewn, ond cefais gyfres yn *Y Cymro*, ar stop nawr eto. Dim ond un ffordd sydd am heddwch, dinistrio'r pren drwg sy'n dwyn ffrwythau drwg unwaith am byth. Y mae'r bobl yn gweld hynny pe cawsent arweiniad gan ddynion sy'n proffesu eu harwain.

Llythyr at Evan Roberts (20 Ebrill 1961)

Nid oes yr un o aelodau Cymru yn codi fawr llais yn erbyn Viet Nam. Protestio yn erbyn cronni dŵr yng Nghwm Tawe am fod adar yn colli lle i nythu. Teflir gwenwyn ar y coed i ladd y dail a'r borfa a dinistrio bwyd dyn ac anifail, a neb yn gwneud dim o bwys mewn protest. Y mae'r frenhines wedi rhoddi Victoria Cross i un o'i milwyr am fomio plant yn Viet Nam, a dynion yn gweddïo drosti wrth ei henw drwy bob plwy yng Nghymru.

Ofn dweud dim yn erbyn y pendefigaeth, ond byddaf yn taranu bob Sul yn erbyn y peth. Cefais gyfle yn ein capel ni yn Aberystwyth, pwyswyd arnaf i bregethu un nos Lun, a chafodd y frenhines ei galw i gyfrif wrth fynd heibio. "Chlywes i neb yn beirniadu'r teulu brenhinol mewn pregeth o'r blaen" oedd sylw un ar y diwedd, rhaid i chwi ddod o gwmpas i wrando arnaf yn pregethu meddwn, a chewch glywed y peth bob Sul. Nid myfi sydd yn poeni Israel, ond tydi a thŷ dy dad a thylwyth dy ŵr sydd yn poeni Israel.

Rwy'n flin fy mod mor hen yn awr, carwn ddweud gair yn y Rhondda. Y mae'r *leasehold* yn broblem fawr, ond problem i lenwi llogellau tirfeddianwyr ydyw. 400,000 o dai felly yng Nghymru, pe codent ond deg bunt byddai yn 4 miliwn, bydd yn gant man lleiaf, dyna ddeugain miliwn, os codant bris tir ar hyn o bryd bydd yn bum cant y tŷ yn Aberystwyth. Oni roddant bris fel *30 year purchase* neu rywbeth fe aiff arian anhygoel i logellau lanlordiaid. Pe ceid ground rent Llundain fyddai dim eisiau trethu dim arall yn y wlad. Fe aiff cannoedd o filiynau i logellau landlords. Achub yr hen fyd a wneir o hyd ac nid tynnu'r beichiau oddi ar y gweithwyr.

A chredaf fod pob cam a roddir yn awr yn arwain i'r rhyfel byd. Ni ellir datrys problem y di-waith yn America na Phrydain heb wneud arfau a'u defnyddio. Y mae meddwl i ni roddi can miliwn y flwyddyn am ugain mlynedd i ail arfogi Germany, y dynion fomiodd Abertawe a Coventry, bron yn anhygoel ac yn fwy anhygoel byth fod gweithwyr yn bodloni i'r peth gael ei gario ymlaen o hyd. Germany yn addo prynu gwerth rhai miliynau o arfau er mwyn helpu *foreign trade* Prydain, yn wir, yn wir, yr ydym yn haeddu cael ein bomio, a chan ein harfau ein hunain y cawn hi yn y diwedd.

Llythyr at Hywel D. Williams (23 Chwefror 1967)

9

Yng Ngweithdy'r Bardd

'Y Dyn a'r Gaib' gan Jean-François Millet – y llun
a ddefnyddiwyd fel wyneblun i'r gyfrol *Cerddi Gwerin*

DYW HI DDIM syndod fod Niclas wedi cydio mewn barddoniaeth
a bod barddoniaeth wedi cydio ynddo yntau. Dyna a glywai
beunydd ar yr aelwyd. Ac roedd hi'n arferol i bawb adrodd
penillion, boed yn dalcen slip neu beidio. Roedd yn rhan o'r
difyrrwch cymdeithasol. Byddai'n digwydd ar y perci gwair ac
wrth weithio helmi llafur yn yr ydlannoedd. Mentrodd Niclas ei
hun rigymu'n ifanc iawn. Cofiwn am ei 'farwnad' i ddynes yn
byw gyferbyn i Ysgol Hermon.

Coffa da am Ann o'r Gurnos,
Marw wnaeth wrth grasu pancos,
Cyn y bydd hi wedi codi
Fe fydd y pancos wedi oeri.

Cerdd enllibus, yn ôl pob tebyg, yn difyrio ficer plwyf Eglwys-wen, a gyfansoddwyd ganddo yn ei arddegau, arweiniodd at ei hebryngiad o'i waith mewn tafarn lleol a'i ymadawiad â'r ardal i'r Rhondda a'r byd mawr crwn. Yn anffodus nid yw'r gerdd honno ar gael. Ond manteisiodd ar ei gyfnod yn bragu porter i ymgydnabod â beirdd Cymru trwy adrodd darnau meithion ar ei gof wrth fynd ar y siwrnau cart a cheffyl 'nôl a mlân yn cludo nwyddau i orsaf rheilffordd Crymych.

Ehangwyd ei orwelion ymhellach yn y gweithfeydd ac yn Academi'r Gwynfryn, Rhydaman, a hynny'n fwy fyth pan ymfudodd i'r Unol Daleithiau yn 1903. Heb os fe fyddai wedi dod ar draws gwaith Edwin Markham. Gwnaeth y gerdd 'The Man with the Hoe', yn seiliedig ar lun gan Jean-François Millet, yr arlunydd Ffrengig, ac a gyhoeddwyd yn 1899, gryn argraff arno. Fe'i cyfieithodd i'r Gymraeg o dan y teitl 'Y Dyn a'r Gaib'. A dyna oedd teitl cyfrol a gyhoeddwyd ganddo yn 1944. Fe fyddai'n darlithio ar y testun.

Wedi dychwelyd ac ymsefydlu yng Nghwm Tawe aeth ati o ddifrif i farddoni a chystadlu o dan ddylanwad beirdd y Cwm, yr 'hen biod a brain', chwedl Gwenallt. Fe fydden nhw'n ailgylchu pryddestau'n dragywydd er mwyn ychwanegu at eu casgliad o gadeiriau eisteddfodol. Cyfansoddodd Niclas farnwad i'r Brenin Edward VII a chael llwyddiant yn Eisteddfodau Clydach a Bae Colwyn. Serch i'r bryddest o gant o benillion pedair llinell gael ei chyhoeddi yn Y Geninen yn 1911 ni welodd olau dydd yn yr un o'i gyfrolau.

Wedi iddo ganfod ei lais ei hun, cyfansoddi cerddi propaganda ar gyfer ac am weithwyr gwerin a wnâi. Roedd ei addasiad o gerdd Markham i'w gweld yn ei ail gyfrol, *Cerddi Gwerin*, a gyhoeddwyd yn 1912 yn dilyn *Salmau'r Werin* yn 1909. Mae ei or-nai, Glen George, o'r farn fod ei farddoniaeth yn rhannu i dri chyfnod – y cyfnod cyn y Rhyfel Byd Cyntaf pan oedd ei arddull yn rhamantaidd a'r syniadaeth yn sentimental; yr ail gyfnod yn ystod ac wedi'r Rhyfel Byd Cyntaf pan oedd ei arddull yn dal yn rhamantaidd ond y syniadaeth wedi ei miniogi gan erchylltra'r rhyfel a'r Chwyldro yn Rwsia, a'r trydydd cyfnod yn ystod ac wedi'r Ail Ryfel Byd pan oedd yr arddull yn fwy celfydd, a'r syniadaeth yn fwy treiddgar.

Roedd ganddo farn bendant am gyflwr barddoniaeth Gymraeg fel yr oedd ganddo am bob dim arall. Gwnaeth ei safbwynt yn glir mewn erthygl yn *y Geninen* yn 1913 gan ddangos ei fod wedi darllen yn eang ac nad oedd yn hidio ei dweud hi. Mynych oedd y cyfeiriadau at farddoniaeth, beirniaid ac eisteddfodau yn ei lythyrau at gyfeillion. A hynny'n gymysg â sylwadau am bynciau'r dydd wrth gwrs. Ac roedd yn gwyro oddi ar y pynciau gwleidyddol yn rhai o'i erthyglau yn *Y Cymro* a'r *Faner*. Doniol oedd ei ysgrif amdano'n colli'r cyfle i ymuno â'r Orsedd oherwydd blerwch llawysgrifen.

* * *

BEIRDD CYMRU: BETH AMDANYNT?

Beth yw barddoniaeth?

Hen gwestiwn anorffen yw hwnyna: hyd nes y cytunir ar ddiffiniad anhawdd penderfynu beth sydd Farddoniaeth. Beth yw'r gwahaniaeth rhwng Rhyddiaeth a Barddoniaeth? Cydnabyddir fod gwahaniaeth, er fod llawer iawn o ryddiaeth yn mynd dan enw barddoniaeth. Credaf mai y gwahaniaeth yw hyn: mewn Rhyddiaeth dehonglir meddwl awdur; mewn Barddoniaeth dehonglir teimlad awdur. Teimlad (*emotion*) yw'r peth mawr wahaniaetha rhwng Rhyddiaeth a Barddoniaeth.

Nid odli, nid acen, nid cynghanedd, yw Barddoniaeth, ond teimlad. Y mae dyn yn fardd i'r graddau y medr ddeffro ym mynwes y darllenydd yr un teimlad ag oedd yn ei fynwes ef ei hun pan yn cyfansoddi pryddest neu awdl.

Gwneir hynny gan ganeuon fel 'Cân y Crys' a 'Pont yr Ocheneidiau' (Tom Hood), gân 'Deio Bach' a chân 'Hwiangerdd Sul y Blodau'. Cyffry'r caneuon hyn y teimlad wrth eu darllen y canfed tro. Y mae llawer o ryddiaeth ar ffurf barddoniaeth – a rhyddiaeth go sâl hefyd. Nid yw rhai darnau o'n hawdlau adnabyddus namyn rhyddiaeth, er fod eu cynganeddion yn gryfion a gorchestol iawn.

Nid yw darnau helaeth o awdlau yr Athro J. Morris Jones fawr gwell na rhyddiaeth gynganeddol. Nid yw ei gyfeiriad at ormes y gyfundrefn brydlesol hanner mor farddonol ag ambell bamffledyn ar y pwnc yna. Nid yw odl ac acen a chynghanedd yn gwneud rhyddiaeth yn farddoniaeth. Enilla awdl Pedrog ar 'Y Bugail' ei ddarllenwyr i feddwl yr un fath â'i hawdwr; o'r ochr arall, enilla awdl Eifion Wyn ar yr un testyn ei ddarllenwyr i deimlo yr un fath â'i hawdwr, a hynny am mai barddoniaeth ydyw. Gwastraff ar amser ac awen yw odli rhyddiaeth.

Pell yw Dyfed o fod yn fardd newydd: efelychwr ydyw: wrth hynny golygir mai rhoddi iaith i syniadau ac egwyddorion sydd eisoes yn boblogaidd wna. Gesyd ei ddelw ei hun ar y cyfan. Mae darnau Dyfed yn farddoniaeth wir, am fod teimlad angerddol yn cerdded drwyddynt. Try efe ddiwinyddiaeth ei oes yn farddoniaeth, a'i chyffredinedd yn arucheledd. Ceir llu o rai ereill yn troi barddoniaeth eu hoes yn rhyddiaeth! Hen draddodiadau cyffrous, hen chwedlau rhamantus y cynfyd Cymreig, hen ystoriau barddonol cyfnod y Tylwyth Teg – troir y rhai hyn yn rhyddiaeth salw gan fodau elwir yn brif-feirdd!

Neges Barddoniaeth yw cario teimlad y Bardd i galon ei ddarllenwyr: i'r graddau y llwydda i wneud hynny yn unig y mae'n fardd. Gwneir hyn yna yn effeithiol gan Eifion Wyn, a chan W. J. Gruffydd mewn dwy neu dair o'i ganeuon, ac hefyd gan Gwynn Jones. Deallir bywyd gan y gwyddonydd; teimlir bywyd gan y bardd. Symud dynion i ddeall yw neges yr athraw:

symud dynion i deimlo yw neges y bardd. Mae teimlo bywyd bwysiced â'i ddeall; hynny rydd werth ar gân y bardd ac ar ddarlun yr arlunydd.

Beth am y niwl?
Dygir cwyn gyfiawn yn erbyn rhai beirdd oherwydd y niwl orwedda ar eu cyfansoddiadau: nid yw llanciau y colegau yn hollol rydd o'r trosedd yna. Gelwir y niwl ganddynt hwy eu hunain, am ryw resymau anwybyddus i feidrolion, yn gyfrinedd! Nid yw ei alw yn rhamant neu yn gyfrinedd, wedi'r cwbl, yn gwneud dim ond niwl o honno. Ni ellir cyhuddo yr Athro J. Morris Jones o'r pechod yna: teflir digon o bechodau'r ysgol niwlog ar ei ysgwyddau, ond y mae'n lled rydd o hynyna.

Pechod anfaddeuol ydyw bod yn niwlog. Os rhaid darllen awdl neu bryddest droion cyn ei deall, dywedwn yn bendant nas gellir mo'i deall, neu nad yw yn werth ei deall. Dichon y gellir diwyllio chwaeth at ddarnau niwlog drwy eu darllen droion: diwyllir chwaeth at fyglys a gwenwyn wrth hir ymarfer â hwynt: ond rhowch i mi yr afal melys, ni raid diwyllio dim chwaeth at ei fwynhau. Mae popeth mawr mewn barddoniaeth a rhyddiaeth yn ddcalladwy.

Rhoddodd Darwin ei ddarganfyddiadau i'r byd mewn iaith eglur a syml. Ni ellir bod yn athraw'r byd heb fod yn oleuni'r byd hefyd. Cyfyd y niwl o gorsydd afiach ac o gymysgedd lleidiog: cuddio ceinderau Natur a ffynonell goleuni daear wna'r niwl. Cyfyd niwl barddoniaeth o gorsydd ac nid o ddyfnderau glân. Nid yw mawredd a niwl yn dermau cyfystyr. Cuddio popeth wna'r niwl; datguddio yw neges Barddoniaeth. Nid yw cyfrinedd a niwl yn dermau cyfystyr: ceir cyfrinedd yn narnau Rhys. J. Huws, ond y mae ei gyfrinedd ef fel eiddo coedwig dan oleuni lloer yn nhawelwch y wlad; mae yr hyn elwir yn gyfrinedd gan feirdd y niwl fel eiddo un o ystafelloedd y pyramidiau tragwyddol nos!

Anhawdd maddeu'r pechod hwn i fechgyn y colegau. Os nad yw coleg yn dysgu bardd i fynegi ei feddwl a'i deimlad yn syml ac eglur, ofer yw coleg i hwnnw. Adnebydd y bobl gyffredin fawredd a chyfrinedd; ond nis gallant oddef niwl er i enw clasurol fod arno, ac er i Feibl 1620 fod yn ei ganol. Ysgrifenwyd popeth anfarwol mewn iaith eglur megis Hanes Joseph, Salmau'r Beibl, cenhadaeth y Proffwydi, Geiriau 'Crist, a Hwyangerddi Cymru': mae'r pethau yna yn byw drwy'r oesau am mai goleuni ydynt.

Boddlon wyf fi i'r Bardd ganu am 'Yr Haf' heb sôn am flodau ac adar ond rhaid iddo ganu yn ddealladwy. Boddlon wyf fi i'r bardd ganu i'r 'Mynydd' fel y mae yn ei ymwybyddiaeth ei hun, ond cofied ganu yn eglur. Mae ein caneuon serch a'n hemynau yn eglur ddigon. Ofer dweyd mai ar y darllenwyr mae'r bai; ofer dweyd fod dyn yn ddall am nas gwêl mynydd drwy blygion o niwl. Teimlwn yn falch o'n beirdd ieuainc a'n harweinia dros ffiniau barddas Cymru, ond rhaid iddynt ein harwain i'r goleuni, gormod anturiaeth ydyw, dilyn bardd i'r tywyllwch eithaf.

Ein rhagolygon

Beth yw rhagolygon ein Barddoniaeth? Eglur yw fod acen newydd yn y gân. Ni raid i fardd ganu yn uniongred bellach. Bu cyfnod pryd na chai neb wrandawiad oni chanai ar destynau crefyddol a Beiblaidd: mae'r cyfnod hwnnw ar fynd heibio. Gwaith y Bardd yw dehongli bywyd fel y mae, a'i ddehongli yn ei holl agweddau. Nid oes gan foesoldeb, fel y cyfryw, ddim i'w wneud â Barddoniaeth. Dangos bywyd yn ei dda a'i ddrwg yw neges y Bardd: Dengys efe fywyd yn ei ddrygioni nes creu atgasrwydd tuag ato. Oni wneir hyn yn effeithiol gan Gwynn Jones yn ei 'Pro Patria'?

Condemnir caneuon Walt Whitman gan rai am iddo ganu i fywyd yn ei holl agweddau. Iddo ef yr oedd yr "oll yn gysegredig". Dwrdiodd yr offeiriad rannodd fywyd yn dda a drwg, yn lân ac aflan. Un yw bywyd drwy'r cyfanfyd: neges Bardd yw dehongli unoliaeth bywyd.

Dichon mai'r Eisteddfod fu y rhwystr mwyaf i ddatblygiad awen Cymru. Testynau diwinyddol fu, gan mwyaf, yn ein prif eisteddfodau: pan fu'r testynau yn agored, gofalwyd fod pregethwr neu offeiriad yn cloriannu, er mwyn sicrhau uniongrededd. Mawr y condemnio fu ar Wili gan bersonau gamddeallodd ei bryddest 'Tu hwnt i'r llen', am iddo feiddio awgrymu y posibilrwydd i Dduw faddeu i'w elynion, a dileu Uffern allan o'i gread. Mae hawliau uffern wedi cael eu parchu a'u diogelu gan ddefodwyr drwy'r oesau. Pe buasid wedi pwysleisio hanner cymaint ar hawliau Dyn ag a wnaed ar hawliau Uffern credwn y buasai gwell trefn ar gymdeithas.

Methwn weld y buasai yn golled fawr pe dilëid Uffern diwinyddion: beirdd a'i creodd, a manteisiodd offeiriaid a phregethwyr arni yn ddigon hir i ddychrynu'r werin. Y ddwy awen fwyaf obeithiol, rai blynyddau yn ôl, oedd eiddo Ben Bowen a Gwili. Aeth Ben Bowen, o ganol ei freuddwydion a'i gariad at Gymru, i Baradwys; ac aeth Gwili i 'Uffern' yng Nghadair Meirion! Torrwyd adenydd a chalon Gwili gan feirniaid materol. Y mae'r disgyniad o 'Tu hwnt i'r llen' i 'Delynegion y Saint' yng Nghaerfyrddin, bron bod yn anfeidrol. Mae tinc y proffwyd wedi distewi yn ei gân; a'r Eisteddfod sy'n gyfrifol am hynny. Cyrhaeddodd pryddestau hirion Cymru eu huchafbwynt yn 'Tu hwnt i'r Llen' (Ben Davies) a 'Llywelyn ein Llyw Olaf' (Elfed): cyrhaeddodd pryddestau byrion eu huchafbwynt yn 'Noddfa' (Elfyn) – darn lysg i'r enaid fel tân, ac nis dichon Amser chwaith ddileu'r argraff.

Llwybrau newydd

Gwelodd arlunwyr fod bywyd yn ei symylrwydd yn werthfawr, ac nad oedd gosod aden wrth gorff dyn yn ei ddwyfoli. Bywyd sydd yn brydferth, nid ei addurniadau. Mae chwareuon plant, yn ogystal ag adenydd, yn arwydd o ddwyfoldeb – mae offer gwaith mewn dwylaw glân mor urddasol â thelynau aur. Enillodd darluniau Millet galon y byd; 'Y dyn a'r gaib', 'Gwragedd yn lloffa', 'Yr Hauwr', 'Y Fugeiles', 'Y Llifwyr Coed' – gwrthrychau cyffredin ddigon wedi eu troi yn ddarluniau anfarwol gan broffwyd ym myd arluniaeth.

I'r gwir arlunydd mae'r "oll yn gysegredig". Dwyfolach iddo ef yw bywyd syml 'Y Fugeiles' na bywyd celfyddydol y palasau.

Nes yw'r tad chwery gyda'i blant at y Nefoedd na'r Pab chwilia am Dduw yng nghanol pethau meirw. Rhoddwyd iaith i'r naturioldeb hwn gan Wagner ym myd Cerdd; gan Millet ym myd Arluniaeth; a chan Walt Whitman ym myd Barddoniaeth. Mewn sain, ffurf a geiriau, rhoddodd y tri wŷr hyn ddwyfoldeb Natur yng nghalon y byd. Anuniongred oedd y tri ym marn eu cydoeswyr, am iddynt hawlio cyfryngau newydd i roddi mynegiant i fywyd. Ar linellau naturioldeb y rhaid i awen Cymru deithio.

Rhaid i'r Bardd feddu cydymdeimlad eang. Cyfyngedig fu cydymdeimlad beirdd yr amser a fu. Pobl o'r un gred neu o'r un genedl, dyna gylch y cydymdeimlad. Lleol fu awen Cymru: carodd fryniau ac afonydd, ond bryniau ac afonydd Cymru oeddynt. Hyd eto ni theimlodd beirdd Cymru eu hundeb â'r cyfanfyd. Ni theimlasant fod Duw a Bywyd yn holl bresennol, ac fod dynion ledled y ddaear yn etifeddion o'r un profiadau.

Nid yw'r pechod hwn yn gyfyngedig i feirdd Cymru ychwaith. Y peth prinaf yn awen Shakespeare oedd llydanrwydd cydymdeimlad. Nid oedd gobaith yn ei gân; tywyll oedd y dyfodol iddo. Ni roddodd gyfeiriad newydd i fywyd nac ychwaith safon newydd i foesoldeb. Portreadodd fywyd y bendefigaeth a'r palasau ; ni soniodd ddim am fywyd y werin ond mewn gwawd. Iddo ef nid oedd tlodi, ac afiechyd, a dioddefaint y gweithwyr yn ddim ond testynau gwawd. Credai fod y mawrion wedi eu creu gan ragluniaeth i chwerthin am ben anffodion y bobl gyffredin. Nid oedd ganddo ddim delfrydau uchel; boddlonai ar y byd fel yr oedd.

Lluniodd lawer o gymeriadau benywaidd, ond perthynent i'r bendefigaeth bron yn ddieithriad. Ni welodd ddim byd ond gwrthrych gwawd yn Joan of Arc, arwres rhyddid Ffrainc. Defnyddiai ymadroddion braidd yn isel wrth sôn am y werin. Pwysleisiwyd urddas y bywyd cyffredin cyn ei ddyddiau ef.

Deugain mlynedd cyn ei eni canodd More ei 'Utopia' a dechreuasai Bacon sôn am oes euraidd yn ei 'New Atlantis'; breuddwydiasai Philip Sidney am ryddid dynolryw yn ei 'The Arcadia'; a gwelodd Chaucer y marchog a'r mynach a'r saer yn un frawdoliaeth o amgylch y bwrdd yn 'Tabard Inn'. Yr oedd Shakespeare yn gyfarwydd ddigon â'r Beibl – soniai am bysgotwyr alwyd gan Waredwr y byd yn gymdeithion iddo ar Ffordd Y Gofid; ond ni welodd y bardd ym mywyd y werin ond defnyddiau chwerthin i fawrion blysig. Ni alwodd y byd i oleuni a rhyddid. Mae ei gymeriadau yn oer, a chelfyddydol, ac annaturiol.

Uwch yw safon moesoldeb yn Interliwdiau Twm o'r Nant nag yng ngweithiau prif fardd y Saeson. Geilw Twm o'r Nant y bobl gyffredin o afaelion yr offeiriad ofergoelus, a'r pregethwr hunangyfiawn, a'r tirfeddiannwr rheibus, a'r cyfreithiwr celwyddog, i fywyd llawen a naturiol. Canu am amgylchiadau a damweiniau bywyd wnaeth Shakespeare; newidia amgylchiadau: canu am athrawiaethau crefyddol, ac nid am grefydd wnaeth Eben Fardd yn ei 'Adgyfodiad'; newidia athrawiaethau.

Erbyn hyn y mae oes newydd wedi codi, a choleddir syniadau gwahanol am yr Adgyfodiad. Gwerthfawr ym mhob iaith ac ym mhob cyfnod yw Salmau'r Beibl: nid ymwneud ag amgylchiadau wnânt, fel barddoniaeth Shakespeare; nid ymwneud ag athrawiaethau wnânt, fel barddoniaeth Eben Fardd a Dafydd Ionawr; ond ymwneud â bywyd. Newidia amgylchiadau ac athrawiaethau; nid oes ond bywyd yn ddigyfnewid. Mae llawenydd a gofid, pleser a phoen, yr un ym mhob gwlad ac ym mhob cyfnod.

Dichon i ddarlun o ryfel ennill safle uchel ym myd arluniaeth; ond daw cyfnod y cyll ei holl werth: erys darlun o fam yn siglo'r crud tra y cenir hwiangerdd rhwng bryniau'r byd. Methodd wyth canrif gymylu gogoniant y gerdd 'Omar Khayyam': ymgais i ddehongli bywyd ydyw. Trysor gwerthfawr i Gymru yw cyfieithiad yr Athro J. Morris Jones o'r gân anfarwol honno. Swynol o hyd yw cywyddau Dafydd ap Gwilym, serch a chas, llawenydd a siomiant, cusanau Morfudd a blodau Mai, pethau digyfnewid bywyd oedd testyn ei gân.

Cyfyngwyd canu Cymru i raddau, gan athrawiaethau. Rhaid i'r Bardd ddod yn ôl at fywyd. Rhaid meddu cydymdeimlad

173

llydan er mwyn canu bywyd. Mae byd a bywyd yn fwy i William Blake y cyfriniwr nag i Shakespeare: datguddiodd Blake gariad a thrugaredd Duw yn ei ganeuon a'i ddarluniau; pregethodd Gariad diderfyn yn gweddnewid uffernau deufyd, a hynny mewn cyfnod y pwysleisid cospedigaeth dragwyddol yn bendant. Iddo ef nid oedd y gweledig ond cysgod o alluoedd tragwyddol, a bywyd yn ei dda a'i ddrwg yn fynegiant o nerthoedd anweledig. Teimlodd fod pob bywyd, yn y nef, ar y ddaear, ac yn uffern, yn gysegredig, am fod Duw ym mhob bywyd.

Lletach cydymdeimlad Whitman nag eiddo Shakespeare: bardd gweriniaeth y cyfanfyd oedd efe. Dileai ffiniau amgylchiadau a chrefyddau: daw'r brenin a'r cardotyn, y glöwr a'r arlunydd, y cobler a'r ysgolfeistr, yn gyfeillion ac yn gydradd yn ei ganeuon. Gesyd dân Duw ar allorau cyffredin daear fel ar y Drugareddfa. Geilw'r byd at foesoldeb uwch nag a bregethir gan un sect, ac at ryddid llawnach nag a roddir gan un wlad. Mae cylch ei gân yn fawr a'i gydymdeimlad yn llydan. Lletach yw'r Cariad sydd yng nghaneuon Walt Whitman na'r cariad oedd yng nghalon y duw bregethid gan John Calfin.

Bardd mawr oedd Islwyn; llydan oedd cylch ei gydymdeimlad. Ceir mynyddoedd a moroedd, meillion a mellt, plant bach gladdwyd yn gynnar a sêr gollasant eu goleu yn y pellderau, stormydd Natur a chariad merch, oll yng nghân Islwyn. Mae llawer o weriniaeth y cread yn ei gerddi. Cyfeillion a chydoeswyr oedd Derfel a Cheiriog; gan Geiriog yr oedd yr awen felysaf a choethaf, ond gan R. J. Derfel yr oedd y llydanrwydd. Iddo ef yr oedd y byd yn fwy na Chymru, bywyd yn fwy na chrefydd, a dynoliaeth yn fwy na duwioldeb. Creu gweriniaeth o Gymry – dyna nod canu Ceiriog; creu gweriniaeth – dyna nod canu R. J. Derfel. Uno Cymru, meddai un; uno'r byd, meddai'r llall.

Gweriniaeth y ddynoliaeth yw'r nodyn drutaf yng nghân Burns, bardd telynegol yr Alban. Nid yw sectyddiaeth grefyddol yn cyfyngu o gwbl ar gân y bardd. Anfantais i lydanrwydd y gân yw fod cynifer o'n beirdd yn bregethwyr: rhaid i'w barddoniaeth gynganeddu â'r efengyl sy'n barchus yn nhemlau Mamon: rhaid i'r Awen roddi ffordd i ragfarnau ac ofergoeliaeth y saint. Cyfyngir cydymdeimlad y Bardd i foddio chwaeth a chred beirniaid sectyddol.

Croesawn y bardd newydd sydd â'i lygad ar fywyd ac ar weriniaeth. Ni ddefnyddiaf y gair 'gweriniaeth' yn ei ystyr boliticaidd: wrth weriniaeth golygaf undeb a chydraddoldeb holl rannau'r cyfanfyd. Rhaid i'r Bardd gydnabod pob math o grefydd, a dehongli pob math o fywyd, a theimlo'n gartrefol ym mhob gwlad. Nid esbonio athrawiaethau yw neges y Bardd, ond dehongli'r cyfanfyd.

Rhaid i'r Bardd feddu yr hyn elwir gan Edward Carpenter yn "ymwybyddiaeth gyfanfodol" (*cosmic consciousness*). Ceir awgrym o hyn gan W.J. Gruffydd yn ei gân 'Allor Awen Cymru'; mae lle i bopeth ar yr Allor – ond niwl. Troi bywyd yn dân wneir ar yr Allor, ac nid ei droi yn niwl. Cynyrchir cannoedd o ddarluniau, darnau barddonol, a cherddorol, bob blwyddyn; cyrhaedda y rhan luosocaf ebargofiant mewn byr amser. O'r holl gynhyrchion yna saif ambell ddarlun, ambell gân ac ambell anthem, yn gyfoeth ym meddwl y byd. Cyffroir teimladau dyn gan ambell ddarlun bob tro yr edrychir arno – darlun o eneth fach mewn gwisg drwsiadus yn estyn cymwynas i hogyn carpiog – cyffry hynyna deimladau'r galon ar unwaith. Darlun o forwyr yn rhuthro drwy'r tonnau mewn bywydfad – cyffry'r teimlad yn fwy na'r holl ddarluniau o angylion ac o fodau dychymygol. Y darlun gyrhaedda'r galon yw'r drutaf i'r byd.

Cyrhaeddir y galon drwy ddwy ffordd – drwy sylweddoliad o Dadolaeth gyffredinol Duw, neu drwy deimladau naturiol y galon. Cyfranna llawer at y paganiaid am fod Duw yn Dad iddynt hwy fel i ninnau; gwna eraill eu goreu dros y paganiaid oddi ar deimlad o dosturi naturiol. Cyrhaeddir calon y byd drwy grefydd, a thrwy deimladau naturiol, megis ofn, llawenydd, cariad a gwaith. Tyn ambell gân ddeigryn o lygad yr anffyddiwr a'r Cristion, y pendefig a'r cardotyn, am fod ynddi rywbeth a'i cyffyrdd ar linellau naturiol. Treiddia, drwy amgylchiadau a thrwy gredoau at deimladau naturiol y fynwes. Oni wneir hyn gan 'Cân y Crys', 'Hwiangerdd Sul y Blodau', 'Bedd y Dyn Tylawd', 'Deio Bach' a 'Llawhaiarn Bendefig'?

Rhaid i'r bardd fod yn werinwr yn yr ystyr o gyffwrdd â dynion ac a bywyd, nes dwyn cynghanedd a chariad rhwng yr holl adrannau. Uno a chydraddoli bywyd fydd neges bennaf awenyddion y dyfodol. Teimla'r bardd unoliaeth y cread i raddau helaethach na neb arall. Darnio'r ddynoliaeth yn sectau wna diwinyddion; rhannu dynion a daear wna amgylchiadau ac addysg; galw'r bydoedd a bywyd i weriniaeth ac undeb wna'r Bardd. Symud at y "cosmic consciousness" wna beirdd Cymru drwy gredoau sarn.

Teimlodd Walt Whitman, Ernest Crosby ac Edward Carpenter fod bywyd yn gweithio tuag at weriniaeth. Gorffwys gobaith awen Cymru yn y beirdd newydd. Mae beirdd y colegau ar y llwybr iawn, ond fod y niwl heb godi. Aeth dydd chwilota uniongrededd heibio. Rhaid i'r pregethwr fod yn fwy na'i gred a'i ddiwinyddiaeth cyn bod yn wir fardd. Rhaid iddo deimlo curiad cyfanfyd yn ei neges. "Tragwyddol heol" i'r Awen, ac nid llwybrau cul athrawiaethau. Treiddia'r Bardd i bob man yn rhydd; hed dros ffiniau daear a rhagfarnau dynion. Teimla nad yw'n well na'r gwaethaf, nac yn waeth na'r goreu. Cymrodyr iddo ef yw'r gwaethaf a'r goreu. Ni foddlona ar lai na meddiant o'r "ymwybyddiaeth gyfanfodol."

Mae cyfnod newydd wedi gwawrio. Fel ambell foreu hyfryd yn y gwanwyn, pan fyddo ysbryd bywyd yn y berllan a'r goedwig, erys niwl yn blygion trwchus ar frigau fforestydd ac yn hafnau'r mynydd; ond fel yr â'r dydd rhagddo, cyfyd y niwl, a lleda glas diderfyn y nef dros las gwanwynol y ddaear. Felly ym myd Barddoniaeth Cymru; mae'r boreu wedi torri; erys y niwl ar gyrrau 'Gwlad y Bryniau', ar feillion 'Yr Haf', ac ar lethrau'r 'Mynydd'; ond o'r niwl genir byd newydd, llawn ceinder a rhamant. Geilw lleisiau afrifed ar feirdd Cymru allan o dwrw "cadw sŵn y cydseiniaid" i ganol unoliaeth y cyfanfyd; o gynghanedd geiriau i gynghanedd bywyd drwy'r cread. Mae bywyd yn rhy fyr i gweryla yng nghylch "geiriau", a theimlad yn rhy angerddol i'w gaethiwo mewn "arddull". Caned pob bardd ei neges ei hun yn ei ffordd ei hun: mae lle i bopeth, ond niwl a rhyddiaeth, yn nheml Awen Cymru.

> Barddoniaeth, O, Farddoniaeth! Pwy a roddes
> I neb awdurdod ar y fath angyles,
> I bennu dy derfynau? Ymaith, Reol!
> Ffowch, ddeddfau dynol! Rhowch i hon dragwyddol heol.

Y Geninen 'Beirdd Cymru' (1913)

BARDD A GOLLODD RADD GORSEDD Y BEIRDD

Canlyniad llawysgrif aneglur

Dywedir bod dynion o athrylith yn ddiarhebol am eu llawysgrif aneglur. A barnu oddi wrth lythyrau anodd eu darllen y mae nifer go fawr o wŷr athrylithgar o gwmpas.

Treuliais o bryd i'w gilydd lawer o amser gwerthfawr uwchben llawysgrif wael. Weithiau y mae'r llythyr i'w weld yn anniben ac aflêr, ond yn hawdd i'w ddarllen. Bryd arall ymddengys y llythyr yn lân a chelfydd, er hynny yn trethu amynedd dyn wrth ei ddarllen. Dyn yn byw mewn tŷ gwydr sy'n taflu cerrig heddiw. Pan ddefnyddiaf bin ysgrifennu, llythyr byr yw'r canlyniad. Cymer amser hir i'w ddarllen wedi iddo gyrraedd pen ei daith; a bydd y derbynnydd yn diolch mai llythyr byr ydyw. Onid dylid barnu hyd llythyr wrth yr amser a gymer i'w ddarllen?

Pan brynais beiriant ysgrifennu, cododd ochenaid o ddiolch o galonnau fy nghyfeillion a chysodwyr y wasg! Dywedai'r cysodwyr ped ysgrifennwn bob tro yr un fath y deuent i'm deall cyn hir. Dywedir bod cymeriad dyn yn mynd i'w lawysgrif. Gyrrais enghraifft o'm hysgrifen i ddyn a broffesai ddeall y gyfrinach. Derbyniais ddisgrifiad maith a manwl o'm cymerid fel hyn: "Dyn araf ac amyneddgar, yn cymryd amser hir i wneud ei feddwl i fyny ar bynciau bach a mawr; yn meddwl yn araf ac yn symud yn hamddenol; ac yn meddwl ddwywaith cyn datguddio ei feddwl ar unrhyw bwnc."

Gan i mi fethu â'm hadnabod fy hun gyrrais enghraifft i ddyn arall a oedd wrth yr un gwaith. Daeth ateb hwnnw yn brydlon a manwl. Nid yr un neges oedd ganddo, na'r un cymeriad: "Dyn gwyllt, yn chwannog i siarad a dweud ei feddwl; yn gwneud ei feddwl i fyny mewn amrantiad, a'i amynedd yn fyr at ddynion sy'n gwahaniaethu oddi wrtho mewn barn; yn siarad a meddwl a gweithredu yn gyflym."

Anogai'r cyntaf fi i ddeffro a chymryd mwy o ddiddordeb mewn pethau, a dysgu gwneud fy meddwl i fyny yn weddol gyflym. Anogai'r llall fi i gymryd llai o ddiddordeb mewn pethau, a chymryd mwy o amser cyn siarad a ffurfio barn, a cheisio meistrolaeth lwyrach ar fy nhafod. Gwelir oddi wrth hyn fod cyhuddiad y cysodwyr yn wir, nad oeddwn yn ysgrifennu yr un fath bob tro.

Llawysgrif aneglur y beirdd oedd y peth mwyaf torcalonnus i mi wrth feirniadu; ac ofnaf i mi ar brydiau i roddi marciau am ysgrifennu'n eglur. Pe collai bardd farc am bob gair aneglur, buan y ceid diwygiad yn hyn o beth.

Mantais o aneglurdeb

Dywedir bod meddygon yn ddiarhebol am lawysgrif aneglur. Gall hynny droi'n fantais weithiau. Pan yw'r fferyllwr yn cymysgu ffisig a'r ysgrifen yn aneglur, cymer fwy o ofal; ac os bydd amheuaeth gesyd ddŵr yn y botel. Yn ddiddadl, arbedwyd llawer bywyd felly. Y meddyg yn ysgrifennu'n wael, y fferyllwr yn ddarllenwr gwael, a gadael y stwff peryglus allan, a rhoi dŵr yn ei le. Dyna drefniant diogel a'r dŵr yn gwneud cymaint o les a'r pethau a adawyd allan.

Mantais arall o lawysgrif aneglur meddyg yw nad all y claf byth wybod beth yw ei ddolur. Rhoddir enwau mawr ar afiechydon diberygl; ysgrifennir yr enwau mewn iaith estron ac mewn llawysgrifen sâl. Gall dyn heb lawer o niwed arno ei gysuro ei hun fod rhywbeth mawr yn ei boeni; gall y dyn sy'n dioddef oddi wrth afiechyd peryglus ei berswadio ei hun mai enw clasurol ar afiechyd diniwed ydyw. Gwelir y gall mantais ddeillio o lawysgrifen aneglur.

Cyn i mi gael peiriant ysgrifennu, hen gyfaill mynwesol oedd yn gwneud y gwaith ar gyfer cystadleuaeth. Rwy'n siŵr i'w law gain ac eglur ennill aml gadair i mi. Dywedai'r beirniaid bob amser fod y bryddest yn "ddestlus". Y mae cysodwyr y "Cyfarwyddwr" yn cael mwynhad wrth gysodi ei lawysgrif hyd heddiw.

Ond yr wyf wedi crwydro oddi wrth amcan yr ysgrif hon. Agosrwydd yr Eisteddfod Genedlaethol ddaeth ag ysgrifennu i'm meddwl. O feddwl am yr Eisteddfod, naturiol meddwl am yr Orsedd. "Gorsedd y Beirdd"; Onid yw'n enw cyfareddol i fardd yn "dechrau"? Bod yn aelod o'r Orsedd, a dod i gylch yr Orsedd, adnabod beirdd yr Orsedd, onid dyna uchelgais pob bardd ifanc?

Daeth y breuddwyd am Gylch yr Orsedd i'r galon yn gynnar. Ni ellid dweud am freuddwyd mor fawr wrth neb, ond yr oedd yn bod ac yn tyfu o hyd. Wedi blynyddoedd o gystadlu a cholli ac ennill, daliai'r Orsedd yn y golwg o hyd. Deuai dipyn yn nes ataf o hyd. Ac unwaith bûm bron â'i chyrraedd.

Llawysgrif Eifionydd a'm cadwodd allan o'r Cylch Cyfrin.

Tua 1907, wedi ennill cadair neu ddwy, dechreuodd cardiau Eifionydd ddod i'm llaw. Methwn â gwneud dim ohonynt. Awn at gyfaill a oedd wedi meistroli cyfrinion y cardiau yn weddol. Treuliem brynhawn i bendroni uwch y dirgelwch. Rhyngom, drwy ddefnyddio dipyn o ddychymyg, llwyddem i ddatrys y neges. Gair mawr a chyntaf y neges oedd "Gyrrwch". Pryddest gadeiriol, neu gân Gŵyl Ddewi, neu ysgrif goffa. Wedi gyrru un peth, neges arall yn cyrraedd, a "Gyrrwch" yn bennaf gair yn honno hefyd

Tua 1907 cefais ddesg yn anrheg gan y cyfeillion yn y Glais; ymhen deuddydd wele gerdyn a chwpled:

I loywi'i ddawn wele ddesg
Ie, desg heb ei disgwyl.

Y cwpled diwethaf a glywais ganddo oedd ar orsaf
Caernarfon, ar y ffordd i Gymanfa Bethesda. Wedi cyfarch
gwell a holi i ble roedd y daith:

Cymanfa benna byd,
Cymanfa, cam i wynfyd.

Dyna'r tro olaf i mi ei weled. Ond dyma fi eto yn mynd o
flaen y stori.

Iaith estron

Daeth cerdyn yn lled aml am rai blynyddoedd. Eisiau ysgrif ar
'Rhobert Owen', 'Derfel', 'Uno'r Enwadau', 'Y Glofeydd', 'Cyflog
Byw' ac yn y blaen.

Adeg y Rhyfel Mawr credai dynion mai iaith estron oedd
ar ei gardiau. O hynny, y tarddodd y syniad bod fy mam-gu
wedi bod yn gweini gyda'r Keisar rhywdro. Hawdd credu na
allai dyn a dderbyniai lawysgrif fel eiddo Eifionydd fod yn
ddim ond "bradwr" i'w wlad. Yn yr adeg honno, derbyniwn
lythyrau oddi wrth lawer ac o lawer man. Agorid y llythyrau
hyn gan y "Censor". Gosodid darn o bapur arnynt i hysbysu'r
ffaith fod y gŵr gwlatgar hwnnw wedi eu darllen. Anfantais
trefn felly oedd bod llythyrau yn cyrraedd ddydd neu ddau
yn hwyr.

Un tro daeth llythyr ag archeb am dri chant o wningod!
Credai'r "Censor" wrth gwrs mai neges mewn "code" ydoedd;
a bod y cwningod yn golygu rhywbeth arall. Methwn â deall
y peth fy hun, hyd nes i mi fynd drwy'r amlenni'r ail waith.
Yna gwelais mai llythyr i ddyn o'r un enw â mi ydoedd, wedi
ei daflu i'r bwndel, dyn o waelod Sir Benfro. Ni ddywedais
air wrth yr "awdurdodau"; diau y credant hyd y dydd
heddiw mai enw ar "ynnau mawr" neu rywbeth felly, oedd
y cwningod.

Buasai'r "Censor" yn falch am yr eglurhad; a deall bod yr Ymerodraeth fawr yn ddiogel eto am dro.

Tua 1916 rhoddwyd gwŷs i mi i ymddangos yn y llys o dan "D.O.R.A." Rhyw brynhawn Sul wrth bregethu dywedaswn rywbeth i ddigio'r "awdurdodau." "Creu anniddigrwydd ymhlith deiliaid ei Fawrhydi" oedd enw'r trosedd. Tynnwyd y cyhuddiad yn ôl yn y llys ar dalu'r costau. Daeth cerdyn oddiwrth Eifionydd mewn dydd neu ddau a rhywbeth arno fel:

Dyn y Glais o dan ei glod.
Ac ar ei ddiwedd y tro hwn, "Gyrrwch".

Tua 1912 daeth cerdyn yn gofyn am ysgrif, a brawddeg ar y gwaelod yn aneglur iawn. Methais yn lân â'i gwneud allan. Rhywdro yn ystod yr wythnos, euthum at fy nghyfaill; wedi hir sefyll uwch ben y dirgelwch, llwyddasom i ddeall y neges. Beth feddyliech oedd y neges? "Ysgrifennwch yn eglur; y mae'r cosodwyr yn achwyn." Ni raid dweud i ni'n dau chwerthin yn iachus am y cerydd. Cerydd felly oddi wrth Eifionydd o bawb! Dywedai'r cysodwyr ei fod ef bob amser yn ysgrifennu yr un fath. Oherwydd methu ohonof gadw cysondeb yn fy ysgrifen aflêr y cefais y cerydd.

Er i mi chwerthin ar y pryd, dug y cerydd ffrwyth. Prynais beiriant ysgrifennu. Collodd fy ffrind a'r llawysgrif ddestlus ei waith; ac ni pherais innau flinder i gysodwyr Eifionydd byth wedyn.

Colli anrhydedd

Pwynt yr ysgrif hon yw hyn, pe bai Eifionydd wedi prynu peiriant ysgrifennu yr un adeg, buaswn yn aelod o Orsedd y Beirdd heddiw.

Tua diwedd yr wythnos cyn Eisteddfod Genedlaethol Aberystwyth 1916, daeth y cerdyn arferol. Yr oeddwn ar gychwyn i daith tua'r De ar y pryd. Rhoddais y cerdyn mewn lle diogel i'w ddarllen wedi dod yn ôl. Pan ddychwelais o'r De, cofiais am y cerdyn. Bûm wrthi'n o hir cyn gwneud dim ohono, a sylwais fod y gair "Gyrrwch" yn eisiau ar ei ddechrau. Nid oedd fy nghyfaill yn byw yn agos i mi ar y pryd, a rhaid oedd ymgodymu â'r cerdyn heb help neb.

Wedi bod wrthi'n pendroni am ddeuddydd neu dri, gwawriodd y neges arnaf. "Dewch i Aberystwyth fore dydd Mawrth erbyn saith o'r gloch, i dderbyn gradd anrhydeddus yr Orsedd". A'r Eisteddfod wedi mynd heibio, a breuddwyd llanc o fardd heb ei sylweddoli. Ni chefais wahoddiad arall ganddo.

Rhywdro, mewn cyrddau pregethu yn agos i Gaernarfon, adroddais wrtho sut y bu arnaf. Chwarddodd yn iachus ac aeth â mi ar daith i weld Dinas Dinlle. Aeth â mi am gwpaned o de at ryw ffrindiau iddo; a gofynnodd i mi ofyn bendith. Wedi ei weld yn torri'r bara a'r gacen i fyny a'u rhoi yn y gwpaned coco a oedd ganddo, teimlwn nad oedd allan o le i ofyn bendith ar y bwyd!

Wrth ddychwelyd at oedfa'r hwyr, gofynnais iddo a oedd wedi meddwl rhoddi ffugenw i mi wrth fy nerbyn i'r Orsedd. "Yr oedd ffugenw yn barod ar eich cyfer" oedd ei ateb. Gwrthododd ddweud beth ydoedd; ac ni ddywedodd wrthyf ar ôl hynny chwaith, er imi ofyn iddo droeon.

A dyma fi heddiw y tu allan i Gylch yr Orsedd, ac heb ffugenw!

Y wers yw hyn, ysgrifennwch yn eglur wrth gynnig gradd anrhydeddus yr Orsedd i fardd ifanc.

Peth rhyfedd na roddodd rhywun beiriant ysgrifennu i Eifionydd; byddai hynny wedi sicrhau cynrychiolaeth o'r "adain aswy" yng Ngorsedd y Beirdd; a diau y rhoddai hynny fodlonrwydd mawr i Iolo Morganwg.

Y Cymro 'O Fyd y Werin' (30 Gorffennaf 1938)

AIL-DDEFFRO'R NWYD FARDDONI

Sonedau'r gân goll

Ar Ddewi Emrys y mae'r bai i gyd. Bu fy nhelyn ar yr helyg am flynyddoedd cyn iddo agor ei "Babell" yn *Y Cymro*. Tebyg mai ar yr helyg yr arhosai am byth oni bai iddo roddi temtasiwn o'm blaen. O weld beirdd hen ac ifainc yn dod i'r "Babell" temtiwyd finnau i dreio fy llaw.

Dywedai Watcyn Wyn mai twymyn oedd barddoni a chystadlu. Daw â nerth anorchfygol megis twymyn; rhed ei chwrs a diflanna. Wedi cael twymyn beryglus unwaith nid yw'r perygl o'i dal yr eildro mor fawr. O ddod yr eilwaith, nid yw llawn mor drwm. O gofio llawer bardd addawol a aeth yn fud yn gynnar yn ei fywyd, hawdd credu mai peth dros amser yw hwyl farddoni a chystadlu. Anhwylder yn dal dyn yn ei ddiniweidrwydd yw'r "dwymyn farddoni". Dyddiau dedwydd i lawer ohonom fu dyddiau cystadlu a cholli ac ennill. Aeth blynyddoedd heibio heb i mi deimlo fawr ddim oddi wrthi.

Yna daeth Dewi i ailddeffro'r nwyd. Ei nodiadau ar sut i lunio Soned a'm deffrodd. Nid yw cwrs y dwymyn yn hollol yr un fath yr eildro hwn. Gynt, "ennill" oedd y peth mawr; llunio pryddest er mwyn ennill gwobr. Bellach aeth hynny heibio. Daw pob cân i fywyd heddiw am y pleser a rydd ei chreadigaeth. Gorfoledd creu yn fwy na llawenydd ennill yw'r teimlad dyfnaf.

Peth newydd

Peth go newydd yw'r Soned yn ein llenyddiaeth. I Ddewi Emrys yn fwy na neb y mae'r diolch am ei chodi i'r fath sylw. Lluniais un Soned, flynyddoedd yn ôl, cyn deall ei rheolau. Ni chai honno ddod i'r BABELL am fod gan Dewi "fasged" ddiwaelod i roi pethau o'r fath. Ni luniwyd honno yn unol â rheolau manwl y Soned. Wedi darllen sylwadau Dewi rhaid oedd llunio Soned.

Bu gwylio manwl a chwilio hir am odlau cyfaddas, a'r

acenion yn gwrthod cerdded yn ddisgloff. Wedi cael gafael ar y ffurf iawn deuthum i hoffi'r mesur. Pan ddaeth rhaglen Eisteddfod Genedlaethol Caerdydd allan cododd chwant cynnig ar y Soned. Yr oedd y testun, 'Y Gân Goll', yn un da ac yn rhoddi cyfle i ddychymyg a dyfais. Un dydd adroddodd adarwr hanes aderyn gwyllt a roddodd yng nghawell caneri. Un o adar cyffredin Cymru ydoedd, a'i ddal cyn dysgu canu ei gân naturiol. Ymhen amser dechreuodd ganu nodau'r caneri. Ni ellid tynnu'r naill oddiwrth y llall heb eu gweld. Dysgodd nodau'r aderyn melyn yn berffaith. Eithr ar adegau torrai allan i ganu ei nodau gwyllt, ac anghofio cân y caneri. Dyna stwff Soned, ac wele hi:

Daliwyd y dyrnaid cân ynghwr y wig
 Yn swp o gryndod esmwyth ac o fraw;
Daeth sydyn waedd, rhwng sgrech a chân, o big
Y fam drallodus yn y coed gerllaw.
Cyn dysgu canu rhwng y dail a'r tes
 Fe'i rhwymwyd yn garcharor am ei oes;
O fangre'r blodau ac o gartre'r mes
 Tynged, o fyd yr haul a'r sêr, a'i cloes.
Aderyn hufen y trofannau pell
 A ddysgodd iddo'r canu llyfna erioed;
Drysodd ei chwiban gwyllt ym marrau'r gell,
 A darfu angerdd bywyd rhydd y coed.
Daeth gyrr ei gariad arno un prynhawn,
A daeth ei gân yn ôl a'i nodau'n llawn.

Aeth yn ei phwysau i'r ail ddosbarth, am fod y mynegiant yn y chwe llinell diwethaf yn niwlog.

Emyn Pantycelyn
Cyfarfum â hen frawd a fu ar hyd ei oes ym Mhatagonia. Adroddai am hen ffrind iddo a ddaethai allan i'r wlad yn hogyn bach. Yng nghwrs amser anghofiodd ei iaith yn llwyr. Ar ei wely angau, pan "yn swrddanu", chwedl Watcyn Wyn, daeth geiriau un o emynau Pantycelyn dros ei wefus. Emyn a ddysgasai yng

Nghymru'n hogyn wedi aros mewn rhyw ddarn o'i gof hyd y diwedd. Dyna stwff Soned eto, ac wele hi:

Dysgodd ei emyn bach ar lin ei fam
 A'i freuddwyd yn llygadu ar y byd;
Aeth i bellteroedd daear bob yn gam,
 A'r iaith a'r emyn yn pellhau o hyd.
Pabellodd gyda'r estron drwy ei oes,
 Tariodd mewn hiraeth ar ddiorffwys baith;
Collodd yr emyn yn y gwyntoedd croes,
 A chollodd barabl annwyl yr hen iaith.
Yn llesg ac unig dan y goeden fawr,
 A hud y breuddwyd cyntaf wedi ffoi,
Disgwyl am osteg hwyr a chyffro gwawr,
 Ar wely dail yn trosi ac yn troi;
Ar bellter eithaf ei fynyddoedd blin
Daeth emyn Pantycelyn dros ei fin.

Un noswaith breuddwydiais lunio Soned fawr ac anorchfygol. Cofiwn hi bob gair; nid oedd ond ei rhoddi ar bapur yn y bore. Gwaith go beryglus ar y cyfan. Doethach oedd ffordd yr hen fardd cocos, Gwilym Meudwy. Un tro rhuthrodd i mewn i'r Gwynfryn at Watcyn Wyn, a gweiddi dros y lle:

"Papur! Papur!"

"Beth sy'n bod, Gwilym bach?" meddai Watcyn.

"Rwy wedi cael drychfeddwl; papur ar unwaith," oedd ateb Gwilym.

Dyna ffordd effeithiol i gadw meddyliau mawr rhag dianc; eu carcharu ar bapur ar unwaith. Collais fy Soned fawr, wrth ei cholli cefais ddeunydd un arall, a dyma hi:

Daeth iddo rhwng dau gwsg: y Soned bêr
 Y bu'n hiraethu am ei nyddu dro;
Yn frodwaith o brydferthwch heibio i'r sêr
 Llithrodd a'i miwsig i ddiddanu bro.
Pob llinell aur, pob gair a meddwl cain,
 Cymal wrth gymal yn ei briod le;

Dychymyg byw a'i rwyd o liain main
 Yn cyrchu'r gân afradlon tua thre.
Hyfryd fai adrodd hon pan dorrai gwawr,
 A'i rhoi yn offrwm ar yr allor hardd;
O'r diwedd daliwyd hud y gweled mawr,
 Daeth cân caniadau'r byd o grwth y bardd.
Deffro a chofio, ac anghofio'r gân,
A dim ond lludw lle bu'r dwyfol dân.

Daeth hon i ymyl y wobr; pe cofiaswn y "gwreiddiol" diau yr enillai honno. Rhywdro daw eto, a rhaid gofalu am bapur yn barod i'w dal.

Tosturio wrth y beirniad

Fel bardd calon-dyner meddyliwn am y beirniad, a'm cydymdeimlad yn fawr ag ef bob tro y cawn "ddrychfeddwl" newydd. Rhag gyrru gormod o bethau trwm a thrist, penderfynais yrru Soned ysgafn iddo. O chwerthin yn iach wrth feirniadu, hawddach gwneud cyfiawnder â'r cystadleuwyr. Tosturi at y beirniad a achosodd greadigaeth y ddwy Soned nesaf.

Cofiwn o hyd am yr eos yn canu ym Mharc Rhydyfuwch ger Aberteifi. Deuai'r tyrfaoedd yno o bobman; a phawb yn mynd adref yn fodlon. Rhywdro cyn y bore canai'r eos. Bu pethau felly am ddyddiau. Un noson daliwyd yr "eos" – llanc o'r ardal ydoedd wedi meistroli'r gamp o chwibanu, ac wedi tynnu coes darn mawr o wlad yn effeithiol dros ben. Dywedai cyfaill i mi, a gerddasai naw milltir i glywed yr "eos", pe wedi ei ddal y noswaith honno y buasai wedi hanner ei ladd. Wedi cerdded adref naw milltir arall, a chysgu noswaith, gwelodd hiwmor y peth.

Tra bu'r dorf yn anwybodus o'r "canwr" mwynheid y gân; wedi deall mai chwiban llanc ydoedd, dyna ddechrau beio. Onid yw gwerth y gân ynddi ei hun? Telir pris mawr am ddarluniau na roddai neb ddiolch amdanynt pe'n waith arlunydd cyffredin a dienw. Telir arian mawr i gantorion am ganu hanner cystal â

llawer glöwr neu chwarelwr neu was fferm. Cerddir milltiroedd
i wrando ar yr eos, a llawer deryn yn ymyl ein cartref yn canu
cystal. Dyna ergyd y Soned nesaf:

> Casglodd y dyrfa fawr i gwr y llwyn
> I wrando cathlau prin yr eos bêr;
> Melys oedd nodau y gerddores fwyn,
> A dafnau'i chân yn gloywi dan y sêr.
> Glowyr y De yn dod â'i creithiau glas,
> Creigwyr y Gogledd o beryglon ban;
> Amaethwyr araf o weirgloddiau bras,
> A gweithwyr diddig gwlad o gwm a llan.
> Pawb yn clustfeinio ar y chwiban clir,
> Ac yn llygadu am y deryn llwyd;
> Distawrwydd llethol ar y santaidd dir,
> A'r canu'n feichiog dan anfarwol nwyd;
> Pan ganfu'r dyrfa rhwng y dail a'r mwsg
> Aderyn du yn canu yn ei gwsg.

I'r ceiliog

O gofio mai'r ceiliog yw cantwr enwocaf y byd nid teg ei adael
allan o'r gystadleuaeth. Rhyw brynhawn adroddodd amaethwr
yn Sir Drefaldwyn stori am aberth ceiliogod pan oedd ef yn
blentyn. Pan gedwid y "mis" gan ei rieni, lleddid y ceiliog gorau
yn y lle. A dywedai bod y ceiliogod yn ffoi am eu heinioes pan
welent bregethwr yn agoshau at y tŷ. Ni wn faint o seiliau
hanesyddol oedd i'r stori, ond dyna awgrym am Soned arall,
a dyma hi:

> Bob bore deuai'r gân ar doriad gwawr
> Ar ôl distewi o lais y gwdihŵ;
> Disgynnai'r clochdar o'r gwinbrenni i lawr
> Yn ddafnau melys, Coca-didl-dw.
> Disgwyliai'r gweithwyr am y nodau llon,
> A'r ferch wrth gerdded at y gwartheg blith;
> Deuai gorfoledd deffro i bob bron
> A'r blodau'n plygu o dan bwysau'r gwlith.
> Aeth yn ddistawrwydd rhwng y trawstiau hen;

187

Pa beth a ddaeth o'r larwm a fu cyd
 Yn galw ar ddynion i ddylyfu gên?
Cefais y "gân" ar blât brynhawn dydd Sul
Am ddysgu'r saint i rodio'r llwybr cul.

Lluniwyd hon mewn cerbyd modur dydd danfon y cyfansoddiadau i mewn. Nid oedd amser i fynd â hi gartref at y peiriant; cymerodd cyfaill ei gofal i'w hysgrifennu a'i danfon i ffwrdd yn brydlon.

Daw y rhan fwyaf o'r Sonedau i fod yn y cerbyd modur. Ceidw ergydion y peiriant yr amser yn fanwl. O gadw'r peiriant i redeg yn weddol gyson cymer yr acenion eu lle yn weddol rwydd. Weithiau bydd tor-mesur mewn llinell; un o'r plygiau fydd yn gomedd tanio ac yn torri ar rhythm y gân. Bydd yn dda cofio hynny rhag i neb feio clust y bardd, a rhoddi'r bai ar yr awen. Rhaid i'r peiriant redeg yn berffaith cyn cael acenion cywir a symudiad esmwyth. Weithiau, pan ddaw "drychfeddwl", arosaf ar ymyl y ffordd a'i osod ar bapur. Wedi cyrraedd adref bydd problem fawr o'm blaen, sef copïo'r gân wreiddiol o'm llawysgrif fy hun. Anaml y llwyddaf; a'r diwedd bob amser yw llunio Soned newydd, am fod hynny yn llai o ffwdan na dehongli'r gwreiddiol. Rhywdro gall y daw'r ysgrifau gwreiddiol i afael rhywun sy'n gyfarwydd â deall cyfrinion llawysgrif; bydd ganddo waith am ei oes.

Y Werin gâr farddoniaeth

Bydd rhywun yn gofyn, beth sydd gan hyn i'w wneud â'r Werin? Dim o gwbl, ond mai'r werin sy'n darllen barddoniaeth ac yn pennu ei werth yn y pen draw. Nid oes na dicter na dadl yn yr ysgrif hon; cydlawenhaf â'r bardd galluog a enillodd ar y Soned; a thrueni i wallau ddigwydd yn argraffiad swyddogol yr Eisteddfod o'i Soned. Bydd yn hawdd i bob darllenwr gywiro'r gwallau argraff. Ysgrif yw hon i ddangos y mwynhad a ddaw o lunio Soned heb feddwl am wobr na chlod am wneud. Ac fel y dywedais, Dewi Emrys sy'n gyfrifol; ei BABELL a'm temtiodd.

Bydd hyn yn gysur i lawer o ddarllenwyr *Y Cymro* sydd yn meddwl mai Stalin sy'n gyfrifol am bopeth a wnaf. Am y tro y mae efe yn berffaith rydd o bob cyfrifoldeb. Rhwydd hynt i Ddewi i arwain llawer hen fardd eto'n ôl i fwynhau pethau melys bore oes.

Y Cymro 'O Fyd y Werin' (3 Medi 1938)

Anodd gwybod ar beth i ddechrau heno, am fod amser hir ers pan yrrais air i chwi. Gwell dechrau efo'r englyn i'r 'Botel Las'. Ai dyna'r enw iawn? Oni y Blue Beetle ydyw, y Chwilen Las? Nid wyf wedi edrych yn Bodfan, rhyw feddwl am y peth yn awr. Ymddengys i mi bod acen y cyrch dipyn bach yn gloff. "wybedyn Bidiwr" – i'm clust byddai "A bydiwr go aflan" yn swnio'n fwy cywir o ran acen. Y drydedd llinell "Dwyn etc.". Oni "Dwg dy geg etc." fyddai'n ramadegol gywir?

Awgrymiadau yw hyn. Peth rhyfedd i chwant englyna godi arnoch, ond fel yna y mae meddwl dyn yn gweithio. Y mae dyn yn dewis cyfrwng i'w fynegi ei hunan, ac weithiau teimlir fod y cyfrwng yn methu gwneud ei waith a cheisir cyfrwng arall. Y mae hynny'n brofiad cyffredin i bob dyn sydd yn dod i fyny yn erbyn amgylchiadau anghyffredin.

Arlunydd oedd Raffel, a'i gyfrwng oedd lliw a llun. Un tro, wrth geisio paentio ei gariad, methodd ei gyfrwng arferol, ac aeth ati i lunio cân i'w anwylyd. Yr oedd Dante yn fardd, ond torrodd ei gyfrwng yntau i lawr, methai â darlunio Beatrice wrth ei fodd efo geiriau, a chymrodd wersi mewn arluniaeth, er ceisio paentio ei gariad. Teimlais innau yr un peth yn y carchar.

Geiriau yw fy nghyfryngau i, geiriau mewn cân a llafar. Rhyw noswaith yng nghanol y bomio mawr, yng nghanol sŵn sgrechfeydd plant a thai yn syrthio a'r pelau sgrech, a'r gynnau peiriannol, a'r gynnau mawr, a'r shrapnel yn disgyn ar ddoiau'r tai, teimlais fod fy nghyfrwng arferol yn rhy fach i ddarlunio'r peth, a daeth arnaf hiraeth mawr na fyddwn yn gerddor ac yn abl i osod y cwbl mewn corws. Dyna le gogoneddus i gerddor o ddychymyg i ddarostwng offerynnau cerdd i ystorm ofnadwy'r bomio. Yn wir, er na fedraf ganu, clywais yn fy meddwl y darn a luniwn pe bawn gerddor. Pe cawn afael ar gerddor, awgrymwn y peth iddo. Credaf mai teimlo felly fu yn eich hanes chwi, eisiau dweud rhywbeth drwy gyfrwng heb law'r un arferol.

Y mae'r englyn yn llwyddiant. Y mae dipyn bach o ddibryd sain yn y drydedd linell, "dan, gân". Braidd yn agos yw'r ddwy "a". Byddwch yn chwerthin yn braf os wyf wedi camgymeryd eich syniad yn y drydedd linell, ac y medrwch ddangos i mi mai "Dwyn" sy'n gywir, ac nid "Dwg". Nid wyf yn sôn am gynghanedd, cofiwch hynny.

Llythyr at Awena Rhun (18 Gorffennaf 1942)

Yr wyf wrthi yn awr yn ailysgrifennu pethau allan, a gwelaf fod gennyf ddefnyddiau cyfrol yn weddol hawdd, heb fynd i mewn i'r sonedau sydd gennyf. Rhyw ganeuon go hir. Fy mreuddwyd yn awr yw cyhoeddi cyfrol o rhyw 80 tudalen, hanner coron! Yna os byw ac iach wedi rhyfel, cyhoeddi cyfrol o sonedau, a chyfrol o ysgrifau. Dyna ddiwedd wedyn ar fy ngwaith llenyddol.

Beth sydd ar y beirniaid yma, dwedwch? Beth oedd Tom Parry yn ysgrifennu yn ei gylch? Ni welais ei ysgrif ef. Deallaf mai galw sylw at y ffaith nad oedd beirdd Cymru yn canu ar bethau cymdeithasol yr oedd. Gall mai ei anwybodaeth ef o farddoniaeth Cymru sy'n cyfrif am y sylw.

Nid yw'n dangos craffter mawr. Daeth allan amryw gasgliadau o gerddi rhyfel yn Saesneg o bryd i bryd; credaf y gallai 'Canu'r Dyddiau Du' sefyll heb wrido yn ymyl pob un ohonynt. A beth yw'r awydd sydd ar feirdd Cymru i gael eu cyfrif yn gydradd â beirdd Saesneg? Onid canu yn ein ffordd ein hunain yw ein gwaith, a gadael i ddarllenwyr benderfynu gwerth ein pethau? Y mae gan bob dyn neges nad all neb ond efe ei dweud, nid yw o bwys ei fod yn ei dweud cystal â rhywun arall, ei dweud yn ei ffordd ei hun yw'r gamp. A dyna yw arddull, bardd yn gosod ei ddelw ei hunan ar iaith a mynegiant.

Y mae gan rai awydd mawr i berswadio'r werin fod eu ffrindiau yn feirdd mawr, ac yn canu'n "gymdeithasol"; pryd mewn gwirionedd nad ydynt wedi cyffwrdd ag ymyl gwisg cymdeithas yn eu canu. Bodlon wyf fi iddynt ddweud nad wyf yn fardd, ac fod fy acenion a'm hiaith yn wallus. Beth yw'r gwahaniaeth? Yr wyf yn falch i mi gael pedair mil o 'Derfysgoedd Daear' i ddwylo rywrai, a dichon iddynt ei ddarllen. Gallwn fod wedi gwerthu miloedd ohono wedyn. Ond ar hyn o bryd credaf mai'r peth gorau i mi fydd cael llyfr newydd, a chael fy mhethau allan. Rhwng y werin â hwynt wedyn. Nid oes gennyf uchelgais i gael fy nghyfrif cystal bardd â Saeson na chefais i na neb arall ronyn o flas ar ddarllen eu gwaith.

Llythyr at Awena Rhun (7 Mehefin 1943)

Ar yr 22ain y byddaf yn Llanbrynmair. Gwelaf Iorwerth Peate y pryd hwnnw. A welsoch gyfansoddiadau'r eisteddfod? Da gennyf i chwi gwrdd â Gwenallt. Heddiw bu hogyn o brifysgol Caerdydd yma, y mae yntau yn ysgrifennu ar Derfel am ei M.A. Y mae wedi cael gafael ar holl llythyrau a oedd gan Derfel oddi wrth wahanol rhai, a byddaf yn mynd drwyddynt gydag ef y prynhawn yma. Tebyg y daw yntau ar ei dro i'ch gweld cyn gorffen.

Y mae Gwenallt yn hogyn neis, ond fod rhyw chwilen wedi mynd i'w ben. Y mae ei feirniadaeth ar y soned yn chwerthinllyd. Y mae'n condemnio wyth o'r llinellau yn yr un a ystyriai yn orau, ac yn condemnio "A'r grymiau'n un â'r âr dan bwys yr hin", am fod "un" ac "hin" yn gwneud dibryd sain. (Gwêl ei sylw ar tudalen 70). Hefyd yn yr un lle, y mae'n condemnio'r odlau tebyg, "mwy, mwyn, clwy, swyn", ond wele yn y soned a ystyriai yn orau "hôl, dôl, dod, a nod".

Dyna rhyw ddeg o bethau yn cael eu condemnio mewn pedair llinell ar ddeg, a rhestru'r soned yn orau. Beth a wnewch o beth felly? Gyda llaw, myfi oedd awdur y soned arall 'O'r

Mawnder', ac eiddo 'Ar y grwn' a ddyfynnir yn llawn.

Yr oedd fy soned orau o'r tair heb ei dyfynnu, ond yr oedd yn y dosbarth cyntaf. Methaf â gweld fod y soned orau yn delio â'r Dalar o gwbl. Y maes aredig neu rywbeth, drwy gryn ymdrech, ond nid y dalar.

Llythyr at Evan Roberts (8 Awst 1943)

Gwelaf i chwi gael y Geiriadur newydd; credaf ei fod yn well nag un Gwynn Jones, ond dim cystal â Bodfan. Ond rhwng y tri gellir gwneud yn o lew. Da gennyf ddeall eich bod chwi yn o dda ar hyn o bryd. Y mae gobaith i'ch gweld tua dechrau Hydref; yr wyf wedi addo pregethu yng Nglyn Dyfyrdwy nawn Mercher, a darlithio'r nos. Caf eich gweld y pryd hwnnw beth bynnag, os byw ac iach. Nid oes dim yn y *Cyfansoddiadau* a fydd byw fwy nag wythnos. Yr oeddwn yn siomedig yn y bryddest a farnai Saunders yn orau; stori foel ydoedd, wedi ei thorri i fyny yn llinellau byr. Dyna oedd yr un a wobrwywyd hefyd, ond nad oedd yn stori. O gofio pryddestau Elfyn ym Meirion ddechrau'r ganrif, rhaid i ni gydnabod fod safon ein barddoniaeth yn o isel. Ar y beirniaid y mae'r bai.

Yr oedd gwobrwyo'r soned a gafodd y wobr eleni yn dangos dygn anwybodaeth am ffurf soned, ac yr wyf yn sicr mai jôc ydoedd gan yr awdur. Ni feddyliodd fod y beirniaid mor dwp â gwobrwyo peth felly fel soned. Y peth nesaf fydd gwobrwyo englyn heb odlau, a rhyw ddeg sillaf ymhob llinell. Nid darn o farddoniaeth a ofynnid, ond soned, dyna'r *mould* wedi ei benderfynu gan y pwyllgor. Prin y daeth yr awdl i fyny â'r rheolau, gan y gofynnid am awdl ym mesurau D. ap Edmund. Ni ellir drwy unrhyw egluro ei gwneud yn unol â'r rheolau hynny. A dyna reol i ganu Cymraeg wedi ei thorri, y mae'r peth yn annheg â'r cystadleuwyr eraill.

Hawdd i unrhyw un sydd yn feistr ar y gynghanedd lunio awdl ddiodl, a gesyd hynny y rhai sydd yn odli o dan anfantais fawr. Yr oeddwn yn meddwl fod Saunders wedi taro ar rywbeth, ond wfft i'r siom. Yr oedd ei feirniadaeth yn gwta iawn; a chofio i bapurau Cymreig gyfeirio ato fel beirniad blaenaf Ewrop. Paham na fyddai wedi dweud gair ar y lleill, er mwyn rhoddi iddynt help gogyfer â'r dyfodol? Ymddangosai i mi fel pe wedi pwdu neu rywbeth.

Dyna'r eisteddfod wedi mynd, llawer o atal, llawer o bethau heb gystadleuaeth, a llenyddiaeth Cymru heb ei chyfoethogi, na'r darllenwyr wedi eu diddanu.

Ni chlywais oddi wrth bobl Corwen ers tro. Bûm yn treulio Sul efo Bob Owen, a phregethu yn Croesor, a chael un o Suliau hyfrytaf fy oes wrth gwrs. Bu'r gymdeithas yn hyfryd dros ben, y teulu i gyd yn llawn croeso. Ac y mae'r cwm yn brydferth dros ben.

Llythyr at Evan Roberts (31 Awst 1953)

Gair bach wedi hir oedi; wedi bod yn brysur iawn ers tro yn pregethu a darlithio yn y de lawer iawn. Y mae rhyw ddiogi wedyn yn dod drosof yn yr hwyr, ac yn oedi gyrru o hyd. Gobeithio eich bod chwi yn dal yn dda i wynebu'r gaeaf. Cefais air oddi wrth I. Peate yr wythnos hon. Yr wyf wedi addo mynd i lawr ar y teledu, I.T.V. ddechrau'r mis nesaf. A ydych yn ei gael yna? Y bedwerydd o'r mis nesaf, tuag amser te y maent yn ei deledu. Mynd yno fel gŵr gwadd a nifer o rai yn holi cwestiynau i mi. Nid wyf yn falio llawer am fynd, ond yr wyf wedi addo. Os yw yn dod yna i rywle efallai y mynnwch ei weld, i mi gael gwybod sut y bydd yn mynd.

Bûm yn gwrando ar ddrama Saunders Lewis neithiwr, *Brad*; adweithiol iawn; y pwnc oedd rhai o gadfridogion Germany eisiau lladd Hitler er mwyn iddynt wneud heddwch â Phrydain ac America, cyn i Rwsia gyrraedd Berlin. Dyna'r gofid, llwyddiant Rwsia. Dyna ofid y llywodraeth hefyd. Gellid meddwl oddi wrth y ddrama, fod Romel, a laddodd nifer mor fawr o fechgyn y wlad hon, yn ddyn gwerth ei gefnogi. Synnaf yn fawr at Gymro yn medru ysgrifennu peth mor adweithiol, o gofio'r distryw a wnaethpwyd ar Abertawe a Chaerdydd a Lerpwl. Dyna'r math o beth y maent yn hoffi gweld wrth gwrs, a dyna'r math o beth mae arweinwyr adweithiol yr eisteddfod a Chymru eisiau gael.

Bûm yn dweud gair ar *Llafar* beth amser yn ôl, tebyg nad ydych yn gwrando ar bob rhaglen. Dim ond rhyw bum munud gefais, a daethant i'r tŷ i gael y sgwrs, gwrthodais fynd i Gaerdydd am beth mor fyr. Y mae pethau'n goleuo rwy'n meddwl, ac America wedi cael ergyd go ddrwg i bolisi Dulles. Hwnnw yw'r ysbryd drwg ar hyn o bryd, a digon o gefnogwyr ganddo, dynion fel Saunders, sydd yn fodlon gwneud popeth er mwyn dinistrio Rwsia. Ond aeth yn rhy ddiweddar; y mae cynnyrch gwenith yn China wedi mynd heibio cynnyrch America, a Rwsia a China yw'r ddwy wlad sy'n cynhyrchu fwyaf o wenith yn y byd, a dengys China y gellir cael bwyd a chysuron i'w phoblogaeth enfawr. Y mae'r cynnydd yno yn drychinebus i America; teimlant fod gwlad newydd ar y gorwel, fydd yn ei gadael ar ôl ymhen amser byr.

Llythyr at Evan Roberts (14 Tachwedd 1958)

Tebyg na chawsoch gyfansoddiadau Llanrwst. Ys gwn i a gyhoeddwyd hwynt? Y mae'r beirdd modern allan o'm deall i, ond teimlaf bob tro wrth eu darllen mai'r dyn ddylanwadodd fwyaf ar ein llenyddiaeth oedd y Bardd Cocos. Y mae ei ddelw ar y rhan fwyaf o bethau ein heisteddfodau ers rhai blynyddoedd. Gobeithio y daw tro ar fyd neu bydd yr hen iaith wedi ei lladd. Diolch, Eifion Wyn a Cheiriog a Phantycelyn, odide? Gyrraf air atoch eto pa bryd i'm disgwyl i mi gael cwpaned yna ar fy nhaith.

Gall llawer o bethau ddigwydd cyn hynny er fod yr amser yn fyr. Pethau'n datblygu'n gyflym iawn. Cofion gorau atoch.

Llythyr at Evan Roberts (23 Gorffennaf 1961)

Y mae busnes yr hunangofiant yma'n beth go ryfedd. Ni welais ond rhyw ddau neu dri hunangofiant gwirioneddol. Nid cofnodiad o ffeithiau y gŵyr pawb amdanynt ydyw. Ple y bu dyn yn byw, beth a wnaeth mewn gyrfa addysgol, beth ysgrifennodd a beth a lefarodd, a pha fudiadau a gafodd ei gefnogaeth. Gall Cofiannydd wneud llyfr felly yn hawddach na'r dyn ei hun, a rhoddi canmoliaeth neu feirniadaeth mwy gonest na'r dyn ei hunan.

I mi, hunangofiant yw dangos y broses yr aeth dyn drwyddo i ddyfod y peth ydyw. Hawdd dangos beth yw dyn yn ei waith a'i ddaliadau, ond pwy a all ddweud pa fodd y daeth y peth ydyw? Y mae yr un pridd a'r un haul a'r un dyfroedd yn cynhyrchu derwen neu rosyn, ac edrychwn ar hynny fel peth naturiol. Ond beth sy'n cyfrif fod dau ddyn gwahanol i'w gilydd yn tyfu o dan amodau hynod o debyg? Beth yw'r achos cyfrin sy'n gwneud un dyn yn rebel a dyn arall yn geidwadwr mewn popeth? Byddai i ddyn allu dehongli'r peth hwn yn waith mawr a diddorol. Pa beth a fu'n gweithio i wneud Awena Rhun yr hyn ydyw heddiw? Gellir gwybod holl ffeithiau a digwyddiadau eich bywyd heb wybod y gyfrinach fawr. Oni bai i'r rhyfel ddyfod arnom, dichon yr awn innau ati i osod ar bapur rhyw bethau a fu'n gyfraniad tuag at fy ngwneuthur yr hyn ydwyf.

Llythyr at Awena Rhun (26 Gorffennaf 1942)

10

Crefydd

Niclas ym mhulpud Seion, y Glais

CYFUNDREFNOL OEDD NATUR crefydd yn nyddiau cynnar Niclas ac er ei fod yn mwynhau 'hwyl' y pulpud roedd hefyd yn barod i gwestiynu amryfal agweddau o Anghydffurfiaeth. Datblygodd ei uniongrededd gan gadw'n glir o ddiwinyddiaeth, gan fynnu bod rhaid i grefydd fod yn ymarferol. Pregethwr y tu fas i ffiniau'r gyfundrefn oedd Niclas wedi iddo roi'r gorau i'w ofalaeth yn Llangybi a throi at dynnu dannedd. Tynnodd sylw at ei gredo a'i faniffesto yn *Y Deyrnas* – cyhoeddiad yr heddychwyr a olygwyd gan ei gyd-frodor, yr Athro Thomas Rees.

Wedyn yn y ffrae fawr honno a fu rhwng Niclas a'r Parch W. J. Phillips yn y wasg ynghylch natur Sosialaeth, mynnai Niclas fod Sosialaeth yn gydnaws ag egwyddorion Cristnogaeth. Eisoes dyfynnwyd rhannau helaeth o'r erthygl honno a ymddangosodd yn *Y Geninen* yn 1912. Dyma'r rhan sy'n delio â chrefydd. Roedd W. J. Phillips wedi ennill rhibidirês o raddau ond ni chwenychai Niclas astudio Diwinyddiaeth er mwyn bod yn sgolor. Adnodd ymarferol i'w gweithredu oedd yr Efengyl iddo ef.

Fyddai'n ddim iddo wawdio syniadau diwinyddol fel 'Yr Iawn' a 'Iachawdwriaeth'. Os rhywbeth, roedd Niclas yn fwy o ddyneiddiwr nag o Gristion confensiynol. Ni chredai mewn bywyd wedi marwolaeth. Roedd yntau a'i fab, Islwyn, yn aelodau o'r Voluntary Euthanasia Society. Ni fyddai'n esmwyth oddi fewn i'r un o'r enwadau crefyddol. Wfftiai enwadaeth a'i gulni. Cyfundrefn foesol ar gyfer y stryd a'r gweithle oedd Cristnogaeth iddo ef.

Soniai am Iesu Grist a Christnogaeth yn aml, gan gyferbynnu hynny â'r hyn a welai fel methiant crefydd gyfundrefnol i adnabod y Crist, ac yn ei sgyrsiau byddai'n aml yn dyfynnu llinell Pantycelyn, 'Iesu, nid oes terfyn arnat'. Serch hynny, dringai i bulpudau'r wlad gydol ei yrfa. Ni wrthodai gyhoeddiad cymaint oedd ei danbeidrwydd i hyrwyddo a rhannu ei neges o Sosialaeth Gristnogol Heddychlon. Tynnai at Flaenau Ffestiniog yn gyson i seiadu â gwŷr o gyffelyb anian. Cynhwysir ei deyrnged i un ohonyn nhw.

* * *

A YW Y MUDIAD SOSIALAIDD YN WRTH-GREFYDDOL?

Y mae'r cyhuddiad hwn yn fwy cyfrwys na'r cyntaf. Daw medr yr offeiriad i mewn i'r cyhuddiad hwn. Ni fuasem yn disgwyl i Ymneilltuwr daro ergyd mor sâl hyd yn oed at elyn. Nid yw Mr W. F. Phillips yn ceisio profi y cyhuddiad hwn chwaith. Haeriad cyfrwys ydyw, er mwyn tynnu sylw y darllenydd oddiwrth brif bwynt yr ysgrif, sef dirmygu Keir Hardie.

Dywedodd Esgob Llundain, yn y Cyngrair Eglwysig, fis Hydref diweddaf, fod mudiad Llafur, yn ddi-os ac yn bendant, yn fudiad crefyddol. Hawdd fuasai ychwanegu tystiolaeth debyg oddi wrth gannoedd o arweinwyr crefyddol y deyrnas. Dywed Mr Phillips fod un Sosialydd byd-enwog o Gaerludd wedi dweyd mai "methiant yw Iesu o Nazareth". Pe wedi enwi'r gŵr a ddywedodd hyn buaswn wedi ysgrifennu ato i gael gwybod ei destyn a gwybod cysylltiadau y frawddeg.

Dywed y Testament Newydd hefyd fod Iesu yn fethiant. "Ac ni allodd efe wneuthur gweithredoedd nerthol yno, oherwydd eu hanghrediniaeth hwynt." Dichon mai sôn am fethiant Iesu Grist i berswadio cyfoethogion yr eglwysi i werthu yr hyn oll sydd ganddynt yr oedd yr areithiwr, neu sôn am ei fethiant i berswadio dynion i garu eu gelynion! Beth bynnag, nid oes gwerth mewn brawddeg lefarwyd gan berson nas gwyddom ei enw, na pha beth oedd ei destyn pan yn siarad. Heblaw hyn oll, mor ynfyd yw condemnio mudiad cyfan yng Nghymru am fod rhyw areithiwr dienw o Gaerludd wedi dweyd yng Nghaergrawnt mai "methiant yw Iesu o Nazareth"!

Yn yr ysgrif yng NGENINEN Hydref dywedir fod cymeriadau y rhai a bregethant Sosialaeth yn wael; yn wir, y salaf yn y tir am eu bod yn anffyddwyr. Gall edrych i'r blaid y perthyna iddi am gymeriadau llawn cyn saled, a dweyd y lleiaf. Nid oes yr un Sosialydd byth yn dannod i'r Rhyddfrydwyr eu bod yn noddi anffyddwyr. Ond ffolineb o'r mwyaf yw condemnio cyfundrefn wleidyddol am fod anffyddwyr yn bleidwyr i'r gyfundrefn.

Ni chlywais fod Mr Phillips erioed wedi condemnio Calfiniaeth am fod dyn o'r enw John Calvin wedi bod yn foddion i losgi un o feddylwyr mwyaf y byd ym mherson Michael Servetus. Un o'r profion ddygir ym mlaen fod Sosialaeth yn wrth-grefyddol yw, "Y duedd i gredu mai dyn, ac nid Duw, sydd i waredu Cymdeithas". Rhaid cyfaddef fod y blaid yn euog yng ngwyneb y cyhuddiad hwn. Nis gwn beth oedd amcan yr Ymgnawdoliad os nad dysgu i'r byd mai drwy Ddyn y mae gwaredu cymdeithas.

Gwaith Dyn yw y *slums*, gwaith Dyn yw y bywydau afradlon welir hyd ein heolydd, gwaith Dyn oedd cymeryd y ddaear oddi ar y bobl, gwaith Dyn yw y tafarnau; ac yr ydym yn credu mai Dyn yn unig all waredu cymdeithas rhag y pethau hyn. Os nad gwaith Dyn yw gwaredu Cymdeithas, paham y molir cymaint ar Mr Lloyd George? Paham y gofynnir i ni ei gefnogi os dylesid gadael y cyfan i Dduw? Paham y gofynnir i ni gyfrannu yn hael tuag at frwydro a'r Darfodedigaeth os mai gwaith Duw yw ymlid y gelyn o'r wlad?

Onid yw y Duw bregethir gan Mr Phillips yn Hollalluog? Os mai ei waith Ef yw gwaredu cymdeithas, a dadwneyd gweithredoedd aflan cyfalafwyr, paham nad ymeifl yn ei waith? Paham na ddechreua ar y gwaith o dynnu'r *slums* i lawr? Paham nad a allan i'r heolydd i alw adref y merched anffodus o strydoedd y dref? Gyrrwyd hwynt yno gan gyfundrefn sydd yn angharedig tuag at ferched, ac a ddisgwylir i Dduw fynd i'w galw adref? Onid gwell fuasai dinistrio'r gyfundrefn sydd yn gwneyd bywyd colledig yn bosibl ac yn angenrheidiol? Paham y disgwylir i ni gyfrannu tuag at anfon Efengyl allan i baganiaid byd os mai gwaith Duw yw eu gwaredu? Paham na ddaw at Ei waith? A yw Duw yn *shirker*? Na, ein gwaith ni yw ad-drefnu cymdeithas yrrwyd yn anhrefnus gan ddynion.

Ond y pwnc mawr wedi'r cwbl ydyw, nid a yw Sosialaeth yn wrth-grefyddol, ond a yw yn wrth-Gristionogol? Yr oedd Iesu Grist yn wrth-grefyddol. Onid yw Ymneillduwyr yn gwrthwynebu y grefydd Babaidd? Onid yw y cenhadon yn gwrthwynebu crefydd y brodorion yn India a China? Ac y mae yn eithaf gwir fod Sosialaeth yn gwrthwynebu rhyw fath o grefydd; ond nid yw yn gwrthwynebu Cristionogaeth. Ynddi hi rhoddir mynegiant ymarferol i egwyddorion Crist. Ymgnawdolir ynddi hi gyfiawnder Teyrnas Nefoedd. Ynddi hi dygir geiriau Crist i lawr o fyd Credo i fyd Cymeriad.

Ar raglen Sosialaeth y mae Heddwch yn gyferbyniol i Ryfel; Cydweithrediad yn gyferbyniol i Gystadleuaeth; Brawdoliaeth Gyffredinol Dyn yn gyferbyniol i'r hyn lefarwyd yn ddiweddar gan Aelod Seneddol Rhyddfrydol, sef nas gallai edrych ar "ddyn du" fel brawd iddo. Onid yw Sosialaeth yn pregethu cyflog anrhydeddus i bawb, tai da, a bwyd diwenwyn, yn gyferbyniol i'r cyflogau isel delir heddyw, a'r tai gwael, a'r bwyd wenwynir gan gyfalafwyr er mwyn gwneyd elw mawr ohono?

Onid yw Sosialaeth yn gofyn am i'r fasnach feddwol fod ym meddiant, ac o dan reolaeth, y Llywodraeth, yn hytrach nag yn nwylaw unigolion feddant elw mawr o feddwdod a thylodi oferwyr? A yw y pethau hyn yn wrth-Gristionogol? Onid rhyfeloedd, a thylodi, a saethu dynion, a charcharu dynion am ladrata pan na thelir iddynt gyflogau y gallant fyw yn onest arnynt, onid hyn sydd yn wrth-Gristionogol? Onid gwasgu'r gwan, ac atal cyflog y gweithwyr, a gadael i blant bach fyw mewn *slums* a gadael i hen wŷr a hen wragedd parchus, ar ôl treulio eu hoes i wneyd eraill yn gyfoethog, i fyned i'r tloty i orffen eu dyddiau, i gymdeithas oferwyr a phuteiniaid – onid hyn sydd yn wrth-Gristionogol?

Eto goddefir hyn oll, a llawer mwy, gan y Llywodraeth Ryddfrydol. Os mai cynhyrchu cyfundrefn gymdeithasol fel ag sydd yn y wlad hon heddyw yw'r peth goreu fedr ysbryd, a gwirionedd Iesu o Nazareth gynhyrchu, yna dywedaf heb betruso, gyda'r gŵr dienw o Gaerludd mai methiant ydyw. Ond nid yw Efe eto wedi cael ei gyfle yn y wlad hon. Helpu'r Crist i'w orsedd ym mywyd y wlad yw gwaith Sosialaeth.

Dichon y bydd yn well dweyd gair am berthynas y mudiad Sosialaidd a'r Sabath. Dygir yn ein herbyn y cyhuddiad ein bod yn cynnal cyfarfodydd ar y Sul. Pe na byddai ein hegwyddorion yn werth i'w pregethu ar y Sul ni fuasent yn werth i'w pregethu o gwbl. Y mae yn werth sylwi fod yr un gwrthwynebiad wedi cael ei godi yn erbyn yr Ysgol Sul pan gychwynnwyd hi gyntaf. Yn *Y Tadau Methodistaidd* dywedir am y gwrthwynebiad mawr roddwyd iddi gan yr enwadau eraill, a chan y Methodistiaid eu hunain:

> Yn syn iawn, cyfarfyddodd yr Ysgol Sul â gwrthwynebiad cryf ar
> y cychwyn. Erlidiai yr enwadau crefyddol eraill, ac yr oedd llu o'r

Methodistiaid yn hollol groes i'r newyddbeth. Credent fod dysgu darllen, ie, dysgu darllen y Beibl, ar ddydd Duw, yn halogiad ar y dydd; ystyrient fod hyn yn hollol ar yr un tir a dysgu rhyw gangen wyddonol, megis cerddoriaeth neu arlunio. (Gwêl *Y Tadau Methodistaidd*, cyf ii, tud. 195–196.)

Gwrthwynebir y mudiad Sosialaidd gan yr un bobl ac am yr un rheswm, sef am ei fod yn fudiad newydd. Yr ydym ni heddyw yn synnu fod crefyddwyr Cymru wedi gwrthwynebu'r Ysgol Sul: bydd Cymry'r oes nesaf yn synnu fod neb o weithwyr crefyddol Cymru wedi gwrthwynebu y mudiad mawr sydd am eu codi o fyd tlodi a gorthrwm. Y mae rhai Rhyddfrydwyr yn cadw eu gweithfeydd i fynd ar ddydd Sul fel ar ryw ddiwrnod arall. Os nad yw yn drosedd i Ryddfrydwr bregethu yr hyn a gredir ganddo ar y Sul; ac os nad yw yn drosedd i ddiaconiaid ein heglwysi weithio er mwyn llanw llogellau cyfoethogion ar y Sul; ac os nad yw yn bechod i Aelod Seneddol Rhyddfrydol gadw ei waith i fynd ar y Sul, methaf yn lân â gweld ei bod yn bechod i Sosialwyr bregethu eu hegwyddorion hwythau ar y dydd sanctaidd.

Heblaw hyn onid pregethu wnant yn erbyn y gyfundrefn sydd yn gorfodi dynion i dorri'r Sabath? Codi cymdeithas i afael y posibilrwydd o ddydd sanctaidd yw amcan Sosialwyr wrth siarad. Cyfiawnder, brawdoliaeth, heddwch, hawl i fyw – dyna'r pynciau bregethir; a chredaf eu bod yn agosach i ddysgeidiaeth Iesu na sôn byth a hefyd am orthrymderau cenedl arall sydd erbyn hyn yn wasgaredig dros yr holl ddaear. Hawdd cydymdeimlo â'r Iddewon: ond y mae eisiau cydymdeimlo â'r Cymry sydd o dan iau drymach nag eiddo Pharaoh.

Y mae'r hyn bregethir gan Sosialwyr yn dal perthynas â bywyd y genedl heddyw; ac y mae popeth sydd yn dal perthynas â bywyd yn gysegredig. Os nad yw pregethwyr yn defnyddio eu pwlpudau i bregethu heddwch, a brawdoliaeth, a chyfiawnder, nid ydynt yn pregethu'r pethau hyn o gwbl, oherwydd ni chlywir llais y mwyafrif mawr ohonynt yn unlle ond yn eu pwlpudau. Ond nid yn erbyn pregethu gwleidyddiaeth fel y cyfryw y mae'r cri, ond yn erbyn pregethu Sosialaeth. Y mae'r bobl hyn yn credu mewn pregethu Rhyddfrydiaeth. I brofi hyn, gosodaf o flaen y darllenwyr gyfieithiad o lythyr ymddangosodd yn y *South Wales Daily News* am Hydref 20fed 1911:

> Yr Eglwysi a'r mesur Yswirio - Syr, caniatewch i mi awgrymu yn wylaidd i weinidogion a swyddogion ac eglwysi drwy'r wlad, y byddai yn wasanaeth mawr i'r dosbarth gweithiol, ac yn enwedig i'r rhai tlotaf, pe gwnaent bopeth yn eu gallu i greu dyddordeb yn y Mesur Yswirio. Pe gwnâi yr holl weinidogion, sydd heb wneyd eisioes, bregethu pregeth yn ymwneyd ag agweddau moesol y Mesur, buasai yn wasanaeth Cristionogol didwyll; a phe buasai pob eglwys yn pasio penderfyniad cryf i gefnogi'r mesur buasai hynny yn gam yn yr iawn gyfeiriad. Gwnelai penderfyniad cryf oddiwrth bob eglwys fwy o help i greu dyddordeb a brwdfrydedd yn ffafr y mesur nag a wnelai penderfyniadau cyffelyb o lwyfannau yr undebau a'r cymanfaoedd. Y mae rhai eglwysi wedi gwneyd eisioes; dilyned eraill eu hesiampl.-- Ydwyf, &c., (Parch.) E. Llwchwr Jones, Caerdydd.

Os oes ystyr i iaith o gwbl, y mae'r llythyr uchod yn cynnwys apêl at eglwysi Cymru ar iddynt ddefnyddio'r Sul a'r pwlpudau i ddadleu dros fesur gredant hwy sydd yn fanteisiol i weithwyr y wlad. Ar ba dir, ynte, yr haerir fod y Sosialwyr yn amharchu'r Sabath pan y dadleuant am well peth i'r gweithwyr hyd yn oed na mesur Mr Lloyd George?

Ond beth sydd wrth wraidd y cri fod Sosialwyr yn diraddio'r Sabath? Credaf mai nid sêl dros sancteiddrwydd y dydd, onide buasent yn pregethu dros gau y gweithfeydd mawrion berchenogir gan gyfoethogion yr eglwysi. Credaf mai y prif reswm am y cri yw, ofn i'r pwlpud golli ei ddylanwad ar y werin; ofn i'r llwyfan fynd yn fwy atyniadol na'r pwlpud. Carwn allu credu yn wahanol, ond nis gallaf. Gan nad yw gweithio ar y Sul yn cael ei wrthwynebu, gan nad yw pregethu Rhyddfrydiaeth ar y Sul yn cael ei wrthwynebu chwaith, rhaid dod i'r casgliad mai nid parch i'r dydd ond casineb at Sosialwyr sydd wrth wraidd y cri mawr fod y blaid werinol yn sarnu dydd Duw! Heb law hyn oll, "Y Sabath a wnaethpwyd er mwyn dyn, ac nid dyn er mwyn y Sabath." Gwell i mi ddweyd mai Iesu Grist ddywedodd hyn, ac nid Keir Hardie. Nid yw'n rhyfedd yn y byd iddynt Ei groeshoelio. Dysgodd Iesu fod Dynion yn werthfawrocach na Defodau. Pechod mawr Sosialwyr yw eu bod yn credu Iesu.

Un gair arall. Sylwer ar y frawddeg hon o eiddo Mr W.F. Phillips yng NGENINEN Hydref: "Gellir profi yn rhwydd mai estroniaid anffyddol gan mwyaf sydd yn hau hadau Sosialaeth yn naear gwerin Cymru heddyw." Er fod y peth yn rhwydd i'w brofi, ni wnaed un ymgais i wneyd hynny. Nid yw'r cyhuddiad hwn yn wir. Mr. David Thomas, Talysarn, Cymro glân, un yn caru ein gwlad a'n hiaith a'n crefydd, yw awdwr yr unig lyfr safonol ar Sosialaeth yn ein hiaith. Darllened y werin lyfr Mr Thomas, sef *Y Werin a'i Theyrnas* yna gallant hyrddio'n ôl yr haeriadau di-sail fod y mudiad yn wrth-genedlaethol ac yn wrth-grefyddol. Yn ychwanegol at hyn ceir yn Gymraeg bamffledau o waith y Dr Clifford a'r Parch. Silyn Roberts, M.A., a llyfr ar Sosialaeth gan y Parch. D. Tudwal Davies, gweinidog gyda'r Bedyddwyr. Ai anffyddwyr yw y dynion hyn? Gadawaf i werin Cymru ateb.

Pell ydym ohoni fod ein rhaglen yn berffaith, ond yr ydym yn amcanu at bethau mawr. Credwn gyda Mr Lloyd George fod "iechyd y werin yn fwy pwysig na hawddfyd dyrnaid o gyfoethogion"; ac am ein bod yn credu hyn, gweithiwn ar linellau ein cred. Nid wyf yn gweld un ystyr mewn dweyd a chredu hyn os na symudir er mwyn cael hyn i ben. Ceisiwn fel Sosialwyr ateb y cwestiynau hyn: Paham y mae'r lluaws gweithgar yn dlawd? Paham y mae'r ychydig segur yn gyfoethog? Paham y mae'r ddaear yn eiddo i nifer fechan o bersonau? Paham y mae'r genedl heb dir? Paham y rhaid gadael i dlodi fodoli mewn gwlad mor gyfoethog? Paham y rhaid i ferched werthu eu cyrff i gyfoethogion er mwyn cael bara? Paham y rhaid i blant bach oddef cam? Paham y rhaid mynd i'r holl draul i gadw llyngesoedd a byddinoedd, &c., gan nad oes dim cweryl rhwng gwerin y gwahanol wledydd?

Ymdrech deg i ateb y cwestiynau hyn sydd wrth wraidd plaid y Sosialwyr. A yw hyn yn wrth-grefyddol? A yw hyn yn wrth-genedlaethol? Gadawaf i gydwybod oreu'r wlad ateb pan na fo neb yn agos ond Duw.

Y Geninen (1912)

YR EGLWYSI A PHYNCIAU CYMDEITHASOL

A OES gan yr eglwysi rywbeth i'w wneud â phynciau Cymdeithasol? Sylwai gweinidog dysgedig, yn Y GENINEN dro yn ôl, na soniodd Crist erioed am achub Cymdeithas fel Cymdeithas: a chynghorai gweinidog finnau, dro yn ôl, i bregethu'r efengyl, a gadael llonydd i bynciau cymdeithasol: ond y ddau hyn un ydynt.

Neges yr eglwysi yw cadw Cymdeithas. Er llwyddo i gadw personau unigol, fe'u condemnir gan Gymdeithas oni chedwir hithau. Mae dynion da'r byd heddyw yn byw ar waethaf cyfundrefn golledig ac anghyfiawn. Nid yw'r Cristion yn cael unrhyw help i fyw yn dda o'i gylchynion. Mae cymhellion cymdeithasol o blaid bywyd bydol a materol. I'r dynion sy'n byw i bethau salaf bywyd y rhoddir y swyddi goreu, ac iddynt hwy y telir parch gan fyd ac eglwys. Y mae holl drefniant cymdeithasol y wlad yn elynol i fywyd goreu dynion, ac yn wrth-Gristionogol.

I mi, y mae gwaith yr eglwysi a diwygiadau cymdeithasol yr un. Bûm yn credu fel arall – y dylid gadael llonydd i bynciau cymdeithasol, gadael rhyngddynt hwy â'r gwleidyddwr. Erbyn hyn credaf na chedwir y byd byth drwy wleidyddiaeth nac addysg. Gweddnewid y ddaear yw neges yr efengyl: credaf na weddnewidir hi byth gan gyfreithwyr, a barnwyr, a milwyr, a charcharau, a chrogwyr. Fe gedwir y byd gan egwyddorion Iesu.

Nis gellir ymladd brwydrau Duw ag arfau'r diafol. Nid

yw *brewers* yn mynd i sobri'r byd; nid yw cyfalafwyr yn mynd i symud tlodi o'r byd; nid yw milwyr i roddi terfyn ar ryfeloedd; nid yw heddgeidwaid i roddi terfyn ar droseddau; nid yw barnwyr i roddi terfyn ar gosbau; nid yw galluoedd y fagddu i orseddu teyrnas goleuni a rheswm yn ein byd.

Dynion yn credu yn angerddol yn ysbryd Iesu sydd i weddnewid y byd. Ofer gwadu nad oes yna agendor mawr rhwng yr eglwysi a phynciau cymdeithasol ar hyn o bryd. Nid oes berthynas rhwng yr undebau llafur a'r Ysgol Sul; nid oes gyfathrach rhwng y pregethwr a'r diwygiwr cymdeithasol. Buaswn yn falch o allu ysgrifennu i'r Pwlpud fod ar y blaen gyda mudiadau cymdeithasol; ond y mae hanes y gorffennol a phrofiad y presennol yn gwneud hynny yn amhosibl. Gwn fod yr eglwys wedi hawlio buddugoliaethau cyfiawnder iddi ei hun, ar ôl i ddynion Duw, elwid gan eu hoes yn anffyddwyr, ymladd ag anghyfiawnder, a gorchfygu.

Credaf y cydnebydd y rhan fwyaf fod y nifer luosocaf o ddiwygiadau gwyddonol a chymdeithasol y byd wedi dod ar waethaf yr eglwys. Mae'n wir fod lliaws o'r pethau hyn wedi dod drwy ddynion o'r tu fewn i'r eglwys; mae mor wir â hynny fod y diwygwyr hyn wedi gweld gwaethaf yr eglwys y perthynent iddi. Y mae dwylaw eglwys Dduw – yr wyf yn tynnu fy ngeiriau yn ôl – eglwys Mamon, yn goch gan waed meddylwyr a gwyddonwyr a dyngarwyr; o ddyddiau Mary Waedlyd, yr hon laddai Brotestaniaid; a dyddiau Elizabeth Waedlyd, yr hon laddai Babyddion; (oherwydd hynny gelwid hi gan Brotestaniaid yn "Good Queen Bess"!), hyd ddyddiau carcharwyr Lansbury ac eraill.

Rhamant o waed yw'r oesau; a'r eglwys fu flaenaf yn ei syched amdano. Dichon y bydd ambell un yn ameu fod hynyna yn wir; ond cymerent at ddadleu achos y tlawd am chwe mis, a chant weld fod yr hyn ysgrifenwyd yn ddigon gwir. Mae'n wir fod rhyddid i weinidog heddyw ddadleu hawliau'r tlawd; ni erlidir ef gan y Wasg, na chan y Pwlpud, na chan gyfalafiaeth; ni chauir pwlpudau yn ei erbyn, ond iddo ofalu gweithio amser etholiad dros hapchwareuwyr a chyfreithwyr a thros gynrychiolwyr cyfalafiaeth. Nis oes le heddyw i weinidog feiddia wrthwynebu Rhyddfrydiaeth adeg etholiad. Gallwn ddadleu faint fynnom dros y tlawd a gofyn am ddiwygiadau, ond rhaid gofalu gosod y Rhyddfrydwyr mewn swydd i gario allan y diwygiadau.

Heb ormodiaeth dywedaf fod yr eglwys heddyw yn erlid pawb sy'n protestio yn erbyn tragwyddoli y gyfundrefn bresennol o Gymdeithas. Y dynion sy'n cadw'r byd heddyw yw y rhai hynny sydd yn gwneud gwaith Iesu. Ni chedwir y byd byth wrth ganu am Grist a'i Groes; cedwir y byd gan bobl sy'n barod i gario croes drymaf eu cyfnod. Nid wyf yn ôl i neb yn fy mharch i Iesu o Nazareth; nid wyf heb gofio chwaith mai Milwriaeth a Defodaeth, a Mamon roddodd Groes iddo. Ynfydrwydd yw credu fod y rhai garia waith llofruddion Crist ym mlaen yn waredwyr i'r ugeinfed ganrif.

Rhoddir organau i eglwysi gan gyfoethogion trahaus y byd, er mwyn cynorthwyo'r gorthrymedig i ganu am Waed y Groes. Yn fy myw nis gallaf beidio gweld gwaed y dynion fathrwyd gan filiwnyddion segur, yn cael ei chwythu allan drwy bibellau'r organau, yn fedydd gwaed ar y gynulleidfa! Onid gwallgofrwydd yw codi palasau heddwch gan ddynion ddefnyddia'r filwriaeth i yrru gweithwyr yn ôl at waith am dâl gwaradwyddus o isel? Y mae gweld Ymneullduwyr blaenllaw – dynion yn dal swyddi dan Gyngor yr Eglwysi Rhyddion, yn rhandalwyr yn y *War Trust*, ac yn gefnogwyr i achos Heddwch, yn tystio fod cydwybod y wlad wedi ei serio! Oes, y mae yna bellder rhag yr eglwysi a diwygiadau cymdeithasol. Ond nid oes dim yn natur gwaith yr eglwysi, na chwaith yn y mudiadau cymdeithasol, yn galw am y pellder yna.

Daeth Iesu i'r byd i achub Cymdeithas; a goreu po gyntaf y sylweddolir hyn. Dywedir gan arweinyddion yr eglwysi nad ydynt yn gwrthwynebu diwygiadau cymdeithasol fel y cyfryw, mai gwrthwynebu Sosialaeth yn unig wnant. Bu'r un dynion yn gwrthwynebu Undebau Llafur flwyddi yn ôl; maent yn gwrthwynebu Sosialaeth heddiw; daw hyn eto yn barchus, a thry'r dynion yma i wrthwynebu Syndicaliaeth! Rhaid cydnabod fod yr eglwysi yn *digwydd* bod ar ochr y cryf bob amser, ac yn *digwydd* bod yn erbyn ceisiadau cyfiawn gweithwyr. Mae'r pellder rhwng yr eglwysi a'r mudiadau cymdeithasol yn fawr; colled i'r eglwysi yw hynny; oherwydd y mae bodolaeth – nid llwyddiant, ond bodolaeth – yr eglwysi yn dibynnu yn hollol ar eu parodrwydd i gario ym mlaen waith achubol Crist ym mywyd cymdeithasol y wlad.

Lle mae'r bai?

Nid yw'r bai i gyd yr un ochr. Gwn fod bai ar y rhai bleidiant fudiadau Sosialaidd; gwn hefyd fod bai ar yr eglwysi swyddogol. Cydnebydd y rhan fwyaf mai gwaith caled i weithwyr ydyw eistedd o Sul i Sul i wrando'r pwlpud yn curo ar y rhai sy'n aberthu dros y gweithwyr. Os dywed rhywun nad yw hyn yn wir, byddaf yn barod i roddi enwau saith o bob deg o bwlpudau cwm neillduol lle y gwneir hyn. Nid yw y cwm yna cynddrwg ag ambell un. Yr wyf wedi casglu pentwr o ffeithiau ynglŷn â hyn; ac y mac'n syndod fod dynion dysgedig yn dweyd y pethau ddywedant am Sosialaeth.

Mae'n wir, o'r ochr arall, fod Sosialiaid yn ymosod ar yr eglwysi: gwn yn dda amdanynt hwythau. Cwynant hwy am fod yr eglwysi yn gwrthod rhoddi mynegiant clir i ddysgeidiaeth Iesu. Rhaid cael dau beth cyn y daw'r eglwysi a'r mudiad cymdeithasol i ddeall eu gilydd.

I. Rhaid i'r eglwysi gefnogi'r mudiad cymdeithasol sydd â'i ddelfrydau agosaf at ddysgeidiaeth Iesu.

II. Rhaid i'r mudiad cymdeithasol roddi perffaith ryddid i bob dyn ar bwnc ei gredo a'i grefydd. Credaf mai ar y llinellau yna y daw'r ddau allu i gydweithio.

I. Rhaid i'r eglwysi gefnogi'r mudiad cymdeithasol agosaf at ddysgeidiaeth Iesu. – Cymharol hawdd yw dyfod o hyd i hynyna. I'r bobl fedd syniad clir am egwyddorion Iesu, hawdd fydd penderfynu pa blaid neu fudiad yw'r agosaf at yr egwyddorion hynny. Dichon y bydd rhywrai yn meddwl fod y blaid Geidwadol neu Ryddfrydol yn nes o ran ei hegwyddorion i ddysgeidiaeth

Iesu na'r blaid Sosialaidd. Wrth eu ffrwythau yr adnabyddwch hwynt. Os yw saethu gweithwyr yn Featherston a Thonypandy a Llanelli a De Affrica a Dublin yn dwyn tebygrwydd i waith Iesu, dyweder hynny heb ofni. Os yw carcharu Tom Mann am gynghori milwyr i beidio saethu gweithwyr yn dwyn delw'r Bregeth ar y Mynydd, pa raid ofni dweyd hynny? Os yw carcharu Lansbury am ddweyd fod bywyd yn werthfawrocach na meddiannau, yn rhan hanfodol o ddysgeidiaeth Iesu, dyweder hynny.

Casglodd yr eglwysi drwy'r wlad tuag at y gweddwon a'r amddifaid ar ôl damweiniau – casglu er mwyn dadwneud effeithiau melldithiol Cyfalafiaeth; ni chlywais am gynifer ag un eglwys wedi casglu at blant bach a gwragedd Dublin, i'w cynorthwyo i ymladd Cyfalafiaeth ar ei dir ei hun. Credaf fod egwyddorion Sosialaeth yn cydgordio'n llwyrach â dysgeidiaeth Crist, na gweithredoedd Rhyddfrydiaeth. Cydnabyddir hynny gan laweroedd gredant fod Sosialaeth yn anymarferol. Ar bob pwynt mae dysgeidiaeth gymdeithasol Sosialaeth yn cydgordio yn lled agos â dysgeidiaeth Iesu.

Mae'n wir y buasai cydymffurfiad ymarferol â geiriau Iesu yn golled faterol i'r eglwysi; collid y milwyr, a'r barnwyr, a'r brenhinoedd, a'r cyfoethogion, a'r crogwyr, a'r *brewers*, ohoni; ond buasai hynny yn fwy o ennill i'r eglwys nag o golled. Gallwn fod yn sicr ar y pwynt hwn, unwaith y rhoddir lle i ddysgeidiaeth Iesu yn ein heglwysi, fe gefna tyrfa fawr o bobl ystyrir yn gefn i'r achos. Nis gallant oddef i'r Pwlpud sôn am hawliau'r tlawd.

Cymerer y *Sabath*. Mae'r Sabath yn ein gwlad yn ddydd materol iawn. Materolir y dydd gan gyfalafiaeth a chystadleuaeth. Pam y rhaid i neb weithio ar y dydd sanctaidd? Cynhyrchir digon o angenrheidiau bywyd mewn tri diwrnod o'r wythnos. Pam y rhaid i ddynion weithio saith niwrnod, a digon o gyfoeth yn y wlad heb hynny? Un pam sydd, er mwyn boddloni trachwant cyfoethogion a chwyddo cyfoeth segurwyr y deyrnas. Segurwyr daear, drwy eu gwastraff a'u gloddest, sydd yn creu'r angenrhaid o weithio saith niwrnod. Nid y dyn sy'n sefyll ar gongl yr heol i ddadleu am hawl i fyw sydd yn materoli y Sabath, ond y dyn a gymerodd yr hawl i fyw oddi ar ei gyd-ddyn ar y cychwyn. Dylasai eglwysi gefnogi'r mudiad Sosialaidd, am y gellid wedyn gael dydd o orffwys oddi wrth waith.

Cymerer y *Filwriaeth*. A gefnogid milwriaeth gan Grist pe yn fyw heddyw? Credaf y buasai hynny yn amhosibl iddo Ef. Y ffurf waethaf ar uffern yw milwriaeth. Meddylier am ddynion yn bendithio rhyfeloedd, ac yn cefnogi llofruddiaeth yn enw'r Gŵr ddywedodd am faddeu i'r gelyn pennaf! Dywedodd Keir Hardie, mewn atebiad i gwestiwn, y buasai efe "yn dileu'r Fyddin a'r Llynges". Nid oes gweryl rhwng y cenhedloedd. Brenhinoedd a phenaethiaid y gwledydd sydd yn cweryla; gwneler i ffwrdd â'r rhai yna, a dyna derfyn ar ryfeloedd. Eler â'r wasg, a'r pwlpud, a'r llysoedd o ddwylaw'r mawrion, a dyna derfyn ar ryfeloedd. Dylasai'r eglwysi gefnogi Sosialaeth pe am ddim ond ei safiad dros heddwch.

Cymerer *Ddirwest* wedyn. Yn y gyfundrefn Sosialaidd ni fydd lle o gwbl i dafarndai. Gwn yn ddigon da fod lliaws o Sosialwyr yn cefnogi tafarnyddiaeth heddyw, ond gweithiant tuag at gyfundrefn yn yr hon ni fydd lle i dafarndai. Ni cheid unrhyw ddyn yn y wlad heddyw i feddwi ei gyd-ddyn, ac i dlodi teuluoedd, oni bai fod y fasnach yn talu. Pan orffennir gweithio er mwyn elw, derfydd y fasnach feddwol ohoni ei hun. Gellid yn hawdd gau'r tafarndai mewn wythnos pe ceid arweinyddion y bobl yn barod i hynny. Nid yw'r eglwysi erioed wedi gofyn i'r Llywodraeth ddiddymu'r Fasnach. Os gellir cau'r tafarndai ddydd Sul, gellir eu cau ddydd Llun a phob dydd arall. Mae pob plaid wleidyddol yn ffafrio'r Fasnach.

Dywed y gyfraith na chaiff bachgen ieuanc briodi nes cyrraedd un ar hugain oed, heb ganiatâd ei rieni; dywed y gyfraith na chaiff etifedd i diroedd a meddiannau edrych ar ôl ei etifeddiaeth nes cyrraedd un ar hugain oed; dywed y gyfraith na cha dyn ieuanc fynd i ddyled neb, nes dod i'w oed; ond dywed yr un gyfraith y gall dyn ieuanc fynd i'r dafarn yn un ar bymtheg oed! Onid yw'r tafarnwr yn cael gormod o chwareu teg yn hyn o beth? Dyna dri pheth, y Sabath, y Filwriaeth, a Dirwest; a chredaf fod Sosialaeth yn edrych ar y pethau hyn o safbwynt mwy Cristionogol na'r Blaid Ryddfrydol na'r Geidwadol.

Dichon y dywed rhywun fod Tŷ'r Arglwyddi ar ffordd y Rhyddfrydwyr i ddwyn oddi amgylch ddiwygiadau; gellir ateb yr esgusawd hwn drwy gofnodi'r ffaith fod y blaid Ryddfrydol wedi creu mwy o arglwyddi o lawer na'r blaid Geidwadol. Ac y mae'r blaid wedi eu creu er mwyn atal mudiadau a mesurau manteisiol i'r gweithwyr ddod yn ddeddfau. Pesir mesurau poblogaidd gan y Rhyddfrydwyr weithiau; nid ydynt yn credu yn y mesurau hynny eu hunain; a rhag ofn iddynt ddod yn ddeddfau, creant dyrfaoedd o arglwyddi. Gall unrhyw un weld drosto ei hun, ond chwllio i gofnodion y Llywodraeth, mai'r blaid Ryddfrydol sy'n credu fwyaf mewn arglwyddi, am mai hi sydd wedi creu y nifer luosocaf ohonynt.

Gellid nodi pethau ereill lle mae Sosialaeth yn dod i gydgord â'r Iesu. Dywedai Iesu fod *Cyfoeth* yn ddrwg; fod i ddyn ddal meddiant o gyfoeth heb ei eisiau, tra y bo ereill o'i gylch mewn angen amdano, yn cadw'r dyn hwnnw allan o'r Deyrnas. Dywed Sosialaeth yr un peth. Mae dysgeidiaeth Iesu'n bendant ar hyn: nis gellir esgusodi drwy ddweyd fod ei eiriau yn amwys. Nid yw yn bendant ar fedydd, ar ei ffurf na'i ddeiliaid; ond y mae'n bendant ar bwnc Cyfoeth. Yn Nheyrnas Cyfiawnder nid oes le i dlawd na chyfoethog.

Mae'n bendant hefyd ar bwnc *Cosbi* am droseddau. Nis gall barnwr fod yn Gristion; nis gall brenin fod yn Gristion; nis gall Cristion eistedd ar y fainc i draddodi dyn arall i garchar. Maddeuant yw egwyddor fawr dysgeidiaeth Iesu. Gwyddom erbyn hyn nad yw cosbau yn gwella dynion. Profir gan ystadegau mai'r un dynion sy'n mynd i garchar dro ar ôl tro; nid yw cosb yn tynnu allan y drwg o'u natur. Deil Sosialaeth fod dyn yn gynnyrch ei amgylchiadau; na ddylid ei wobrwyo am ragori, na'i gosbi am droseddu; a gwyddom yn dda fod y troseddwyr mwyaf tu allan i garcharau, yn eistedd ar y fainc, ac yn dal agoriadau y carcharau. Nis gall unrhyw Gristion gymeradwyo cyfundrefn lle y cosbir dynion.

Cymerer *Pwnc y Tir* wedyn. Nid oes unrhyw gyfraith foesol wedi rhoddi hawl i dirfeddianwyr gymeryd ffynonellau bara'r byd oddiar y bobl. Dywed rhai mai'r peth sydd ganddynt hwy yn erbyn Sosialaeth yw ei bod am rannu cyfoeth y wlad yn gyfartal: ond protest yn erbyn rhannu cyfoeth y wlad yw Sosialaeth. Mae'r ddaear wedi ei rhannu heddyw. Mae un ran o dair o holl dir y wlad ym meddiant aelodau o Dŷ'r Arglwyddi; mae hanner tir y wlad ym meddiant dwy fil a hanner o bobl. Pwy sydd wedi rhannu'r tir? Ai Sosialwyr? Nage, ond y tirfeddianwyr! Rhaid cael y ddaear yn ôl o afael y bobl hyn sydd wedi ei rhannu rhyngddynt. Onid yw hynny yn fwy Cristionogol na gadael y ddaear yn feddiant i lwynogod a phetris?

Gwn fod y pethau hyn yn edrych ym mhell heddyw; ond pe na ddelent i ben mewn mil o flynyddau, dylai'r eglwys weithio drostynt. Y blaid sydd yn ceisio gwneud i ffwrdd â milwyr, a brenhinoedd, a barnwyr, a chosbau a charcharau a meddwdod a thylodi; credaf fod gan y blaid honno hawl ar gefnogaeth yr eglwysi. Rhaid i'r eglwysi fentro popeth ar y mudiad sy'n rhoddi'r dehongliad cliriaf i egwyddorion Iesu. Os gŵyr rhywun am blaid wna hynny i raddau llwyrach na'r blaid Sosialaidd boddlon wyf fi i daflu fy mywyd o'i thu.

II. *Rhaid i'r mudiad cymdeithasol roddi perffaith ryddid i bob dyn ar bwnc ei gred a'i grefydd.* – Os dewisa dyn ddilyn Calfin, croesaw calon iddo; ond rhaid gofalu na fydd y Calfin yn cael rhyddid i losgi neb ddigwydda gredu yn wahanol iddo fel y llosgodd Calfin Servetus. Mae lle i'r Mahomed a'r Cristion; i'r Trindodwr a'r Undodwr; i'r ethnig a'r publican; i ddisgyblion Buddha a disgyblion Moses, yn y gyfundrefn gymdeithasol berffaith. Mae gan bob un o'r rhai hyn hawl i fyw ar ddaear eu Tad nefol. Mae tlodi a chyfoeth yn anfantais i'r bywyd goreu.

Manteisiol i bob dyn fyddai cael cyfundrefn heb ofn tylodi

ac heb gymhellion i gyfoeth ynddi. Gofalu am fwyd a thân a thŷ i ddyn fydd gwaith mawr Sosialaeth: ar bwnc cred a chrefydd bydd pob dyn yn cael rhyddid. Nid yw cred grefyddol i gau dyn allan o fendithion rhagluniaeth. Mae cyflog byw, a chartref cysurus, a bywyd iach, a thân a dillad, yn bethau manteisiol i bob dyn, beth bynag fyddo'i gred.

Credaf mai ar y llinellau uchod yn rhywle y ceir cydweithrediad rhwng yr eglwysi a'r mudiad cymdeithasol. Yr eglwysi i gefnogi'r blaid sydd agosaf i egwyddorion Iesu; a'r blaid honno i ganiatâu perffaith ryddid i addoli Duw yn y lle a'r ffordd y myn pob dyn.

Pan sylweddolom pwy sydd yn gwrthwynebu Sosialaeth, mae'n syn fod yr eglwysi Ymneillduol yn eu cefnogi: cyfoethogion a thirfeddianwyr, esgobion a milwyr, gan mwyaf. Ryw dro eto rhoddaf restr o wŷr blaenaf y mudiad gwrth-Sosialaidd. Buasai enwadau Ymneillduol yn petruso llawer cyn gwahodd un ohonynt i'w llwyfan i roddi anerchiad; eto cefnogir hwynt am eu bod yn amddiffyn buddiannau'r cyfoethog yn erbyn y gweithwyr.

Yr wyf yn foddlon cydnabod fod y rhai weithiant dros Ryddfrydiaeth yn credu y bydd sylweddoliad o'r hyn gynygia'r blaid honno yn gweddnewid y wlad: ond bydd y drwg mawr yn aros byth tra'r erys y gyfundrefn bresennol. Nid yw Dadgysylltiad, nac Ymreolaeth, na Phwnc y Tir, a Phwnc y *Pheasants* / na Phleidlais i bob Dyn, nid yw y cwbl i gyd yn mynd i symud gronyn o dlodi'r wlad. Sonid, flynyddau yn ôl, am y *Budget* – fod hwnnw i wneud rhyfeddodau; ond mae beichiau'r tlawd yn trymhau o hyd. Trymhau wna'r beichiau byth tra fyddo segurwyr yn lluosogi. Mae'r Mesur Yswirio wedi creu tyrfa fawr o segur-swyddwyr. Mae holl ddeddfwriaeth y Rhyddfrydwyr yn ei gwneud yn hawddach i segurwyr fyw, ac yn galetach i weithwyr fyw.

Credasai'r Siartiaid unwaith y buasai sylweddoliad o'u rhaglen hwy yn dod â'r milflwyddiant i ben: pleidlais i bob dyn; seneddau blynyddol; pleidleisio drwy'r tugel; ad-drefniad a chyfartaliad yr etholaethau; tâl i aelodau seneddol – mae bron y cyfan o'u rhaglen wedi ei sylweddoli, ond mae tylodi'r wlad yn fwy nag erioed. Nis gall addysg, na gwleidyddiaeth, na chrefydd, symud tylodi o'r wlad. Adferiad llawn i'r gweithwyr o holl gynnyrch eu llafur yn unig all ddileu tylodi.

Rhaid i ddiwydiannau gwlad gael eu sylfaenu ar gyfiawnder a moesoldeb. Ni roddir terfyn ar gri gwerin am fara drwy garcharu'r arweinwyr. Yr wyf yn credu mewn achub yr unigolyn; ond credaf mai gwastraff ar amser yw cadw'n fyw gyfundrefn gymdeithasol sy'n damnio personau unigol yn gynt nag yr achubir hwy gan yr eglwysi. Mae'n llawer o beth i gael un olwyn yn iawn; ond gwell o lawer fydd gosod yr holl olwynion yn iawn, a chadw'r peiriant yn ogystal â chadw'r olwynion. Y mae un olwyn golledig yn damnio peiriant cyfan; y mae un dyn tlawd yn dinystrio dedwyddwch a diogelwch Cymdeithas. Rhaid cadw Cymdeithas; oherwydd y mae drwgweithredwyr y wlad yn gynnyrch cyfundrefn gymdeithasol annheg. Newyn, nid nwydau, sy'n gyrru saith can mil o ferched anffodus i'r ystrydoedd.

Mae'n bryd i'r eglwysi wybod rhywbeth am bynciau cymdeithasol. Rhaid cyfrif â'r mudiad Sosialaidd heddyw. Ai tybed nad oes rhywbeth allan o le ym marn neu addysg y gweinidog sy'n dweyd, wedi treulio ohono flynyddoedd lawer yn y colegau, fod Sosialaeth ac Anffyddiaeth yn gyfystyr; fod Sosialaeth a Chariad Rhydd yr un fath! A gamgymerwn i wrth feddwl fod addysg neu farn dyn felly yn ddiffygiol? Yr wyf wedi synnu llawer at weinidogion Ymneullduol yn mynd o gwmpas y wlad i roddi iaith i gelwyddau gwrth-Sosialwyr cyfoethog. Pe bai holl Sosialwyr y wlad yn anffyddwyr, ni fyddai hynny yn cyfiawnhau i'r tirfeddianwyr gymeryd y ddaear oddi arnynt.

Mae rhai o feddygon blaenaf y byd yn anffyddwyr, a llawer o'n gwleidyddwyr pennaf yn anffyddwyr, a llawer o'n cyfalafwyr mwyaf yn anffyddwyr; ond ni chlywais am y "Gydwybod Ymneullduol" erioed yn gwrthod rhoddi'r milwyr at wasanaeth cyfalafwyr anffyddol i saethu gweithwyr ofynnent am well amodau i'w bywyd! Mae'n bryd i'r eglwysi ddweyd y gwir am y mudiad cymdeithasol. Dywedaf eto, fod bodolaeth yr eglwysi yn y dyfodol yn dibynnu ar eu safle tuag at y mudiad cymdeithasol. Mae'r safiad wneir gan werinwyr llafurol ar bob pwnc cymdeithasol wedi ennill iddynt gefnogaeth holl eglwysi Cristionogol y wlad.

Y mae'r mawrion yn foddlon ini gael popeth ond yr hyn sy'n gyfiawn inni gael. Mae gwerin byd yn gofyn am fara; a'r mawrion yn rhoddi Dad-gysylltiad inni: mae'r werin yn gofyn am fara, a'r mawrion yn rhoddi Ymreolaeth inni: mae'r werin yn gofyn am fara, a'r mawrion yn rhoddi Mesur Yswirio inni – dwy geiniog am naw ceiniog! Gofyn am fara wna'r werin, a rhydd y mawrion inni *Dreadnought* newydd, gwerth can mil o dai gweithwyr! Gofyn am fara wna'r werin, a rhydd y mawrion inni fwledi a charcharau: gofyn am fara wna'r werin, a rhydd y mawrion inni Arwisgiad y Tywysog yng Nghaernarfon! Ond gofyn am fara wna'r werin – ac er i segurwyr daear golli eu gorseddau a'u cyflogau uchel, ni fynnwn fara.

Mae rhywbeth mawr allan o le pan fyddo segurwyr y byd mewn palasau, a gweithwyr y byd mewn hofelau. Credaf fod y chwyldroad yn ymyl, ac ysbryd y Gŵr ddywedodd, "Mi a ddaethum i fwrw tân ar y ddaear" wrth y drws. Rhoddir terfyn ar dlodi a gwastraff pan sylweddola'r eglwysi fod ganddynt waith arbennig yn y byd hwn, heb law esbonio credoau diwinyddol. Mae'n bryd mynd allan i'r byd i gyhoeddi: "Gwae yr hwn a adeilado ei dŷ drwy anghyfiawnder, a'i ystafellau drwy gam; gan beri i'w gymydog ei wasanaethu yn rhad, ac heb roddi iddo am ei waith."

Y Geninen 'Yr Eglwysi a Phynciau Cymdeithasol' (1912)

Mi ganaf yng nghanol y ddrycin,
  Mi ddawnsiaf yng nghanol y mellt;
Dirmygaf dywysog a brenin
  Sy'n taro cyfandir yn ddellt;
    A daliaf i garu,
    A daliaf i ganu,
A gwlith ar y blodau a sêr yn y nen, –
Fe ddaw fy mreuddwydion rhyw ddiwrnod i ben.

Mi wn fod y goreu i ddyfod,
  A'r gwaethaf i ddarfod o'r tir;
Mi wn fod daioni'n ddiddarfod,
  A rhyfel i beidio cyn hir;
    Pwy omedd i'm ganu?
    Pwy omedd i'm gredu
Fod heddwch i ddyfod â Duw yn y nen?
Fe ddaw fy mreuddwydion rhyw ddiwrnod i ben.

Y Deyrnas (Rhagfyr 1916)

Mae'r Crist tragwyddol yng nghanol y frwydr. Ymleddir
ei frwydrau heddyw gan ddynion sydd yn y carcharau;
dynion wedi gwrthod croeshoelio'r Crist ar gais milwriaeth
sydd ynddynt. "Heb gleddyf na grym arfau" yr ymleddir
brwydr fwyaf y byd yn y wlad hon. Mae'n bwysig i grefydd
a gwareiddiad pa un ai milwriaeth ynteu cydwybod sydd i
ennill y dydd. Os oes ennill y byd i Grist i fod, rhaid ei ennill
drwy ei arfau ef ei hun. Nid gweddus i Fab Duw ddefnyddio
arfau uffern; nid gweddus chwaith i ganlynwyr Mab Duw
fendithio arfau uffern ac arfau celwydd. Beth a olygir wrth
fod Crist i lywodraethu'r byd? Golygir mai'r cymeriad o fywyd
y bu efe fyw sydd i gael ei fyw gan bawb rhywbryd. Daw i
lywodraethu'r byd mewn egwyddorion cyson â'i fywyd ac â'i
ddysgeidiaeth. Mentro llywodraethu'r byd yn ysbryd Iesu yw
menter fwyaf y byd.

Y Deyrnas (Medi 1917)

215

COFIO'R NADOLIG YW'R COFIO GORAU
'Y Cadnaw Hwnnw' a'r 'Mab Bychan'

Cyn i'r offeiriaid drosi'r fam yn Fair,
  A chyn i'r temlau hawlio'r Baban mud,
Deuai'r gwerinwr gwlad a'i dusw gwair
  I esmwythau gwaelodion garw'r crud;
Seren yn codi ennyd ar ei thro,
  Doethion yn troi'n addolwyr ar eu taith,
Bugeiliaid bannau'n tario'n hedd y fro,
  A Duw'n dod heibio yn ei ddillad gwaith.
Brenhinoedd daear yn darogan drwg,
  Defodwyr a digllonedd yn eu trem,
Aberth yr allor yn golofnau mwg
  Yn torchi heibio uwch Jeriwsalem;
A'r swp bach Dwyfol yn y gwair yn glyd,
"Yn llond y nefoedd ac yn llond y byd."

T.E.N.

Tua'r Nadolig daw'r gair Tangnefedd i'r meddwl. Bu'r Nadolig cyntaf o'r rhyfel mawr bron â threchu'r llywodraethwyr. Disgynnodd dafn o ysbryd y dydd ar filwyr y ddwy ochr. Gwelwyd gan y ddwyblaid ffordd effeithiol i derfynu'r ymladd. Bu dadeni'r byd yn ymylu, ac aeth braw drwy lysoedd Ewrop. Bu gofal y penaethiaid yn fawr a hynny i'r diwedd, rhag i'r Nadolig ddwyn Tangnefedd i faes y gad.

Nid damwain ddisgyn o'r Nadolig ar y 25 o Ragfyr. Dydd buddugoliaeth Bywyd ydyw'r dydd hwnnw. Try llanw bywyd yn ei ôl wedi'r trai. Bu bywyd ar drai; dail yn gwywo, sudd y coed yn cilio yn ôl i'r gwreiddiau, crinder melyn yn lle glesni haf, a natur drwyddi yn ddigalon. Tua'r unfed ar hugain o'r mis tery'r trai y gwaelod; daw'r dydd byrraf; deil natur ei hanadl am rai dyddiau; yna try'r llanw yn ei ôl. Cam cyntaf bywyd tuag yn ôl yw'r Nadolig. Anodd i lygad dyn weld y cyfnewidiad. Gŵyr y blodau fod llanw bywyd wedi troi. Gorfu i'r blodau fynd o'r golwg, a throdd lliwiau'r haf yn lludw. Tua'r Nadolig clywir cynnwrf yng ngwersyll y blodau. Dyna ddechrau'r daith tuag i fyny.

Y mae anawsterau lawer ar y ffordd. Y mae'r garreg arw, oer ar y ffordd. "I ba le yr wyt ti am fynd, flodyn bach?" yw iaith y garreg. Etyb y blodyn: "Yr wyf am fynd tuag i fyny i fyd yr haul, a'r awel, a'r tes." "Yr wyt wedi camgymryd, flodyn bach; nid oes fyd felly i'w gael," dyna ddadl y garreg. Y mae'n werth cofio nad oes byd felly i'w gael i garreg. Nid oes eisiau haul na thes ar garreg. Ond gŵyr y blodyn fod byd gwell yn rhywle tua'r wyneb. Y mae darn o deyrnas y goleuni wedi ei guddio yn ei natur; a rhaid i'r darn hwnnw dynnu at y deyrnas gyfan. Cam cyntaf Bywyd tua'r goleuni yw'r Nadolig.

Digon a thlodi

Cofio'r Nadolig yw'r cofio hynaf a'r cofio gorau. Daw'r emyn a'r dydd i'n cof: *Wele cawsom y Meseia*, a daw'r emyn ag afalau, orenau a theganau i'w chanlyn. Nid yw hyn yn materoli'r syniad am y dydd a'i ystyr. Daeth Crist i'r byd pan oedd cynnyrch mewn bwyd a dillad yn rhy brin i gwrdd ag eisiau dynion. Ni wyddai dynion y ffordd i dynnu allan gyfoeth maes a gardd.

Gellid disgwyl tlodi y pryd hwnnw. Erbyn hyn y mae'r gwyddonydd a'r peiriannwr wedi datrys problem cynnyrch; llenwir y byd gan fwyd. Yng nghanol llawnder y mae'r miliynau'n dlawd. Llai na digon yw rhan mwyafrif y byd. Bob Nadolig daw blas y llawnder i'r bwthyn. Bydd calonnau caredig yn cofio'r anffodus. "Wele cawsom y Meseia", melysion, teganau a bara brith. Onid dameg o'r Geni yw y rhoddion hyn? Llawnder natur yn dod at angen y byd.

Nid rhyfedd i Herod geisio'i ladd. Y mae Hwn yn beryglus i Herod. Ni soniodd Efe lawer am frenhinoedd; pan soniodd ni ddywedodd "Ei Fawrhydi". "Ewch a dywedwch i'r cadnaw hwnnw." Ni threfnodd le yn Ei deyrnas i fawrion byd. Oddieithr eu troi a'u gwneud fel plant, nid oes iddynt le yn ei gwmni Ef.

Gyda'r tlawd a'r gwrthodedig y treuliodd ei amser; wrthynt hwy y llefarodd ei eiriau melysaf. Ganed Ef yn y preseb; yno y genid y rhan fwyaf o blant gweithwyr ei oes. Llety'r anifail oedd mangre geni gwerinwyr. Yr un tai oedd i'r dyn a'r anifail dan lywodraeth Herod. Cyfwerth hefyd y ddau. Daeth Cyfaill y tlawd drwy'r preseb.

> Ofer holi dim amdano ym mhalasau
>   Salem gain,
> Mae cerbydau yn Ephrata, ni ddaeth
>   Ef yn un o'r rhain.
>
> (Islwyn)

Daeth fel holl blant gorthrwm ei oes drwy'r preseb. Nid anghofiodd ei ddosbarth wedi dechrau ar ei waith. I bregethu i'r tlodion yr anfonwyd Ef. Ni ddaeth Efe a chysur i'r llaw sy'n cau drws y lletty yn erbyn plant bach. Nid oes yn Ei efengyl gysur i'r rhai sy'n ceisio einioes y "mab bychan". Crefydd yr offeiriaid sy'n cyfrif Cystenyn Fawr yn Gristion a chymwynaswr y byd. Dychymyg lygredig wnaeth Harri'r Wythfed yn amddiffynnydd y Ffydd, ac yn ben yr eglwys ar y ddaear. Nid oes yn yr efengyl gysur na gobaith i ddynion fel hyn, oddieithr eu troi.

Cofiaf am flaenor bydol yn dweud wrth un o bregethwyr mawr Cymru nad oedd pregethau hwnnw yn rhoddi cysur iddo.

"Dod i'r capel i gael cysur a wnaf; nid wyf yn cael dim cysur yn yr efengyl a bregethwch chi," meddai.

Trodd y pregethwr ato a dywedodd, "Buasai'n chwith iawn gennyf bregethu efengyl a roddai unrhyw gysur i chi."

Nid yn yr Iesu y mae ffynnon cysur y "cadnaw hwnnw". Cysur i'r tlawd a'r caeth sydd yn yr efengyl; afalau, orenau, bara brith, a theganau.

Cyflwr y byd

Yn y Nadolig y mae'r byd o ran ei gyflwr. Y mae bywyd moesol a meddyliol y byd ar drai. Lle drwg i'r bywyd newydd yw yr hen fyd. Rhyfel, tlodi, caethiwed, a'r Bywyd Newydd yn dal i gredu bod byd gwell yn bosibl. Y mae'r Mab Bychan yn ei breseb, a Herod ar ei orsedd. Ni ddaeth ei awr Ef eto. Twyllir y byd bod Crist wedi llwyddo. Tynnir ei ddarluniau mewn gwisgoedd lluosliw; adeiledir iddo demlau gwychion; trethir celf a dychymyg i'w osod allan fel brenin y byd. Yn ei enw Ef daw trychineb y Jiwbili a rhwysg y coroni. Yn yr Almaen tynnodd arlunydd lun Crist mewn "gas mask" a bidog yn ei law. Onid da i'r eglwysi roddi'r darlun ar y parwydydd? Yn lle Crist y gwisgoedd prydfertha'r plant yn tyrru o'i gylch, rhodder Crist y bidog a'r mwgwd nwy ar y mur am dro. Hwnnw yw gwrthrych addoliad holl wledydd cred mewn popeth ond enw.

Y mae Crist y preseb heb le i roddi Ei ben i lawr, na man i orffwys ond ar y groes. Y mae'r breichiau pur ar led, a milwyr ac offeiriaid y byd yn gyrru'r hoelion drwy'r dwylo tyner, i gadw'r breichiau sydd ar led rhag cau ohonynt mewn tosturi am drueiniaid y byd. Y mae'r "cadnaw hwnnw" yn fwy parchus na'r "Mab Bychan" hyd eto. Nid yw cyfaill publicanod wedi cyrraedd ei orsedd. Dirmygedig yw a diystyraf o'r gwŷr. Nid oes ynddo bryd fel y dymunem ef. Cyfrifwn Ef fel wedi ei faeddu.

Twyllo'r tlodion

> Ei ganmol a'i ladd a wneir heddiw,
>   Ei foli a'i hoelio'r un pryd,
> Dweud mai Efe yw brenin y nef
>   A'i yrru allan o'r byd.

Twyllir y tlodion mai Hwn sy'n gyfrifol am dlodi'r byd. Lladdwyd deng miliwn yn Ei enw annwyl Ef yn y rhyfel mawr. Bendithir gorseddau gwaedlyd daear yn Ei enw; bedyddir llongau rhyfel yn enw'r "Mab Bychan." Pan sylfeinir cymdeithas ar Gariad, daw i'w etifeddiaeth. Rhaid ysbeilio'r cryf o'i allu i orthrymu cyn dyfod o'i Deyrnas Ef. Tra deil plant y preseb a'r bwthyn i lunio arfau rhyfel, a thalu amdanynt, a rhoi'r arfau yn nwylo Herod, lle drwg fydd y byd i blant bach.

Nadolig llawen i bawb. Teganau, afalau, bara brith:
Wele cawsom y Meseia.

Y Cymro 'O Fyd y Werin' (25 Rhagfyr 1937)

DATHLU DERBYN RHODD
FWYAF YR OESAU

Ceisio deall meddwl y plentyn

Bu'r Galilead tlawd yn chwilio am le
  I roi ei ben i lawr mewn llawer gwlad;
Gorfod mynd heibio'r temlau ym mhob tre,
  A'i wrthod gan y byd yn enw'i Dad.
Morthwyl a hoelion a gweddïau'r byd
  Yn erlid cyfaill dyn o lys a llan;
Barnwyr y ddaear fawr o'u plasau clyd
  A'u dwrn yn wyneb y Pererin gwan.
Cerddodd drwy ganu Cymru dan ei groes,
  A'i glwyfus draed yn cochi llwybrau'r llawr;
Trodd i fythynnod gwlad am falm i'w loes,
  A lle i roi ei Santaidd ben i lawr.
Cafodd a gafodd yn y preseb clyd,
Addoliad doethion a bugeiliaid byd.

Diddorol edrych yn ôl ar lawer Nadolig hyfryd. Da fyddai i ni
ddynion mewn oed brofi gorfoledd y plant ambell dro. Ar hyd
y flwyddyn, gwaith y rhieni yw gwneud eu plant yn rhywbeth
heblaw plant. Eu paratoi ar gyfer gwaith bywyd, a gosod o'u
blaen nod uchel. Anghofir chwarae a mwynhad yn llymder
brwydr byw.

Daeth arnom amserau a eilw am holl egnïon corff a meddwl
pob plentyn i'w baratoi ei hun ar gyfer y blynyddoedd a ddaw.
Nid oes i filoedd o blant fawr ddim i edrych ymlaen ato.
Gwyddant am fywyd caled eu rhieni; gwyddant hefyd nad oes
iddynt hwy ond bywyd tebyg. Wrth feddwl am blant bach mewn
llawer gwlad yn byw ers blynyddoedd mewn ofn bomiau o'r
awyr, a meddwl am y miloedd a laddwyd yn Sbaen yn y ddwy
flynedd diwethaf; meddwl hefyd am blant bach yr Iddewon yn
yr Almaen ac yn Siecoslofacia, anodd i ni ddirnad prudd-der y
Nadolig iddynt hwy. Nid oes ddiogelwch ar hyn o bryd; nid oes

iddynt chwaith ddim i edrych ymlaen ato. Anffawd fawr i wlad yw cael gwallgofddyn yn llywodraethwr. Dyna anffawd llawer gwlad yn Ewrop heddiw.

Dyfodol diobaith

Canlyniad hyn yw nad all plant bach edrych ymlaen yn llawen am ddyfod y Nadolig. Nid oes iddynt hwy ond tristwch a siom nid oes iddynt ond dyfodol diobaith. I ni sydd wedi cadw rhyw gyfran o'n rhyddid hyd yma, daw'r Nadolig heibio. Am dro, ni ddisgwyl dynion mewn oed i'r plant ymddwyn yr un fath â hwy; yn wir bydd pobl mewn oed am dro yn troi yn blant. Ceisir deall meddwl plentyn am rai dyddiau. Bydd y tad yn cael difyrrwch gyda'r teganau a brynodd i'w blant; ac am dro daw awyrgylch hud a lledrith plentyn i'r tad a'r fam.

Ym mlynyddoedd ein heddwch arwynebol, naturiol i'r meddwl fynd yn ôl i gyfnod y Rhyfel Mawr, a chofio adwaith y meddwl am y pedwar Nadolig a fu yn ystod yr ymladd. Pe bai ysbryd y Nadolig wedi goroesi'r dydd, diau na welid Nadolig arall yn y ffosydd. Darfu ysbryd y dydd gyda'r dydd. Aeth dychryn i galonnau llywodraethwyr pob gwlad o weld milwyr y ddwy ochr yn cyfeillachu am dro. Ni ddaeth Nadolig arall i'r ffosydd heb bryder mawr i'r swyddogion. Trefnid ymlaen llaw i gymryd gofal arbennig rhag i ysbryd y dydd feddiannu'r milwyr o'r ddwy ochr. Nid oedd llawer o ystyr i ddydd Nadolig i ninnau oedd yn gweithio dros heddwch gartref. Calon iach sy'n mwynhau'r dydd orau. Ar lawer cartref arhosai cysgod y Rhyfel. Ar lawer aelwyd yr oedd galar; a'r gadair wag yn difa swyn y teganau. Yn ystod y Nadolig cyntaf gyrrais gardiau Nadolig allan, a phenillion o gân a gyfansoddwyd gan R.J. Derfel ar adeg rhyfel y Crimea. Wele bennill:

> Mae afon fawr o waed,
> O ddynol waed yn llif;
> A thros y byd i gyd
> Mae'n rhedeg ac yn chwyddo.

Rhedeg o hyd yn wyllt wna hon,
Ar hyd a lled y ddaear gron,
  Heb flino byth na phallu;
A'r holl ryferthwy gwaedlyd sydd
O nos i nos, o ddydd i ddydd,
  Ar hyd y ffordd yn mygu.

Offeiriaid yn eu gwyn
  A welir ar ei glannau;
A gweddwon yn eu du
Yn tywallt ocheneidiau;
Mae'r naill yn diolch am y gwaed,
A'r celaneddau dan eu traed
  Yn edrych tua'r nefoedd;
A'r lleill yn wylo uwch y ffrwd,
A dafnau hallt eu dagrau brwd
  Yn rhedeg yn aberoedd.

Nadolig arall

Nid oedd twymyn rhyfel wedi cyrraedd ei anterth y pryd
hwnnw, ac aeth y cardiau Nadolig i ben eu taith. Nid oedd fy
enw chwaith wedi ei gofrestru fel "dyn peryglus" ar lyfrau barn
y rhyfelwyr. Daeth tri Nadolig arall; ond ni chyrhaeddodd fy
nghardiau Nadolig i ben eu taith. Dichon fod ambell bennill
dipyn yn eithafol, er enghraifft:

Hawdd maddau i werinos anwybodus
  Am daro cledd i galon brawd yn chwim;
Ond pwy all faddau i'r pregethwr dawnus
  Sy'n caru Dial ac addoli Dim.

Nadolig arall: minnau eto'n "fradwr",
  Os bradwr ydyw caru dyn a hedd;
Na sonier byth i mi fod yn "wladgarwr",
  Os caru gwlad yw caru plwm a chledd.

Nadolig arall: minnau'n wrthryfelwr
Yn erbyn milwr, crefydd gau a theyrn.

Nadolig arall a gwerinoedd Ewrob
  Yn marw yn y ffosydd wrth y fil;
Ac yn y temlau mae paderau esgob
  O blaid llywiawdwyr sy'n llofruddio'r hil.

Ar bob bore Nadolig drwy y Rhyfel Mawr bu dynion yn sôn am ganu'r angylion. Gair o gyngor i'r angylion fu gennyf un Nadolig:

Ar fore dydd Nadolig
  Ca'r fagnel ruo'i chân
Ac una llywodraethwyr byd
  I gadw'r cledd yn lân.

Ewch adref, dyrfa dirion,
  I'r nefoedd fawr a'ch clod;
Ewch adref rhag eich saethu chwi
  Mae'r helwyr eto'n dod.

Yr oedd rhif y tangnefeddwyr yn cynyddu bob blwyddyn, ac eisiau mwy o gardiau Nadolig fel y daliai'r Rhyfel ymlaen. Yn ddisymwth gwelais mor ddiniwed oeddwn. Nid oedd y cardiau hyn yn cyrraedd pen eu taith. Nid gweddus hau had da heddwch ar adeg mor beryglus. Gobeithio i'r cardiau fynd i ddwylo da, ac i beth o'r had gael dyfnder daear. Dichon i'r llythyr gludwyr eu gweld a'u cadw fel pethau "eithafol" y Rhyfel Mawr. Gall eu bod yn orwedd eto mewn rhyw gornel mewn swyddfa yn Llundain. Os felly, gwnânt y tro eleni fel cynt. Ni ddaeth i'r wlad a'r byd yr heddwch a addawyd. Sŵn paratoi a bwgwth, taro sydd o lawer gwlad; a'm cardiau innau ar goll.

Pan ddaw dydd datguddio cyfrinachau swyddfeydd rhyfelwyr – dydd buddugoliaeth gwerin gwlad – dichon y daw'r cardiau i olau dydd. Rhywdro efallai y daw'r cardiau yn ôl o swyddfa'r "llythyrau marw"; pe deuent mewn pryd erbyn y Nadolig hwn gellid eu danfon allan heb newid gair arnynt. Erys rhyfelwyr yn ben yn y cylchoedd uchaf, a chyfyd arweinwyr crefyddol y wlad eu dwylo megis cynt mewn bendith ar eu gwaith. Gobeithio i rywrai eu darllen, rhag i waith y bardd fynd yn hollol ofer.

Er fy mod, yn ystod y Rhyfel Mawr, yn rhyw fath ar basiffist, ni allwn ddymuno'n dda i elynion y gweithwyr a rhyfelwyr. Wele gyfarchiad blwyddyn newydd o gyfnod y Rhyfel Mawr:

Blwyddyn newydd dda i blant y gorthrwm,
  Blwyddyn lawn o wenau tirion ffawd;
Blwyddyn newydd ddrwg i dda a degwm
Yr offeiriad sy'n melltithio'i frawd.

Blwyddyn newydd dda i famau Ewrob,
  Blwyddyn heb bryderon am eu plant;
Blwyddyn newydd ddrwg i deyrn ac esgob
Sy'n bendithio trais a llid a chwant.

Blwyddyn newydd dda i weithgar werin,
  Blwyddyn o lonyddwch ac o hedd;
Blwyddyn newydd ddrwg i bab a brenin,
Blwyddyn newydd ddrwg i allu'r cledd.

Dyna adwaith y meddwl i'r Rhyfel Mawr ar adegau o lawenydd cyffredinol. Methwn â chael yr helynt allan o'm meddwl. Disgynnai cysgod rhyfel ar bob dydd ac ar bob cân. Methaf hyd y dydd heddiw a'm cael fy hun yn "faddeugar" tuag at wneuthurwyr rhyfel. Anodd i mi felly yw deall safbwynt dynion sydd yn barod i adael i ryfelwyr y byd gerdded dros hawliau cenhedloedd gwan.

Wrth gofio'r Nadolig, cofir am eni yr Iesu ym Methlehem. Cofir hefyd mai dyna rodd fwyaf yr oesau i'r byd. Dywedir hynny o filoedd o lwyfannau, cenir hynny mewn llawer cân. Faint ohonom fydd yn cofio mai rhodd cenedl sydd dan ei chroes heddiw yw'r Iesu?

O weld a ddigwydd yn yr Almaen, rhaid dod i'r casgliad mai gwallgofddyn yw Hitler. Ni ellir cyfrif am a ddigwydd yno heb gredu hynny. Bydd llawer gweddi daer yn mynd i fyny ar ran yr Iddewon hefyd. Wrth gofio amdanynt, da fydd i ni gofio y gallai Prydain roddi terfyn ar yr erlid. I mi, y mae gwneud ffrindiau a'r dyn sy'n gyfrifol am yr erledigaeth, yn amhosibl. Nid wyf yn credu mewn lladd neb na phoenyddio neb, credaf er hynny, mai dyletswydd gweithwyr y byd yw gwrthwynebu llywodraeth a rhwysg milwrol gwallgofiaid.

O roddi atalfa ar Hitler mewn pryd gellir achub y byd rhag rhyfel; o adael iddo ddarostwng gwlad ar ôl gwlad, bydd yn waith anodd i'w atal yn nes ymlaen. Daeth i ni gyfle dro ar ôl tro i daro ergyd dros heddwch; cyn daw cyfle mawr eto ofnaf y bydd y byd mewn heldrin arall. Yn y wledd a'r canu a'r teganau, gobeithio nag angof gennym genedl a chenhedloedd sydd o dan eu croes.

Y Cymro 'O Fyd y Werin' (24 Rhagfyr 1938)

Gwnaeth Rwsia fwy i osod yr hyn a ddysgodd Iesu mewn gweithrediad mewn chwarter canrif nag a wnaeth yr eglwys mewn dwy fil o flynyddoedd. Gwnaeth Rwsia fwy dros genhedloedd bach nag a ofynnwyd gan un cenedlatholwr mewn un wlad. Ond sylwer beth sydd wedi digwydd. Y mae'r gwrthwynebiad mwyaf i ffordd Rwsia o fyw wedi dyfod oddi wrth yr Eglwys; a'r gwrthwynebiad chwerwaf oddi wrth Genedlaetholwyr. Paham hyn? Am fod dynion yn caru'r gyfundrefn ysbail yn fwy na'u crefydd ac yn fwy na'u gwlad. Nid rhaid ond cyfeirio at y ffordd y twyllir gwerin i ymladd dros feddiannau'r ychydig drwy waeddi "Dros eich Gwlad"!

Archifdy Bangor

CYFRANIAD Y WERIN IDDEWIG

Croeso calon i'r "Rhodd"

Soniais yr wythnos diwethaf am orthrymder yr Iddewon, ac am rodd fawr y genedl honno i'r byd. Bu cofio a diolch am y Rhodd mewn llawer gwlad ac mewn miloedd o gyfarfodydd. Bu hefyd sôn am y groes sydd heddiw ar ysgwydd y genedl etholedig. Traddodwyd yr Iesu i farw gan benaethiaid yr Iddewon; nid teg na gonest yw dal y genedl i gyd yn gyfrifol am hynny. Nid yr Iddewon fel cenedl oedd yn gyfrifol am y Croeshoeliad. Palmwydd o dan ei draed, a chroeso calon iddo i Jeriwsalem, dyna gyfraniad y werin Iddewig.

Twyllwyd y dynion cyffredin gan eu harweinwyr crefyddol. Yr archoffeiriaid yn unig sydd gyfrifol am y croeshoelio. Gwaith hawdd yw twyllo'r dyrfa. Un dyn medrus wrth y llyw, a gall gamarwain gwlad gyfan. Mewn blynyddoedd i ddod, diau y bydd haneswyr yn dal cenedl gyfan yn gyfrifol am weithred a gyflawnwyd gan Chamberlain. Nid yw hynny yn deg wrth gwrs. Rhaid i ninnau heddiw gofio nid gwerin gwlad a groeshoeliodd yr Iesu, eithr yr arweinwyr. Yr un dynion sy'n rhoddi'r groes ar ysgwydd y genedl heddiw.

Gwaith anwaraidd

Y peth mwyaf syn yw fod cydwybod gwlad yn goddef i wallgofddyn fel Hitler i wneud gwaith mor anwaraidd. O bob gwlad cyfyd protest fawr oddi wrth unigolion; rhoddodd Arlywydd America arweiniad pendant ar y pwnc. Ni ddaeth un arwydd o gefnogaeth o Brydain. A gwelir eto genedl gyfan yn symud o dan ei chroes, heb le i roddi ei phen i lawr. Nid yw y diwedd eto. Gellir disgwyl cyfraniad gogoneddus i feddwl y byd oddi wrthi er yr holl erlid. Bu cyfraniad yr Almaen i ddiwylliant y byd yn fawr yn y blynyddoedd a fu. Mewn llawer cylch yr oedd meddylwyr yr Almaen yn arwain.

Deuai llyfrau pwysig allan o'r wasg yno, trosid y llyfrau hynny i bob iaith fawr yn y byd. Nid oedd neb yn meddwl am yr ysgrifenwyr ond fel Almaenwyr. Y gwir er hynny yw mai

Iddewon oedd y rhan fwyaf o feddylwyr mawr yr Almaen. Gellid dweud yn onest mai bychan a fu cyfraniad Almaenwyr o waed o'i gymharu â chyfuniad yr Iddewon. Nid oedd un gangen o lenyddiaeth a chelfyddyd nad oeddynt ar y blaen; a thrwyddynt hwy y daeth y byd i wybod am yr Almaen.

Paul yw'r meddwl unigol mwyaf ei ddylanwad ar grefydd y byd. Gwelodd efe fod yr Efengyl yn rhywbeth i'r holl fyd, ac nad oedd gwaed a chenedl yn cyfrif dim. Torrodd i lawr ragfarnau ei genedl ei hun yn erbyn y cenhedloedd. Beth bynnag yw'r cyfyngu a wnaeth ar eiriau Crist, yn ei funudau aruchelaf gwelodd obaith i'r holl fyd y mywyd a marwolaeth y croeshoeliedig. Rhoddodd eiriau syml Crist i'r bobl gyffredin, a daeth her yr Efengyl i lywodraethau daearol.

O ddyddiau Crist a Phaul ni pheidiodd yr Iddewon â rhoddi dynion mawr i'r byd. Gŵyr y byd heddiw am wasanaeth Iddewon yn y cylch meddygol. Hwy a fu'r cyntaf i ddarganfod natur doluriau a dyfeisio cyfryngau gwellhad. Gellid rhoddi rhestr hir o gymwynasau meddygon, a phob un ohonynt yn Iddewon.

Aillt enwog

Y mae heddiw yn y wlad hon hen ŵr alltud, dros ei bedwar ugain oed. Gyrrwyd o'i wlad gan Hitler. Nid oes feddyliwr o bwys mewn unrhyw wlad nad yw'n gwybod am wasanaeth Freud i Feddyleg. Dyn a fu drwy ei oes yn datrys problemau'r meddwl dynol ac yn ceisio cyfrif pam y mae dynion yn meddwl ac yn gweithredu fel y gwnant. Gwnaeth y dyn hwn ym myd y meddwl ddarganfyddiadau mor bwysig â'r eiddo Darwin ym myd bywyd mater. Cymerwyd oddi ar Freud ei holl eiddo, llosgwyd ei holl lyfrau, a chymerwyd oddi arno lawysgrifau gwerthfawr. A Hitler yn ymffrostio ei fod ef yn broffwyd diwylliant yn yn Ewrop!

Yn America y mae alltud arall Einstein, un o'r gwyddonwyr mwyaf welodd y byd. Cymerwyd ei eiddo oddi arno; llosgwyd ei lyfrau, a dinistriwyd ffrwyth ymchwil blynyddoedd. Gellid enwi ugeiniau o ddynion felly sydd wedi ffoi i lawer gwlad rhag llid Hitler. Ym myd y ddrama a'r ffilm. Ym myd barddoniaeth a chwedl, ym myd celfyddyd a meddygaeth, ym myd masnach a gwleidyddiaeth. Dynion mawr ydynt nid yn eu gwlad, eithr yn alltud.

Cyfraniad i wareiddiad

Gall yr Iddewon ymffrostio yn gyfiawn yn eu cyfraniad i wareiddiad y byd. Pwy a all fesur dylanwad athronydd fel Spinosa ar feddwl yr Almaen ac ar feddwl y byd? Bu Iddew arall yn alltud o'r Almaen nid am ei fod yn Iddew ond am fod ei syniadau yn beryglus. Newidiodd hwnnw hanes y byd. Beth bynnag yw syniadau dynion heddiw am Karl Marx, ni ellir anwybyddu ei ddylanwad ar gwrs hanes. Yn wir, ymdrech i "ail-groeshoelio" Marx sydd o'r tu ôl i lawer o wallgofrwydd Hitler. Marx yn gwrthod aros yn y bedd yw gofid pennaf llywodraethwyr Ewrop heddiw. Bu Marx fyw yn Llundain mewn dygn dlodi; treuliai ei amser yn yr Amgueddfa yn chwilio am ffeithiau a ffigurau, a'i gyfaill Engels yn cyfrannu yn ôl ei allu tuag at ei gynnal, ac yn cynorthwyo hefyd i weithio allan y weledigaeth fawr a gafodd y ddau ar sylfeini cymdeithas. Allan o'r gweithio dygn tyfodd un o lyfrau mawr y byd.

Bu Marx farw; claddwyd ef yn Llundain. Bu ei lyfr mawr heb fawr sôn amdano am amser hir; yr oedd ambell enaid effro ymhob gwlad yn troi iddo ar dro. Draw yng ngharcharau Rwsia yr oedd un enaid mawr yn byw ddydd a nos yn llyfr Marx. Wedi gadael y carcharau, yn alltud yn Llundain a Paris, yn byw mewn tlodi, daliai'r enaid mawr hwn i ddarllen a deall llyfr Marx. Yn1917 daeth ei gyfle, ac arweiniodd Lenin, disgybl pennaf Marx, genedl gyfan i ryddid. Heddiw, dros un ran o chwech o'r ddaear, y mae egwyddorion Marx yn rheol i fywydau yn agos i ddau can miliwn o bobl.

Claddwyd Marx; ond gwrthyd aros yn ei fedd. Gwaith bywyd Hitler a Chamberlain yw cael y gŵr mawr hwn yn ôl i'r bedd. Y mae'n rhy ddiweddar. Cododd ar ei newydd wedd ym mywyd cenedl fwyaf y byd. Erlid gŵr a fu farw yw gwaith Hitler heddiw. Erlid gŵr sydd yn fyw er wedi marw a wna y rhan fwyaf o benaethiaid Ewrop ar hyn o bryd. Y mae'n rhy ddiweddar am fod rhyw bethau yn byw yn oes oesoedd.

Cenedl heb wlad

Ym myd cerdd, un o'r enwau mawr yw Mendelssohn; ni faidd neb yngan ei enw yn yr Almaen heddiw. Gellid llenwi llawer rhifyn o'r *Cymro* ag enwau a gwaith Iddewon. Yn ein gwlad ni bu iddynt le amlwg. Mewn gwleidyddiaeth ni raid ond enwi Disraeli, Arglwydd Reading ac eraill yn y dyddiau a fu; a llenwir swyddi pwysig yn llywodraeth Prydain heddiw gan Iddewon. Iddewon yw rhai o'r awduron pwysicaf ein gwlad ar hyn o bryd. Ni raid ond enwi Stern, Louis Golding, Humbert Wolfe, Siegfried Sassoon, Gilbert Frankau, Naomi Jacob a Philip Guedalla.

Cenedl heb wlad yw'r Iddewon; a chenedl a phob gwlad yn gartref iddynt. Ymhob gwlad buont yn addurn i lenyddiaeth. O ddyddiau Heine, bardd telynegol mwyaf yr Almaen (un o roddion drutaf Syr J. Morris Jones i Gymru oedd trosiad o gerddi'r bardd Heine i'n hiaith) hyd Bret Harte, a roddodd chwerthin a dagrau i America; Israel Zangwill y nofelydd a Syr Henry Newbolt y bardd, ni pheidiodd y genedl ddi-wlad roddi i bob gwlad ddynion mawr yn addurn i'w chelfyddydau.

Ym myd arluniaeth ni chododd neb mwy na Rembrandt, Iddew o waed, a osododd wynebau rhychiog, a dwylo ceinciog Iddewon yn ei ddarluniau. Ym myd cerfluniaeth ni chododd neb mwy na Jacob Epstein; dyn sy'n gweld cymeriad ei eisteddwyr, ac yn taflu enaid a meddwl dynion i ddarn o garreg. Nid yw'n gamp fawr i gerfio llun perffaith o wyneb a phen dyn, a gwneud y cerflun yr un fath yn hollol â'r gwrthrych; gwnaeth Epstein fwy na hynny. Gwelodd ef yn ddyfnach na'r cnawd, a rhoddodd eneidiau dynion mewn maen a mynor. Nid oedd dynion yn hoffi'r lluniau hyn. Gwrthyd Epstein ragrithio yn ei gerfiadau. Yn rhai o'i ddarluniau, sydd hefyd yn ddamhegion, rhoddodd syniad newydd i'r byd am swydd cerflunydd. Er y beio a'r beirniadu a fu arno, erys ei waith yn bennaf gwaith yn ei gylch.

Idddewon a wnaeth eu rhan

Er y beio sydd ar Iddewon am eu hariangarwch, nid yw'r stori honno yn wir. Iddew oedd Dr Barnardo, sylfaenydd cartrefi i blant amddifaid. Cyfrannodd Meyertein £280,000 tuag at Ysbyty Middlesex; a theuluoedd Barnato Joel £250,000 tuag at gael adran i archwilio i canser. Felly, o daflu golwg ar fywyd pob gwlad, a phob cylch yn y bywyd hwnnw, gwelir i Iddewon wneud eu rhan yn ogoneddus.

Dyma'r genedl sydd dan ei chroes heddiw. O gyrrau'r byd daw cydymdeimlad oddi wrth y dynion gorau. Megis y bu'r genedl gynt yn yr anialwch heb gartref, felly mae eto. A dynion di-ddysg, di-foes, dideimlad, yn taflu arni bob anfri. Gyrrwyd miloedd allan o'r Almaen, eu gyrru adref i Poland. Nid oedd yno ddrws agored; a bu dioddef mawr, a newyn mawr a llawer yn cyflawni hunanladdiad.

Gyrrodd un gŵr lythyr at ei fab ym Mharis i ddweud am ei ddioddefiadau ef a'i wraig. Pan ddarllenodd y bachgen y llythyr, aeth yn wallgof, a chymerodd y gyfraith yn ei law ei hun. Saethodd a chlwyfodd yn farw lysgennad yr Almaen. Dyna ddechrau dial ar genedl gyfan am drosedd un. Tebyg y cyll yr hogyn ei fywyd yn y diwedd. Bydd ar Ffrainc ormod o ofn Hitler i roi trugaredd na chyfiawnder iddo. Hogyn ifanc dwy ar bymtheg oed ydyw. Ofer ymresymu â Hitler, ofer gofyn am degwch drwy ffordd gyfreithlon, yr unig ateb posibl i'w greulonderau yw'r ateb a roddwyd gan yr hogyn hwn. Os oes yn Ffrainc beth tegwch yn aros, dylai ar bob cyfrif arbed bywyd y llanc. Penderfynir yn y llys yn ôl pob tebyg, fod yr hogyn yn wallgof.

Y gwir yw mai Hitler, a'r penaethiaid sy'n ei gefnogi, yw'r gwallgofiaid. Cymerwyd hanner can mil o Iddewon i'r ddalfa ar unwaith pan gyrhaeddodd stori'r saethu; llosgwyd i'r llawr bob synagog o fewn y wlad; llosgwyd tai a lladdwyd cannoedd. Beth pe bai hyn wedi digwydd yn Rwsia? Beth fyddai agwedd Prydain? Nid yw safiad Prydain yn rhyw deg iawn. Gosodir drwgweithredwyr ar eu praw yn Rwsia. Ond wele Chamberlain yn eistedd wrth y bwrdd gyda'r dyn sy'n llofruddio cenedl gyfan, nid am unrhyw drosedd, ond oherwydd damwain geni.

Er yr holl erlid, y mae'r genedl etholedig yn anfarwol, a'i chyfraniad i wareiddiad yn wyrthiol.

Y Cymro 'O Fyd y Werin' (31 Rhagfyr 1938)

Edrychwn ymlaen bob amser am dreulio prynhawn yn ei gwmni, ac yr oedd ei gwmni yn ddiddan iawn. Yr oedd yn un o'r gwerinwyr mwyaf diwylliedig a gwrddais ar fy nheithiau. Meddai ddeialltwriaeth mor drwyadl o bethau a oedd yn digwydd yn y byd. Medrai hefyd egluro ei feddwl yn eglur a phendant. Pethau mawr y byd a bywyd oedd yn cyfrif iddo, ac er ei fod yn Gymro i'r carn, teimlai ddiddordeb mewn pethau a ddigwyddai o'r tu allan i Gymru, a gwelai'r fantais i Gymru ohonynt. Dyn llawn gobaith ydoedd, a da cyfarfod a dynion felly mewn cyfnod pryd y mae pawb yn ddigalon.

Ni chollodd ei ffydd ym muddugoliaeth gweriniaeth drwy'r byd, a phleser oedd ei glywed yn egluro fel yr oedd popeth yn cydweithio er daioni i'r ddynoliaeth gyfan. Yr oedd yn ddyn mawr am ei fod wedi ei glymu ei hun wrth bethau mawr. Y mae pethau o bwys i Gymru yn digwydd yn bell o Gymru, a hyfryd oedd cyfarfod â dyn oedd yn gweld y byd yn gyfan. Un o'r rhai bychain hyn yn ôl safonau'r byd o fesur mawredd, ond yr oedd ei weledigaeth ymhell y tu hwnt i weledigaeth dynion a gyfrifir yn arweinwyr ac yn ddynion mawr. A hynny am ei fod yn ddyn gonest a syml ac unplyg.

Mor hyfryd fu'r cwmnïa rhyngom, pan oedd J.O. yn medru dod am dro i Dolau Las, a chwith meddwl na cheir y gymdeithas honno eto. Dynion fel Dafydd Price yw halen y ddaear, er mai'r lleiafrif sydd yn meddwl ac yn gweld pethau fel efe. Dynion fel efe biau'r dyfodol. Blin gennyf na allaf ddod i'r angladd, trwbl efo'r llygaid a blino wrth yrru'r modur.

Llythyr at deulu Dafydd Price yn Nhanygrisiau, Blaenau Ffestiniog ar achlysur ei farwolaeth (25 Chwefror 1956)

Gair bach o'r diwedd, credaf fod llythyr yn ddyledus i chwi. Wedi bod dipyn yn brysur, ac esgeuluso ateb llythyrau ers tro. Hyn i ddymuno i chwi Nadolig llawen a blwyddyn newydd dda pan ddaw'r amser hynny. Sut yr ydych yn cadw? Methu â magu calon i ddod heibio i chwi ar fy nheithiau, dim llawer o hwyl i fynd dros ffordd yn awr. Ond dal i fynd hefyd. Bûm yn Tanygrisiau'r Sul, efo'r M.C. hen eglwys Silyn Roberts. Piti gweld y capel mawr, mawr, a dim defnydd yn cael ei wneud ohono, yn y Festri y mae'r cyfarfodydd yn awr ac ychydig sydd yn mynd yno. Yno, pan oedd Silyn yn weinidog, y bum i gyntaf yn y gogledd. Dod i Ddinas Mawddwy i ordeinio gweinidog, ac ymlaen i Tanygrisiau.

Y bore hwnnw cyn i mi gychwyn, daeth fy llyfr *Salmau'r Werin* allan o'r wasg. Hynny yn Hydref 1909. Felly yr oedd hanner can mlynedd ers pan fûm yn darlithio yno, a'r capel mawr y pryd hwnnw yn weddol llawn. Yr oeddwn yn aros gyda Silyn, a gyrraf air yn awr at Mrs Silyn, i ddweud nad wyf wedi anghofio ei charedigrwydd hi a Silyn i mi ar daith go bell i mi'r pryd hwnnw. Teithiais y gogledd yn weddol llwyr er hynny, ond dyna'r daith gyntaf, ac yr wyf wedi addo mynd yno'r flwyddyn nesaf eto, os byw ac iach.

Yr wyf wedi byw mewn cyfnod diddorol dros ben, er y caraswn fyw am gyfnod eto i weld y datblygiadau mawr sydd yn yr ymyl.

Yr ydym ar drothwy pethau go fawr rwy'n meddwl, er fod y llywodraethwyr yn gohirio'r cyfarfod ar y copa. Wrth gwrs y mae costau byw yn dod i lawr, y mae Kit-Kat, bwyd cathod wedi dod i lawr ddwy geiniog y tin! Aeth menyn i fyny, ond a chyfrif popeth mae costau byw yn dod lawr! Nid yw Eisenhower yn gwneud dim ond casglu orders am arfau rhyfel ar ei daith, a thebyg y daw yn ôl â digon o waith am gryn amser. Nid heddwch sydd eisiau arnynt yn America ond gwaith. Mae'r un peth yn wir am y wlad hon, ac fe werthir arfau i bob gwlad. Dyna fu ffordd Hitler o drafod problem y di-waith, gwneud arfau. Wel, beth ydych yn feddwl am bethau?

Llythyr at Evan Roberts (11 Rhagfyr 1959)

11

Y Diwedd

O BRYD I'W gilydd byddai Niclas yn cyfeirio at ei anfarwoldeb,
a'r hyn a ddymunai iddo'i hun wedi iddo chwythu ei anadl olaf.
Ni lwyddodd i ysgrifennu hunangofiant. Byddai wedi bod yn
ddiddorol a dadlennol mae'n siŵr, heb fawr o sôn am ddeintydda
ond am symudiadau mawr y byd ers dyddiau geni Crist a'r
hyn a welai Niclas fel y rheidrwydd i orseddu ei ddysgeidiaeth
uwchben pob dysgeidiaeth a maniffesto arall. Arferai ryfeddu at y
ffaith fod rhosyn a derwen ac ysgallyn yn rhannu'r un ddaear ond
yn datblygu'n hollol wahanol. Rhyfeddai fod ei gefndir yntau

oddeutu Crug yr Hwch wedi'i greu'r hyn ydoedd. Ac erbyn hyn gwireddwyd ei ddymuniad a nodwyd yn 1941 o godi carreg las â'i enw arni o fewn golwg i dyddyn Y Llety.

* * *

Pan ddaw'r dydd i mi fynd, fe'm llosgir. Rhywdro, dichon y llunir gan ddwylo rhyw chwarelwr, garreg las, â'm henw arni, i'w dodi yn rhywle i weithwyr ei gweld weithiau. Heb ddim arni ond fy enw, gair i ddweud i mi freuddwydio a gweithio am fyd gwell i'r werin.

Llythyr at Awena Rhun (26 Medi 1941)

Os daw dipyn o hamdden ymlaen yma, mi rof i chwi dipyn o'm hanes meddyliol a'r pethau y bûm yn gweithio drostynt. Ni chwenychaf i werin Cymru fy nghofio ond oherwydd yr ychydig a wnes dros ei hachos. Nid yw cofio i mi gael fy ngeni ar ddydd neillduol mewn man arbennig, a byw yn y tŷ hwn a'r tŷ arall, a chyhoeddi llyfrau yn y flwyddyn a'r flwyddyn, a marw a chael fy nghladdu neu fy llosgi, o un gwerth. Y gân a'r ysgrif a'r ddarlith sy'n bwysig; pa beth y bûm yn ymladd yn ei erbyn ac o'i blaid, dyna'r peth mawr. Sylwais lawer tro ar gofiannau Lenin nad oeddynt yn dweud dim fawr o'i hanes personol, hanes ei waith. Ar y cyntaf synnwn at hyn a theimlo braidd yn siomedig; ond wedi meddwl, ei waith oedd yn bwysig, a beth a ysgrifennodd mewn argyfyngau mawr a ddigwyddodd yn ei fywyd.

Llythyr at Awena Rhun (23 Ionawr 1942)

Gobeithio y caf fi fynd o'r byd yn ddisymwth, heb boen i mi na thrafferth i neb arall. Y mae marw yn beth hollol naturiol. Gobeithio y digwydd i mi ar ddydd cyfleus fel y gellir mynd â mi ar ddydd Sul i Bontypridd i'm llosgi, a mynd trwy Gwm

Rhondda, a chael bechgyn Cwm Afan i ganu ar y dydd, a nifer o hen lowyr i'm hebrwng hyd enau'r ffwrn. Ac y bydd yno rhyw hen gyfaill i adrodd y gwasanaeth claddu. "Tân i'r tân; fflam i'r fflam, tafod i'r tafod tanllyd" ac yna cymysgu dyrnaid o bridd Cymru â'm llwch cyn ei hebrwng i ddaear Rwsia. Cartref tragywydd dyn yw'r wlad lle y mae'r pethau a gâr wedi eu sylweddoli, a naturiol i weddillion corff dyn orffwys ymysg dynion sydd yn caru a chredu yr un pethau.

Nid oes gan ddyn ddewis dull ei fynediad allan, ond gobeithio y bydd yn ddi-boen a didrafferth. Yr wyf yn ddigon hunanol i gredu bod rhyw bethau yn fy mywyd na ellir eu claddu, yn wir byddai'n chwith gennyf feddwl y gellid fy ngosod mewn bedd i gyd. Hyderaf bod yna ryw bethau na ellir eu llosgi gyda'm corff, pethau a fydd yn cydgerdded â phwerau Cynnydd yn y byd newydd. Pan ddaw'r byd yn rhydd o dlodi a gorthrymder, tybed a fydd dyn yn rhywle yn gweld hynny ac yn gallu dweud, "Dyna'r pethau a fûm i yn eu ceisio ganrif neu ddeng canrif yn ôl?" Y mae dyn yn ddigon mawr i feddwl y gall peth felly ddigwydd, ac yn ddigon bach fel nad all rwystro'r pethau hyn er iddo geisio gwneud hynny.

Llythyr at Awena Rhun (7 Ebrill 1942)

Hiraeth Cymro

Pe deuai i'm dwylo hymnau Pantycelyn,
 A llyfrau Daniel Owen yn eu tro,
Ysgrifau Llanbrynmair, a chân ac englyn
 Hiraethog fawr, arweinydd pêr ei fro;
Eben a Dewi Wyn, Alun a Cheiriog,
 Ac Islwyn yn ei ddagrau'n drist ei drem,
Tipyn o hiwmor iach o gân Mynyddog,
 Derfel a'i werin yn y storom lem;
Gwynn a'r Parrïaid, ac ergydion cyfrwys
 Wil Ifan efo'i hanner cellwair braidd,
Mi a orweddwn ar y pren a gorffwys
 Heb ofni deddf, na meddwl am y blaidd.
Pan fyddo'r adar tân yn duo'r sêr,
Daw arnaf hiraeth am eu canu pêr.

O'r gyfrol *Llygad y Drws* (Sonedau'r Carchar)

236

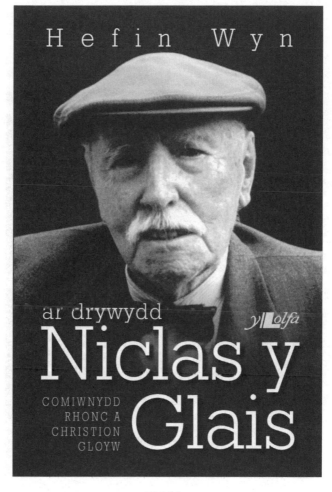

£14.99

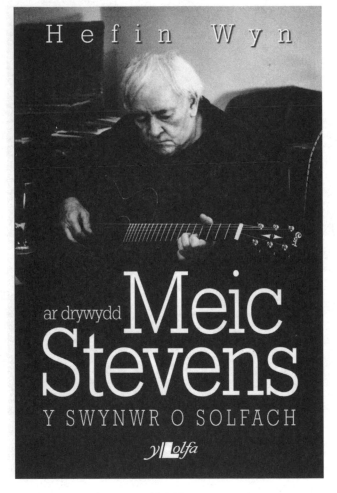

Hefin Wyn

ar drywydd Meic Stevens

Y SWYNWR O SOLFACH

yl Lolfa

£14.99

ar drywydd
Waldo
ar gewn beic

Trotting Horse

H e f i n   W y n

£14.95

GOLWG NEWYDD
AR YR HEN OGLEDD

GLEN GEORGE

£9.50